ADAC Reiseführer

Neuseeland

**Naturwunder • Nationalparks • Historische Stätten
Maorikultur • Strände • Museen • Hotels • Restaurants**

Die Top Tipps führen Sie zu den Highlights

von Gerda Rob

☐ Intro

Neuseeland Impressionen 6
Kleinod im Stillen Ozean

8 Tipps für cleveres Reisen 12
Maori, Wale, Nachtkreuzfahrt

8 Tipps für die ganze Familie 14
Hobbits, Kiwis, Sterne gucken

☐ Unterwegs

Auckland und der Hauraki Gulf – Zauber einer Weltstadt am Wasser 18

1 Auckland 18
Downtown 20
Kunst und Natur 23
Parnell und der Osten 24
Mission Bay 25
Coast to coast walkway 26
Superbe Strände 27

2 Hauraki Gulf 29
Rangitoto und Motutapu Island 29
Waiheke Island 30
Great Barrier Island 30

Northland – idyllische Buchten und Strände 33

3 Warkworth und Kawau Island 33
4 Whangarei 34
Whangarei Heads 35
Tutukaka Coast 35
Poor Knights Islands 35

5 Bay of Islands 35
Paihia 35
Russell 36
Kerikeri 37

6 Waitangi National Reserve 38
7 Whangaroa Harbour 39
8 Waipoua Kauri Forest 40
9 Kaitaia und Ninety Mile Beach 40
10 Cape Reinga 41

Coromandel Peninsula und Eastland – Küste der aufgehenden Sonne 43

11 Thames 43
Kauaeranga Valley 43
12 Coromandel 44
Coromandel Coastal Walkway 45
13 Whitianga 45
Cooks Beach – Hahei Beach –
Cathedral Cove – Hot Water Beach 46
14 Tauranga 47
Mount Maunganui 47
Te Puke 47
Kiwi 360 48

| 15 | **Whakatane** 48
White Island 49
| 16 | **Opotiki und East Cape** 50
Tikitiki 51
| 17 | **Gisborne** 52

Zentrum der Nordinsel – Wunderland aus Dampf und Feuer 55

| 18 | **Rotorua** 55
Whakarewarewa 56
Ngongotaha 57
Hell's Gate Geothermal Reserve 58
| 19 | **Te Wairoa** 59
Mount Tarawera 59
Waimangu Volcanic Valley 60
| 20 | **Waiotapu** 60
| 21 | **Taupo** 61
Huka Falls 62
Wairakei Geothermal Power Station 62
| 22 | **Tongariro National Park** 63
| 23 | **Napier** 65
Te Urewera National Park 66
| 24 | **Hastings** 67
Cape Kidnappers 67

Vom Waikato nach Wellington – King Country der Maori und Kapitale im Aufbruch 69

| 25 | **Hamilton** 69
National Agriculture Heritage 70
| 26 | **Waitomo Caves** 70
| 27 | **New Plymouth** 71
| 28 | **Mount Taranaki** 72
| 29 | **Whanganui** 73
Whanganui National Park 74
| 30 | **Palmerston North** 74
Kapiti Island 75
| 31 | **Wellington** 76
Architektenträume 78
Queens Wharf und Lambton Quay 79
Parliament Area 80
Strände, Buchten, Robben 81

Marlborough Sounds und Tasman Bay – Wasserlabyrinth und grünes Bergland 85

| 32 | **Picton** 85
| 33 | **Havelock** 86
D'Urville Island 87
| 34 | **Nelson** 87
Nelson Lakes National Park 89
| 35 | **Abel Tasman National Park und Kahurangi National Park** 89
Cobb Valley – Pupu Springs – Golden Bay 90
| 36 | **Collingwood und Farewell Spit** 91

West Coast – Regenwald mit Gletschereis 93

- **37** Westport 93
  - Cape Foulwind 93
- **38** Paparoa National Park 94
- **39** Greymouth 95
  - Lake Brunner 95
  - Shantytown 95
- **40** Arthur's Pass National Park 96
- **41** Hokitika 96
  - Ross 97
- **42** Okarito 97
- **43** Westland Tai Poutini National Park 98
  - Franz Josef Glacier 99
  - Fox Glacier 99
  - Lake Matheson 99
- **44** Haast 100

Southland – gewaltige Seen und einsame Fjorde 101

- **45** Wanaka 101
  - Mount Aspiring National Park 101
- **46** Queenstown 102
  - Coronet Peak 104
  - Glenorchy 104
- **47** Fiordland National Park 105
- **48** Milford Sound 107
- **49** Manapouri 108
  - Doubtful Sound 108
- **50** Invercargill 109
  - Bluff 110
  - Catlins Coast 110
- **51** Stewart Island 111

Pazifikküste der Südinsel – Wale, Wildnis, Weinland 112

- **52** Dunedin 112
  - Otago Peninsula 114
- **53** Oamaru 115
  - Moeraki Boulders 116
- **54** Christchurch 116
  - Lyttelton Harbour 119
  - Banks Peninsula 120
- **55** Aoraki/Mount Cook National Park 121
- **56** Kaikoura 122
- **57** Blenheim 123

Neuseeland Kaleidoskop

Entdeckerträume werden wahr 31
Wie ein sprießender Farn 36
Aotearoa spezial 42
Kiwis wohin man schaut 48
Kinder des Meeres 51
Eine Stimme geht um die Welt 53
Zu Besuch in Mittelerde 70
Don Juan der Maorilegenden 73

Spaßmacher und Possenreißer 98
Sondermodelle von Mutter Natur 102
Wandelnde Wolle 120
Very british – Erbe der Kolonialzeit 129

Die schönste Wanderung

So weit die Füße tragen 63

Karten und Pläne

Neuseeland Nordinsel
 vordere Umschlagklappe
Neuseeland Südinsel
 hintere Umschlagklappe
Auckland 20/21 und 22
Wellington 82/83
Queenstown 103
Dunedin 113
Christchurch 118

☐ Service

Neuseeland aktuell A bis Z   125

Vor Reiseantritt 125
Allgemeine Informationen 125
Anreise 127
Bank, Post, Telefon 127
Einkaufen 128
Essen und Trinken 128
Feiertage 130
Festivals und Events 130
Klima und Reisezeit 131
Nachtleben 132
Nationalparks 132
Sport 132
Statistik 133
Unterkunft 134
Verkehrsmittel im Land 135

Sprachführer   136

Englisch für die Reise

Register   141

Impressum 143
Bildnachweis 143

Leserforum

Die Meinung unserer Leserinnen und Leser ist wichtig, daher freuen wir uns von Ihnen zu hören. Wenn Ihnen dieser Reiseführer gefällt, wenn Sie Hinweise zu den Inhalten haben – Ergänzungs- und Verbesserungsvorschläge, Tipps und Korrekturen –, dann kontaktieren Sie uns bitte:

**Redaktion ADAC Reiseführer
Travel House Media GmbH
Grillparzerstr. 12, 81675 München
adac.reisefuehrer@travel-house-media.de**

Neuseeland Impressionen
Kleinod im Stillen Ozean

Verschwenderisch schüttete die Natur ihr Füllhorn über Neuseeland aus. Sie brachte Dünen und Gletscher hervor, Halbwüsten und Wasserfälle, Vulkane und eiskalte Seen, kochende Geysire und kühle Fjorde, moosbärtige Urwälder und liebliche Schafweiden, türkisgrüne, sanfte Buchten und tiefe, wilde Canyons. Faszinierende **Landschaften** prägen den lange isolierten Inselstaat zwischen Äquator und Antarktis.

mythischen Halbgott Maui zurück. Sein Kanu *Te Wai Pounamu* gab der Südinsel den Namen, sein Bootsanker *Te Punga o te Waka a Maui* wurde zu Stewart Island und ›der große Fisch‹ *Te Ika a Maui*, den er mit seiner Zauberangel aus dem Meer zog, bezeichnet die Nordinsel.

Te Ika a Maui – die Nordinsel
Farben und Naturphänomene führen *North Island* ein: Saharagelben Sand setzt

Inseln im Pazifik
Neuseeland, in der bildhaften Sprache der indigenen Bevölkerung Polynesiens **Aotearoa**, ›das Land der langen, weißen Wolke‹, wo die Sonne mittags im Norden ihren Höchststand erreicht und nachts die Sternbilder vermeintlich auf dem Kopf stehen, liegt 23 000 km von Mitteleuropa entfernt. Wen Fernweh auf die gegenüberliegende Seite des Erdballs lockt, der findet in Neuseeland drei durch die hochwogenden Meeresstraßen **Cook Strait** und **Foveaux Strait** getrennte Inseln. Ihre Maorinamen gehen auf den

Oben: *Raue Meeresbucht an der Catlins Coast im tiefen Süden*
Rechts oben: *Schafe und grüne Hügel prägen vielerorts die Landschaft der Nordinsel*
Rechts: *Majestätische Naturkulisse – die eisbedeckten Gipfel der Southern Alps*

der **Ninety Mile Beach**, der die schmale, subtropische Landzunge im Nordwesten rahmt, der jadefarbenen *Tasman Sea* entgegen. Blaugrüne Mangrovenwälder beschatten verträumte helle Ostküstenstrände an der **Bay of Islands**. Rosa Hibiskus-, gelbe Kowhai- und karmesinrote Pohutakawablüten der neuseeländischen Weihnachtsbäume säumen die Buchten des **Hauraki Gulf** vor den Toren Aucklands, der größten Stadt des Landes. Südöstlich davon führt *White Island* in der **Bay of Plenty**, die stets in weiße Dampfschwaden gehüllt ist, jene Kette von schlafenden und aktiven **Vulkanen** auf der Insel an, die von den Kratern des Ngauruhoe (2291 m) über Tongariro (1967 m) und Ruapehu (2797 m) weiter nach Südwesten bis zum Mount Taranaki (2518 m) eine Feuerlinie bilden.

Im Inselinneren drängen um die Seen von **Rotorua** und **Taupo** Urgewalten aus der Tiefe an die Oberfläche. Heiße Erde und stiebender Dampf, aufbrausende Geysire, blubbernde Schlammtöpfe, kochende Seen, orangerote Wasserfälle und Terrassen aus in allen Regenbogenfarben schillernder Kieselerde lassen – von sicheren Wanderpfaden aus – tief in die Geheimnisse der Natur blicken.

Grüne Städte

Beide großstädtische Metropolen Neuseelands finden sich auf der Nordinsel: das segelbegeisterte **Auckland**, das sich stolz als *City of Sails* bezeichnet, und das

etwas gesetztere, windgeplagte **Wellington**, *Windy City*, Inselhauptstadt und Museumshochburg in einem. Beide beziehen ihren Charme aus der wunderschönen Lage zwischen langen Wasserfronten und den mal sanften, mal schroffen Hügelketten, an die sie sich schmiegen. Vom europäischen Standpunkt aus betrachtet sind die im 19. Jh. entstandenen Städte, in denen heute fast die Hälfte aller Neuseeländer lebt, jung. Es sind dynamische Orte, in denen die Reste pompöser Kolonialarchitektur in jüngster Zeit mit Aufsehen erregenden Bauformen wie dem Te Papa Tongarewa Museum of New Zealand in Wellington konkurrieren.

Te Wai Pounamu – Südinsel

Azurblaue Fjorde, Höhenrücken wie mit grünem Samt überzogen, zahllose Inseln und Halbinseln – Bilder wie diese charakterisieren die **Marlborough Sounds** im Norden der South Island. Südwärts geht die heitere, beschwingte Landschaft, wo in der Wairau-Ebene bei Blenheim die Trauben vor Saft beinahe platzen, in die einsamen Eisregionen der **Southern Alps** und die herbwilde **West Coast** über.

Die Nation, die ihre schönsten und ursprünglichsten Landschaften in 14 großen *National Parks*, 44 *Marine Reserves* und 20 *Forest Parks* unter Schutz gestellt hat, fand vor allem auf der dünn besiedelten Südinsel einen idealen Naturraum. Das erdbebengeschädigte **Christchurch** und **Dunedin** drängen sich an die Ostküste, doch gerade die Westküste gilt in den Augen der Neuseeländer als das ›schönste Ende der Welt‹. Hier steigen an der Paparoa-Küste die unglaublichen Felsformationen der **Pancake Rocks** aus der oft rauen Tasman Sea. In Eis erstarrte, glitzernde, teils unbegangene Dreitausender gipfeln im 3724 m hohen *Mount Cook* und schieben im **Westland National Park** die gewaltigen Gletscherzungen des *Franz Josef* und *Fox Glacier* weit in subtropische Tieflandregenwälder vor. Die einsame, in ihrer Verknüpfung von fahlblauem Gletschereis und immergrünem Wald gran-

Oben links: *Die Kultur der Maori ist auch heute noch lebendig*
Oben Mitte: *Vorsicht gewitzte Vögel: Keas am Arthur's Pass stibitzen alles, was nicht sicher verstaut ist*
Oben rechts: *Greenlip Mussels werden in den Buchten der Marlborough Sounds gezüchtet*
Rechts: *Neustart: Christchurch beweist nach dem Erdbeben von 2011 Überlebenswillen und Innovationskraft*

diose Landschaft bereitet auf die menschenleere Wildnis des **Fiordland National Parks** im Südwesten der Südinsel vor. Westlich der großen Seen *Lake Manapouri* und *Lake Te Anau* beginnt das Reich der Urwälder, der steilen, von tiefen Schluchten durchschnittenen Felsberge mit ihren unergründeten labyrinthischen Höhlen. Glasklare Seen wetteifern mit tiefstürzenden Wasserfällen und großartigen, bis 40 km weit ins Land eindringenden Fjorden. Längst haben Farne, Moose und Flechten die urtümlichen Baumdickichte überwuchert und kontrastieren an der schwer zugänglichen Meeresküste zu bizarr abgeschliffenen Felsen. In der Region der **Tracks** und **Great Walks**, mehrtägiger Wanderwege, sind nur *Milford* und

Doubtful Sound über den Ort Te Anau per Auto erreichbar.

Te Punga o te Waka a Maui – Stewart Island

Auf **Stewart Island** an der Südspitze Neuseelands, wo Kiwis, Papageien und Pinguine leben, enden scheinbar alle Wege. Die Erkundung der fast unberührten Landschaft bleibt geübten, ausdauernden **Wanderern** vorbehalten. Dabei besitzt das einsame Eiland seinen eigenen Charme, worauf nicht zuletzt sein zweiter Maoriname **Rakiura** hinweist, der ›Land der glühenden Himmel‹ bedeutet. Er bezieht sich auf das hier mitunter sichtbare Südpolarlicht, und es sind geradezu magische Nächte, in denen **Aurora australis** zu beobachten ist.

Te Ao Maori – die Welt der Maori

Polynesische Stämme entdeckten die Inseln wohl um das Jahr 700. Fast ein Jahrtausend lang lebten sie in völliger Isolation, verehrten die Götter und Halbgötter ihrer fantasiereichen Mythologie, bauten Pa genannte Befestigungsanlagen, trugen heftige Stammesfehden aus, versklavten die besiegten Feinde oder aßen sie, um sich ihre Kraft, ihr **Mana** anzueignen. Sie fischten, sammelten Jade, bauten Süßkartoffeln an und erwiesen sich als überaus begabte Schnitzkünstler. Da sie keine Schrift kannten, muss man ihre Geschichte, die auf der bisher unidentifizierten Heimatinsel Hawaiki begann, aus den Legenden und Überlieferungen herausschälen.

Als die ersten Europäer, 1642 Abel Janszoon Tasman und 1769 James Cook, das Land entdeckten, überzog polynesische Kultur mit fest gefügten Lebensmaximen und einem bedeutenden Ahnenkult beide Inseln. Namen wie **Maori**, die Normalen, und **Pakeha**, Fremde, für die weißen Immigranten, wurden erst bei der Ankunft der großteils britischen Siedler im 19. Jh. eingeführt. Heute staunen Besucher über die prachtvoll geschnitzten **Marae**, Versammlungshäuser der Maori, die gewebten Flachswandteppiche und überaus kunstvolle Arbeiten aus Holz, Knochen und Jade. Die schönsten Stücke in den Museen des Landes sind polynesische Artefakte.

Freiräume und Abenteuer

Neuseeland fordert seine jährlich mehr als 2 Mio. Besucher geradezu heraus, am Leben in und mit der Natur teilzunehmen. Ob nun mehr oder weniger abenteuerlich: **Outdoor** ist das Motto der Inseln. 10 000 km Küste erlauben jegliche Art von *Wassersport*. Hier gibt es in den tiefen Buchten wunderbare Segelreviere, herrliche Tauchgründe, hohe Surfwellen oder sanfte Dünung und immer wieder

Oben: *Ausflug auf den Franz Josef Glacier*
Unten: *Traumbucht – ein Blick aus der Cathedral Cove zeigt den perfekten Strand*
Rechts oben: *Petri heil – Anglerglück am South Island Spring Creek*
Rechts unten: *Magische Momente an den Ufern des Champagne Pool bei Waiotapu*

gewaltige Horizonte in unglaublichen Lichtspielen der Sonne.

Wanderer und *Trekker* erwartet in den National Parks ein kaum enden wollendes Netz von markierten Wegen. Sie erleben Berghüttenromantik, frische Nächte unter dem *Kreuz des Südens*, spektakuläre Landschaften und in der ersten Sonne rosa leuchtende Berggipfel, die für Regenfluten oder für die allgegenwärtigen Plagegeister in Form von *Sandflies* reichlich entschädigen.

Wer **Herausforderungen** sucht, findet vielfältigste Angebote: stille *Kajaktouren* in der sanften Dünung der Fjorde oder rasante *Schlauchbootfahrten* in tosenden Schluchten. *White Water Sledging* mit gestiefelten Füßen auf Minisurfbrettern durch reißende Tobel oder *Rap Jumping* von einem Wolkenkratzer in Auckland. Man kann in Luftkissenkugeln die steilsten Vulkanhänge hinunterrollen oder in der Unterwelt von Glühwürmchenhöhlen Rafting betreiben. Fast alles ist in Aotearoa möglich.

Der Reiseführer

Dieser Band präsentiert die schönsten Städte und die spektakulärsten Landschaften Neuseelands in *neun Kapiteln*. Auf besondere Höhepunkte bei Sehenswürdigkeiten, touristischen Attraktionen, Hotels und Restaurants verweisen die **Top Tipps**. Detaillierte **Übersichtskarten** und **Stadtpläne** erleichtern die Orientierung. Den Besichtigungspunkten sind jeweils **Praktische Hinweise** mit Informationsbüros, Hotel- und Restaurantempfehlungen etc. angegliedert. Auf den letzten Seiten informiert **Neuseeland aktuell A bis Z** über Anreise, Essen und Trinken, Festivals und Events, Sport, Verkehrsmittel im Land etc. Hinzu kommt ein umfassender **Sprachführer**. Im Rahmen des **Kaleidoskops** runden Kurzessays zu speziellen Themen Neuseelands den Reiseführer ab.

8 Tipps
für cleveres Reisen

1 Mietwagen zum Nulltarif

Mit Auto oder Wohnmobil kostenlos quer durch Neuseeland fahren? Das Zauberwort lautet ›Relocation Drivers‹. Denn viele Touristen fahren mit ihrem Mietwagen zum Beispiel von Auckland (➔ S. 18) nach Christchurch (➔ S. 115), aber nicht wieder zurück. Daher suchen viele Vermieter Chauffeure, die den Wagen kostenlos zum Ausgangsort zurückbringen. Über ›Transfercar‹ kann man direkt reservieren. www.transfercar.co.nz

2 Whale Watching per Flugzeug

Nirgendwo ziehen Pottwale näher an der Küste entlang als bei Kaikoura (➔ S. 122). ›Wings over Whales‹ ist besonders für Leute, die leicht seekrank werden, eine willkommene Alternative: Auf den halbstündigen Flügen kreist man rund 150 Meter über dem Wasser und kann den majestätischen Tieren sehr nahe kommen, ohne sie zu stören. Die Flugzeuge starten vom ›Kaikoura Airfield‹ oft sogar dann, wenn die See für die Ausflugsboote zu rau ist. *Rund 180 Dollar, www.whales.co.nz*

3 Ein Festmahl mit den Maori

Die Chance, einmal bei einem traditionellen Festmahl der Maori, dem indigenen Volk Neuseelands, bewirtet zu werden, sollten Sie nicht verpassen. Ein besonders authentisches Erlebnis bietet das ›Tamaki Maori Village‹ südlich von Rotorua (➔ S. 55) an: Bevor Sie das im Erdofen gegarte und wirklich vorzüglich mundende Essen serviert bekommen, erleben Sie das komplette Programm der ›powhiri‹ genannten Willkommensszeremonie. www.tamakimaorivillage.co.nz

4 Jadeschmuck mit Tradition

Neuseeländische Jade, ›Greenstone‹ oder ›Pounamu‹ genannt, zählt zu den schönsten Mitbringseln. Achten Sie darauf, dass man Ihnen keinen industriellen Billigschmuck aus China andreht. Wenn der Händler von Maoridesign spricht, aber das Wort Neuseeland vermeidet, ist Vorsicht geboten. Garantiert authentisch ist der Greenstone-Schmuck des ›Elephant House‹ in Parnell Village (Auckland), das besonders schöne Kunsthandwerk der Maori führt. *www.nzcrafts.co.nz*

5 Auf dem Fjord zum Sonnenaufgang

Wer die magische Atmosphäre des Milford Sound (→ S. 107) bei Sonnenunter- und Sonnenaufgang ungestört erleben möchte, bucht einen ›Overnight Cruise‹ auf der luxuriösen ›Milford Mariner‹ oder der kleineren, aber ebenfalls komfortablen ›Milford Wanderer‹. Nur diese beiden Boote sind nach 16 Uhr noch auf dem Fjord unterwegs. Passagiere können mit dem Kajak vom Boot aus Ausflüge unternehmen. Übernachtet wird an Bord, üppiges Abendessen und Frühstück inklusive. *Ab rund 300 Dollar, www.realjourneys.co.nz*

6 Gewagter Sprung in die Tiefe

Wer hat ›Bungee-Springen‹ erfunden? Die Neuseeländer – und zwar von der 1880 errichteten Kawarau Bridge bei Queenstown (→ S. 102)! Auch heute noch können Sie hier den Sprung in die Tiefe wagen. Das Abenteuer organisieren ›AJ Hackett Bungy‹, die bereits seit 1988 im Geschäft sind. *Kostenloser Busshuttle ab the Station, Camp Ecke Shotover Street, Queenstown, Tel. 03/450 13 00, pro Sprung rund 200 Dollar, www.bungy.co.nz*

7 Knackfrische Riesenlangusten

Kaikoura (→ S. 122) ist Neuseelands Zentrum der Riesenlangusten, hier ›Crayfish‹ genannt. Die Krustentiere schmecken himmlisch, werden allerdings in den Gourmetrestaurants zu stolzen Preisen angeboten (eine ganze Languste um die 100 Dollar). Für etwa die Hälfte des Preises essen Sie Ihr knackfrisches Exemplar im Fischladen ›Cods & Crayfish‹ (81 Beach Rd.) oder im bereits legendären Strandkiosk ›Nins Bin‹ (State Highway 1, 23 km nördlich von Kaikoura). Beide Adressen sind tgl. 8–18 Uhr geöffnet.

8 Ausflug ans Ende der Welt

Einen stolzen Preis zahlt man für den Flug auf die 750 Kilometer östlich der Südinsel gelegenen und zu Neuseeland gehörenden ›Chatham Islands‹. Wegen ihrer Nähe zur Datumsgrenze werben die rauen Inseln damit, als erste die Sonne des neuen Tages begrüßen zu können. Besucher werden durch wilde Felsenküsten, menschenleere Strände und eine exotische Vogelwelt belohnt. Derzeit ist ein Hotel geöffnet, doch wohnt man meist bei gastfreundlichen Einheimischen. *Flug hin und zurück ab rund 800 Dollar, www.airchathams.co.nz, www.discoverthechathamislands.co.nz*

8 Tipps
für die ganze Familie

1 Nachttour zu den Kiwis

Im Naturpark ›Zealandia‹ am westlichen Stadtrand von Wellington (→ S. 76) kann man Neuseelands possierlichen nachtaktiven Nationalvogel zusammen mit Glühwürmchen auf der ›Zealandia by Night‹ Tour mit Ranger am leichtesten erspähen. *Waiapu Rd., Wellington, Tel. 04/920 92 00, tgl. 9–17 Uhr, Erwachsene rund 18, Kinder (5–17 Jahre) rund 9 Dollar, Nachttour Erwachsene rund 75, Kinder (Mindestalter 12 Jahre) rund 36 Dollar, www.visitzealandia.com*

2 Auf den Spuren von Mittelerde

Hier können Sie mit Ihren Kindern die Drehorte vom ›Herrn der Ringe‹ besuchen (→ S. 70): Ausflüge zu den verschiedenen Filmsets rund um Wellington organisiert ›Movie Tours‹ (Erwachsene rund 85, Kinder rund 40 Dollar). Hinter die Kulissen der Filmproduktion blickt man mit einer Workshop-Führung im ›Weta Cave Museum‹. *Weka St. Ecke Camperdown Rd., Wellington, Tel. 04/909 40 00, tgl. 9–17.30 Uhr, Erwachsene rund 24, Kinder (6–12 Jahre) rund 12 Dollar, www.wetaworkshop.com, www.movietours.co.nz*

3 Tricks mit Schafen

Die ›Farm Show‹ bei Rotorua (→ S. 55) macht besonders Kindern Spaß. Hier zeigen talentierte Hunde, was man alles auf dem Rücken von Schafen anstellen kann und stämmige Schafscherer führen ihre Kunst mit typischem Kiwi-Humor vor. *141 Western Rd., Ngongotaha, 6 km nördlich von Rotorua, Tel. 07/357 10 50, tgl. 8.30–17, Shows 9.30, 11 und 14.30 Uhr, Show Erwachsene rund 33, Kinder (5–15 Jahre) rund 17 Dollar, www.agrodome.co.nz*

Mit Delfinen ins Meer 4

Im warmen Wasser auf Tuchfühlung mit Delfinen? Die Meeressäuger sind nicht domestiziert und entscheiden in ihrem wilden Metier selbst, wen sie an sich heranlassen. Sicheres Schwimmen auf dem offenen Meer ist Voraussetzung. Besonders auf die Begegnung mit Delfinen ausgerichtet ist die vierstündige ›Dolphin Eco Experience‹ von ›Fullers GreatSights Bay of Islands‹ (→ S. 38), die von Paihia (→ S. 35) aus startet. Kinder ab acht Jahren dürfen in elterlicher Begleitung mitschwimmen. *The Maritime Building, Waterfront, Paihia, Tel. 09/402 74 21, Erwachsene rund 115, Kinder rund 58 Dollar, www.dolphincruises.co.nz*

5 Erdbebensimulator im Vulkanmuseum

Im ›Volcanic Activity Centre‹ von Taupo (→ S. 61), einer geothermisch sehr aktiven Zone, können Kinder an zahlreichen Computersimulationen ausprobieren, wie sich ein Erdbeben der Stärke 6,3 anfühlt oder welche Auswirkungen Tornados und Plattentektonik haben. Was die Erde in Echtzeit tut, verrät der Seismograph. *Karetoto Rd. Ecke Huka Falls Rd., Wairakei Park, Taupo, Tel. 07/374 83 75, tgl. 10–17, So bis 17.30, Di/Sa bis 21.30 Uhr, Erwachsene rund 12, Kinder (5–15 Jahre) rund 7 Dollar, www.volcanoes.co.nz*

6 Für kleine Sterngucker

Tagsüber bietet das oberhalb von Wellingtons Botanischem Garten (→ S. 80) gelegene ›Carter Observatory‹ faszinierende Einblicke in den Sternenhimmel, die kosmologischen Vorstellungen der Maori und die Navigationskunst polynesischer Seefahrer. Am Dienstag und Samstag macht nachts das Superteleskop das ›Kreuz des Südens‹ riesengroß. *40 Salamanca Rd., Wellington, Tel. 04/910 31 40, Mo/Mi–Fr 10–17, Di/Sa bis 21.30, So bis 17.30 Uhr, Planetarium: Erwachsene rund 19, Kinder (4–16 Jahre) rund 8 Dollar, www.carterobservatory.org*

Rasante Fahrt der Downhill-Piloten 7

›Luges‹ heißen die rasanten Schlitten mit Rädern, in denen Kinder ab einer Größe von 135 Zentimetern ganz alleine vom Bob's Peak bei Queenstown (→ S. 102) talwärts sausen. Die Geschwindigkeit kann mit Bremsen kontrolliert werden. Eine Gondelbahn bringt die Rennfahrer zurück zum Start. *Brecon St., Queenstown, Tel. 03/441 01 01, tgl. 10 Uhr bis zur Dämmerung, Gondelfahrt mit fünf Luge-Fahrten Erwachsene rund 53, Kinder (5–14 Jahre) rund 44 Dollar, www.skyline.co.nz*

8 Ausflug in die Antarktis

Im ›International Antarctic Centre‹ von Christchurch (→ S. 116) begegnet man nicht nur Pinguinen, sondern erfährt auch sonst wirklich viel über den eisigen Kontinent. Dazu gehören eine 4D-Filmvorführung, eine Fahrt in einem Amphibienfahrzeug und ein Aufenthalt in einer Kammer, in der ein antarktischer Sturm tobt. *38 Orchard Rd., Christchurch Airport, Tel. 03/357 05 19, tgl. 9–17.30 Uhr, Erwachsene ab rund 39, Kinder (5–15 Jahre) ab rund 19 Dollar, www.iceberg.co.nz*

Unterwegs

Surreale Küstenlandschaft: Die berühmten Moeraki Boulders am Koekohe Beach entstehen durch Erosion von Schluffstein

Auckland und der Hauraki Gulf – Zauber einer Weltstadt am Wasser

Sonnig, heiter, kosmopolitisch – **Auckland** besitzt alle Attribute einer modernen **Metropole** und zugleich den Charme einer südpazifischen **Ferienlandschaft**. An der schmalsten Stelle der Nordinsel betten die buchtenreichen Naturhäfen *Waitemata Harbour* und *Manukau Harbour* die seit Mitte des 20. Jh. ungestüm aufgeblühte Stadt in eine faszinierende **Wasserwelt**. Zu Aucklands Facetten gehören die Waterfront und der Mastenwald von 100 000 Segelbooten, die zum Beinamen **City of Sails**, ›Stadt der Segel‹, führte, polynesische Artefakte im Auckland Museum oder reizende Holzhäuser in Parnell Village.

Eine kurze Fährfahrt entfernt beginnt die faszinierende Inselwelt des **Hauraki Gulf**. In einem der schönsten **Segelreviere** des Pazifik bieten smaragdgrüne Inseln traumhafte Ankerplätze vor einsamen Stränden. Mit seinem schlafenden Vulkan beeindruckt *Rangitoto Island*, an *Waihekes* pastellfarbenen Buchten siedeln Künstler, und die *Great Barrier Island* präsentiert sich als Wanderinsel mit steilwandigen Canyons und dichtem, dunklem Urwald.

1 Auckland

Die größte Stadt Neuseelands ist das kosmopolitische Drehkreuz des Südens.

Längst ist Auckland (Großraum 1,5 Mio. Einw.) weit über den von erloschenen Vulkanhügeln gebildeten Isthmus zwischen Südpazifik und Tasman Sea hinausgewachsen: 80 km erstreckt sich die Stadt heute entlang der reich gegliederten Küsten und 60 km landeinwärts bis zu den grünen Vorbergen der Waitakere Range im Westen. Sie hat ihre beiden **Häfen** erst umbaut und dann kühn übersprungen. Seit 1959 überspannt die 1020 m lange *Harbour Bridge* Waitemata Harbour im Nordosten, die etwas kürzere *Mangere Bridge* überwindet eine Engstelle des im Südwesten gelegenen Manukau Harbour.

Von den grasbewachsenen, lange erloschenen **Vulkankegeln** Mount Eden (196 m), Mount Albert (134 m) und One Tree Hill (183 m), die sich aus der unglaubliche 5600 km² umfassenden Stadtlandschaft erheben, ist der Anblick der Metropole zu jeder Tages- und Nachtzeit ein

Die Skyline von Auckland mit Blick zum Hafen

Plan S. 20/21 und 22 ###### 1 Auckland

Genuss. Die meisten Sehenswürdigkeiten liegen im **touristischen Zentrum** zwischen der Quay Street am Waitemata-Hafen und dem 1,2 km südlich gelegenen Aotea Square.

Geschichte Die ältesten Maorisiedlungen in der Region um den Hauraki Gulf entstanden um das Jahr 900 auf einer Insel namens *Matutapu*. Sie wurden jedoch unter Lava und Asche begraben, als im 14. Jh. plötzlich aus dem Meer der Vulkan *Rangitoto* aufstieg, der rund 10 km nordöstlich vor der Küste des modernen Auckland liegt. Die überlebenden Dorfbewohner zogen sich auf den geschützten Isthmus zwischen den heutigen Häfen Waitemata und Manukau zurück. Das Gebiet zeichnete sich durch fruchtbaren Boden aus und bot Zugang zu reichen Fischgründen, weshalb es in der Region ständig zu Stammeskriegen kam. Davon leitet sich auch der Mauriname **Tamaki Makau Rau** ab, was etwa ›Schlacht der tausend Liebenden‹ heißt. Anfang des 18. Jh. kam der Landstrich unter dem Stamm der *Kiwi Tamaki* kurz zur Ruhe. Doch schon nach 1750 zerstörten kriegerische *Ngapuhi* aus dem Norden deren prosperierende Siedlungen, wenig später brachten die *Ngati Whatua* das entvölkerte Land in ihren Besitz.

Als erster Europäer betrat 1820 der anglikanische Missionar *Reverend Samuel Marsden* die Landenge. 20 Jahre später suchte Neuseelands erster Gouverneur **William Hobson** einen Bauplatz für eine neue Hauptstadt. Seine Wahl fiel auf das größtenteils menschenleere Umland eines winzigen Maoridorfes am verkehrsgünstig gelegenen heutigen Waitemata Harbour. Er tauschte 1300 ha Land gegen Waren im damaligen Wert von 55 englischen Pfund, darunter Kleider und eine Tasse Zucker. Hobson nannte die junge Siedlung nach seinem Freund und ehem. Militärkommandanten George Eden, Earl of Auckland.

Die beiden Schotten **John Logan Campbell** [s. S. 26] und **William Brown** erfassten als erste die geschäftlichen Chancen und richteten in einem Zelt am Hafen einen Gemischtwarenladen für die Versorgung der zu erwartenden Siedler ein.

Auckland

Auckland, seit 1841 **Hauptstadt**, wuchs beständig. Frachtschiffe aus aller Welt schätzten den sicheren Hafen, der **Handel** mit Flachs und Kauriharz florierte. Trotz wirtschaftlich steigender Tendenz verlor Auckland jedoch 1865 den Status der Hauptstadt an Wellington, das näher an den neu entdeckten Goldfeldern der Südinsel lag. Damit begann zwischen den beiden Orten eine mehr oder weniger freundschaftliche **Intercity-Rivalität**, die bis heute besteht.

Das 20. Jh. prägte Auckland durch beständige **Immigration**: nach dem Zweiten Weltkrieg aus Europa und in den letzten Dezennien durch starke Zuwanderung Arbeit suchender Polynesier von den Inseln Fidschi, West-Samoa und Tonga. Wie ein Magnet zieht die Millionenstadt – in ihrem Großraum lebt beinahe jeder dritte Neuseeländer – die Menschen an. Die Folge ist **multikulturelle Vielfalt**, zu der neben den etwa 69 % europäischstämmigen Einwohnern 12 % Maori, 14 % Asiaten und Menschen aus dem pazifischen Raum beitragen. Das moderne Auckland ist stolz auf seinen Ruf als führendes **Wirtschafts-, Wissenschafts-** und **Kommunikationszentrum**.

Downtown

Fährschiffe, Ozeanriesen und Jachten machen die **Hafenfront** der City am Südrand des Waitemata Harbour vor allem zwischen *Viaduct Basin* und *Queens Wharf* zur turbulentesten Meile der Stadt. Dazwischen laden an der *Princes Wharf* über 20 Bars, Restaurants und Cafés mit

1 Auckland

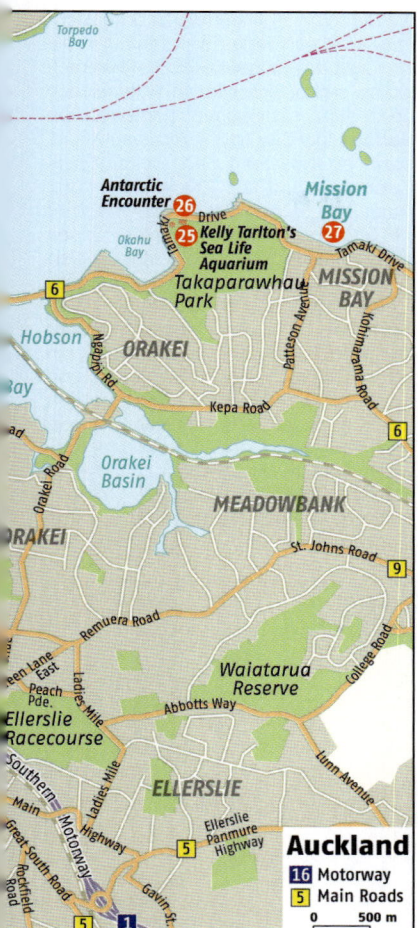

bestechenden Ausblicken zum Bummeln und Verweilen ein. Die Hauptattraktion an der benachbarten Hobson Wharf ist das **Voyager New Zealand Maritime Museum** ❶ (tgl. 9–17 Uhr, www.maritimemuseum.co.nz). In luftigen Hallen geben historische Exponate und nautische Geräte Einblicke in 1000 Jahre pazifische Seefahrtsgeschichte. Liebevoll restaurierte Schiffe sind direkt an der Wharf und im westlich anschließenden *Viaduct Basin* festgemacht: von Kanus der Polynesier über das nach uralten Plänen neu gebaute Auslegerboot *Taratai* bis zu den Jachten der neuseeländischen Regattasegler und zur Yacht Black Magic, die 1995 mit neuseeländischer Besatzung den America's Cup gewann, die älteste und wohl begehrteste Segeltrophäe der Welt (›Auld Mug‹). An Land zeigen Segelhersteller, Kunsthandwerker, Boots- und Modellbauer ihr Können. Viaduct Basin ist auch Ausgangspunkt für grandiose Segelschiffrundfahrten, sei es auf der museumseigenen, ketschgetakelten *Ted Ashby* (Di–Fr 11.30 und 13.30, Sa/So 12 und 14 Uhr, Dauer: 60 Min.) durch den Hafen, auf den Hochseejachten *NZL 41*, *NZL42*, *Pride of Auckland* und *Lion* z.B. durch den Hauraki Gulf nach Waiheke Island oder ganz sportlich auf einer America's-Cup-Jacht (Tel. 09/35 95 987, Tel. 0800/39 75 67, www.exploregroup.net). Die Fahrten setzen neben der Küsten-Skyline von Auckland auch den **Viaduct Harbour** ❷, einst ein Austragungsort des *America's Cup 2000*, mit seinen schicken Gebäuden und Anlegeplätzen für 150 Boote gebührend in Szene.

Hinter der turbulenten Quay Street mit ihren vielbesuchten und bunten Dockside Markets erheben sich die postmodernen Glashochhäuser des internationalen Geschäftsviertels. Einen überraschend altertümlichen Sehreiz bietet der zweistöckige, 1912 erbaute ehem. Fährterminal, das **Ferry Building** ❸ an der *Queens Wharf*. Seine Fassade in hellem Ocker und warmem Ziegelrot, mit Säulen und Uhrturm, entspricht dem englischen Neobarockstil der edwardianischen Zeit. Von zwei Restaurantterrassen aus genießt man einen Panoramablick über den Hafen – nach Devonport im Norden, zur Harbour Bridge im Westen und zum Vulkan Rangitoto im Nordosten. Gegenüber des Fährgebäudes befindet sich in und unter dem ebenfalls edwardianischen früheren Postgebäude das *Britomart Transport Centre*, von dem aus Busse und Bahnen ins ganze Land fahren.

Nebenan beginnt die **Queen Street** ❹ ihren Weg nach Süden. Sie ist Hauptstraße, Shopping- und Flaniermeile von Auckland City. Zwischen moderne Glaspaläste drängen sich Gebäude in diversen Baustilen des 19. Jh., etwa an der Ecke zur Customs Street das schlichte, beinahe 100 Jahre alte Einkaufszentrum *Queens Arcade*. Zur Zeit der Erbauung symbolisierte es den Aufbruch Aucklands in ein elegantes Jahrhundert, heute bildet es einen hübschen Gegensatz zu den modernen Nachfolgern wie etwa dem nahen *Chase Plaza* im Block zwischen Queen und Albert Street.

Östlich der Queen Street lohnt ein Blick in die **Vulcan Lane** ❺. Die schmale

1 Auckland

schattige Fußgängergasse, einst Arbeitsort der Schmiede, ist ein Platz zum Atemholen, um an kleinen Tischen im Freien zu sitzen, ein kühles Getränk zu genießen oder in originellen Boutiquen zu stöbern. Auf der anderen Seite der Queen Street führt die Wyndham Street zur **St. Patrick's Cathedral** ❻. 1848 im neogotischen Stil erbaut, ist sie eine der ältesten Kirchen des Landes. Sehenswert ist im Inneren u. a. das schöne, von Maori aus Hokianga geschnitzte Tabernakel.

Seit 1997 werden der spitze Turm der Kathedrale sowie die umliegenden Hochhäuser vom 328 m hohen **Sky Tower** ❼ überragt, der in einer schlanken Nadel endet, ist mit gläsernen Aufzügen ausgestattet (Okt.–April So–Do 8.30–22.30, Fr/Sa 8.30–23.30, sonst tgl. 9–22 Uhr). Das Bauwerk besitzt ein Drehrestaurant und drei Aussichtsplattformen. Mutige Base Jumper stürzen sich am Stahlseil gesichert von der Beobachtungsplattform in die Tiefe. Vom obersten *Sky Deck* aus sieht man an klaren Tagen weit hinaus in die Inselwelt des Hauraki Gulf. Der ›Himmelsturm‹ erhebt sich wie ein Wahrzeichen über dem elfstöckigen Komplex von **Harrah's Sky City** (www.skycityauckland.co.nz), ein *Kasino* mit mehr als 1000 Spielautomaten und fast 100 Roulette- und Black-Jack-Tischen. Das *Sky City-Hotel* mit viel Glas und das *Sky City-Theatre* runden die bombastische Anlage im Zentrum ab.

Rasch gelangt man über die Wellesley Street West wieder zur Queen Street. An der Ecke steht das alte, renovierte **Civic Theatre** ❽ (www.civictheatre.co.nz), ein Forum für Oper, Theater, Filmklassik und Nostalgie. Es ist einer der letzten großen Unterhaltungspaläste mit einem in persisch-indischen Motiven dekorierten Foyer und einem Treppenhaus im Stil einer indonesischen Tempelanlage.

Auf dem *Aotea Square* mit der Statue Lord Aucklands und der bogenförmigen

Auckland

Traditionelle Symbole aus dem pazifischen Raum schmücken die Skulptur am Aotea Centre

Holzplastik *Waharoa* (›Tor‹) von Selwyn Muru finden die besuchenswerten **Aotea Square Markets** (Fr/Sa ab 10 Uhr) für Kunst, Nippes und Praktisches statt. Architektonisch dominiert den Platz die gewaltige, 1911 aus hellem Oamarustein erbaute **Town Hall** ❾, das alte Rathaus der Stadt. Wie ein Schiffsbug ragt das turmgekrönte neoklassizistische Gebäude weit in den Platz hinein. Lange Zeit umstritten war nebenan das flache, 1990 vollendete **Aotea Centre** ❿, ein Zentrum für darstellende Künste mit etwas gewöhnungsbedürftiger Architektur. Die größte Kongress- und Konzerthalle des Landes wird mitunter sogar als ›Kulturklotz‹ bezeichnet, gewinnt aber bei Nachtbeleuchtung an Charme.

In ihrem obersten Abschnitt mündet die Queen Street in die von zahlreichen Läden, Cafés, Nachtclubs und Sexshops gesäumte **Karangahape Road** ⓫, kurz *K-Road* genannt. Das Flair ist polynesisch, indisch, asiatisch, bunt, laut und turbulent, die Luft erfüllt von exotischen Gerüchen und einem geradezu babylonischen Sprachengewirr.

Kunst und Natur

An der Ecke Wellesley und Kitchener Street liegt die mehrfach preisgekrönte **Auckland Art Gallery** ⓬ (tgl. 10–17 Uhr, www.aucklandartgallery.com). Sie besitzt insgesamt 15 000 Kunstwerke und beherbert die weltweit größte Ausstellung neuseeländischer Kunst. Das strahlend weiße Haus entstand 1887 im Stil der Neorenaissance. Das Kunstmuseum bietet viel mehr Platz für die umfangreichen Sammlungen und zahlreichen Sonderausstellungen. Berühmt ist die *Grey Gallery* mit neuseeländischer Kunst des 18.–20. Jh. und europäischer Gegenwartskunst. Die romantisierenden Landschaften von *Charles Heaphy* (1829–1881), Genrebilder aus der Welt der Maori von *Charles Frederick Goldie* (1870–1947) und die nach Fotos gemalten Maoriporträts des Pilseners *Gottfried Lindauer* (1839–1926) gehören zu den Höhepunkten. Im Todd Foundation Learning Centre erfahren die Besucher alles über den Entstehungsprozess von Kunstwerken und die Welt von Künstlern.

Ein wenig ostwärts liegt der **Albert Park** ⓭, der mit weiten, gepflegten Rasenflächen und alten Bäumen einen zentrumsnahen Erholungsraum bietet. Vorsicht: Nachts ist das Gelände nicht sicher. Während der Landkriege im 19. Jh. befand sich im Ostteil des Parks das Kasernenareal der britischen Soldaten, heute steht hier die 1883 erbaute **University of Auckland** ⓮. Die Gebäudegruppe wird von einem verspielten Turm aus dem Jahr 1926 dominiert, den der Volksmund wegen seines Zuckerbäckerstils *Wedding Cake*, Hochzeitstorte, nennt.

Über Grafton Road und Stanley Street hinweg geht das Grün des Albert Parks im Südosten in die 80 ha große **Auckland Domain** ⓯ über, den einstigen Kommunalanger mit schönen Gartenanlagen. Auf ihrer höchsten Erhebung steht der

Auckland

mächtige, 1929 erbaute neoklassizistische Komplex des **Auckland Museum** ⓰ (Museum Circuit, Parnell, tgl. 10–17 Uhr, www.aucklandmuseum.com), den das eindrucksvolle *Grand Atrium* in die Tiefe erweiterte. Der Zweitname **War Memorial Museum** verweist auf die *War Memorial Hall* im 2. Stock, die den gefallenen Soldaten Neuseelands gewidmet ist. Die Erdgeschosshallen präsentieren Schätze der Maori, eine Einführung in die Lebensweise der Pakeha sowie Ausstattung, Schmuck und Masken aus dem polynesischen Raum. Großes Interesse findet auch das 25 m lange, kunstvoll geschnitzte Kriegskanu *Te Toki a Tapiri*, das rund 120 Krieger aufnehmen konnte. Täglich um 11, 12 und 13.30 Uhr (Nov.–März) tanzt und singt in der Eingangshalle die Maori-Kulturgruppe *Manaia* für Besucher. Im Obergeschoss sind Sammlungen zur lokalen Geologie, Natur- und Landschaftskunde, Flora und Fauna zu sehen, des weiteren Ausstellungen einheimischer Glaskunst, englischer Möbel und asiatischer Kunst.

Im Sommer gelangt man vom Museum mit einem Shuttle Bus zum **Auckland Zoo** ⓱ (99 Motion Road, Western Strings, Tel. 09/360 38 00, Mai–Aug. tgl. 9.30–17, Sept.–Apr. tgl. 9.30–17.30, letzter Einlass 16.15 Uhr, www.aucklandzoo.co.nz) im Stadtteil Western Springs, wo mehr als 900 Tierarten zu Hause sind, darunter weiße Nashörner und Tuatara-Echsen. Von besonderem Interesse ist das Kiwi Nachthaus, wo das neuseeländische Wahrzeichen zu sehen ist. Von dort ist das nahe **Museum of Transport & Technology** ⓲ (805 Great North Rd., Western Springs, Tel. 09/815 58 00, tgl. 10–17 Uhr, www.motat.org.nz) mit einer Tramway erreichbar. Im *MOTAT* kann man anhand von historischen Kutschen, Automobil-Oldtimern, Eisenbahnen und Maschinen bis hin zu einem virtuellen Marsspaziergang die Entwicklungsgeschichte der Technik nachvollziehen. Große Aufmerksamkeit erregt das *Fluggerät* des neuseeländischen Bauern und Erfinders Richard Pearse, mit dem er zur Zeit der Brüder Wright (1877–1953) um 1903 erste Flugversuche unternahm.

Parnell und der Osten

An die Domain grenzt im Nordosten der Vorort Parnell, der dank Bürgerprotesten von Hochhausbauten verschont blieb. So säumen die **Parnell Road** ⓳, die das Viertel als Hauptstraße von Norden nach Süden durchzieht, hübsch restaurierte *Holzhäuser* im viktorianischen Stil. Gelungen fügt sich der Shoppingkomplex **Parnell Village** ⓴ ein. Hinter schmalen Eingängen verbergen sich schicke Designerboutiquen, Bistros, Restaurants, Galerien, Schmuck- und Kunsthandwerksläden,

Te Toki a Tapiri, das letzte großes Kriegskanu der Maori, steht heute im Auckland Museum

Plan S. 20/21 und 22 **1** Auckland

Kunst an der Parnell Road im Stadtteil der Künstler und Lebenskünstler

romantische Passagen mit Kopfsteinpflaster, Rosengärten und Gaslaternen im Kolonialstil.

Im oberen Bereich der Parnell Road führt die St. Stephens Avenue nach Osten zur **Pro-Cathedral Church of St. Mary's** 21. Die 1886 an der Brighton Road errichtete neogotische Holzkirche wurde 1982 an ihren jetzigen Standort auf der gegenüberliegenden Straßenseite transportiert. Dieser historische Bau bildet nun mit der neuen gemauerten *Holy Trinity Cathedral* eine architektonisch ungewöhnliche Doppelkirche.

In der nahen Ayr Street befinden sich zwei Häuser aus der Frühzeit Aucklands: Das **Kinder House** 22 (Mi–So 12–15 Uhr) von 1856, ausgestattet mit Originalmöbeln aus der Entstehungszeit, Aquarellen und historischen Fotografien sowie das 1863/64 aus Kauriholz erbaute **Ewelme Cottage** 23 (Fr–So 10.30–12 und 13–16.30 Uhr, Tel. 09/ 379 02 02).

Mission Bay

Die Panoramastraße **Tamaki Drive** 24 führt nach Osten, wo an der Orakai Wharf **Kelly Tarlton's Sea Life Aquarium** 25 (23 Tamaki Drive, Orakai, Tel. 09 531 50 65, tgl. 9.30–17 Uhr, www.kellytarltons.co.nz) zu besichtigen ist. Eine der Attraktionen ist ein 120 m langer *Acryltunnel*, in dem ein Laufband Besucher durch eine pazifische Unterwasserwelt transportiert, vorbei an Haien und Adlerrochen, Piranhas, Schildkröten, Seepferdchen, Oktopussen und bunten Rifffischen. Im benachbarten **Antarctic Encounter** 26 ist die nachgebaute Hütte des Polarforschers *Robert Falcon Scott* (1868–1912) Ausgangspunkt für die Fahrt mit dem Snow Cat-Motorbob durch ein künstlich geschaffenes, mit Pinguinen und Showeffekten angereichertes Land aus Schnee und Eis.

Die Bucht **Mission Bay** 27, von der das Viertel seinen Namen ableitet, besitzt einen guten *Badestrand*. Am Ufer bieten

Mensch und Tier sind in Kelly Tarlton's Underwater World in ihrem Element

Auckland

Der Obelisk auf dem One Tree Hill erinnert an die alte Maorikultur

Coast to coast walkway

12,8 km lang ist der ausgeschilderte **Wanderweg** Coast to coast walkway, der vom Ferry Building an der Quay Street quer durch die Stadt zum Onehunga Beach am Manukau Harbour führt. Über Albert Park und Auckland Domain gelangt man zu den beiden prägnantesten Vulkanhügeln Aucklands, Mount Eden (196 m) und One Tree Hill (183 m).

Mount Eden ㉘, südlich des Stadtzentrums, bietet vom Rundweg um seinen tiefen, längst erloschenen Krater einen grandiosen Ausblick auf die Stadt. Am stimmungsvollsten erlebt man ihn gegen Abend, wenn die Sonne das Häusermeer und den Ozean zum Glänzen bringt. Durch die Wohnbezirke von Epsom und Royal Oak führt der Weg weiter zum **Cornwall Park** ㉙, einer Stiftung von *Sir John Logan Campbell (1817–1912)*. Inmitten der Grünflächen liegt **Acacia Cottage** ㉚, das älteste Haus der Stadt, jene Holzbleibe, die der später als ›Vater Aucklands‹ apostrophierte Großunternehmer und Bürgermeister John Logan Campbell 1841 für sich baute. Hier, an den Hängen des **One Tree Hill** ㉛, befand sich im frühen 18. Jh. die größte befestigte Maorisiedlung der Nordinsel sowie ein einzelner, den Einheimischen heiliger *Totara-Baum*, der von den ersten weißen Siedlern gefällt wurde. Die von Campbell als Kompensation gepflanzte Kiefer wiederum

kleine Restaurants auch abends Plätze im Freien mit Blick auf das Meer und Rangitoto Island. Einer der schönsten Spaziergänge ist der 6,3 km lange Waterfront Walk vom Zentrum Queen Street zur Mission Bay.

Mächtige Bäume säumen den Weg im Cornwall Park

wurde 2000 von Maori-Aktivisten so schwer beschädigt, dass der Hügel heute baumlos ist und scherzhaft None Tree Hill genannt wird. Campbells *Grab* liegt auf dem Gipfel des Hügels neben dem Obelisken.

Superbe Strände

Rund um Auckland laden die unterschiedlichsten Strände zum Baden, Surfen und Faulenzen ein. Tamaki Drive erschließt die **Mission Bay** und **St. Heliers Bay** im Osten, wo man vor der Kulisse von Rangitoto Island am besten bei Flut schwimmt. Besonders reizvoll mit vielen viktorianischen Villen, Gärten, Restaurants und Boutiquen ist Aucklands Vorort **Devonport** ㉜ auf der North Shore-Halbinsel gegenüber Waitemata Harbour. Für die schönsten Rundblicke bietet sich dort der Hügel Mount Victoria an. Schwimmer genießen am **Cheltenham Beach** die Aussicht auf Rangitoto Island, und auch der nördlich davon gelegene **Takapuna Beach** ist sehr beliebt.

Junge Leute und Surfer fahren gern durch die Waitakere Range nach Westen zum **Piha Beach** mit besonders starker Brandung, zum **Karekare Beach**, wo Strandszenen für den Film *The Piano* gedreht wurden, und zum **Whatipu Beach**, in dessen Nähe die Tasman Sea in den Manukau Harbour übergeht. Nordwärts siedelten sich viele kleinere **Vineyards** an, Weingärten, auf denen Gäste zu Weinproben herzlich willkommen sind.

Die sanfte Dünung am Cheltenham Beach östlich von Devonport lädt zum Baden ein

ℹ Praktische Hinweise

Information

i-SITE, 2 Atrium Skycity, Auckland, Tel. 09/365 99 18

i-SITE, 137 Quay Street/Princes Wharf, Auckland, Tel. 09/33 65 99 14

i-SITE, International Airport, Arrival Hall, Tel. 09/36 59 925

i-SITE, Domestic Airport, Air NZ Terminal, Tel. 09/36 59 928,

i-SITE, Freephone national 0800/282 552, www.aucklandnz.com

Flughafen

Auckland Airport (AKL), 21 km südwestlich des Stadtzentrums, Tel. 09/27 50 789, www.aucklandairport.co.nz. Inter-Terminal Bus zwischen International und Domestic Airport (tgl. 5–22.30 Uhr). Airbus-Express (www.airbus.co.nz, tgl. 7–19 Uhr alle 10 Min., 19–24 Uhr alle 20 Min., 24–7 Uhr alle 30 Min.) zwischen Flughafen und Stadt.

Schiff

Ferry Building: Am Pier 1 legen die Fähren nach Devonport, Bayswater, Northcote und Half Moon Bay ab, von Pier 2 nach Rangitoto Island, Waiheke, Great Barrier Island und Half Moon Bay.

Bus

LINK bus service: Busse (ab Britomart Centre, Queen St., Tel. 09/37 39 118) bieten die einfachste Möglichkeit, die Stadt zu erkunden. Die Busse fahren in drei Varianten durch die Innenstadt und die inneren Vororte.

Explorer Bus, Tel. 0800/43 97 56, www.explorerbus.co.nz. Zur Besichtigung aller Sehenswürdigkeiten bestens geeignet.

Hotels

*****Stamford Plaza Auckland, 22 Lower Albert Street, Auckland, Tel. 09/309 88 88, www.stamford.com.au. Das zwölfstöckige Luxushotel liegt im

Auckland

Glitzer, Glamour und Gewinne bietet das Sky Tower Casino seinen Gästen

Zentrum. Sein elegantes japanisches Restaurant Kabuki Teppanyaki gilt als eines der besten in NZ.

****Copthorne Harbour City Hotel, 196–200 Quay Street, Auckland, Tel. 09/377 03 49, www.millenniumhotels.com. Die Zimmer zur Uferpromenade sind sozusagen Logenplätze am Hafen.

****The Surrey Hotel, 465 Great North Rd., Grey Lynn, Auckland, Tel. 09/37 89 059, www.mainstay.co.nz. Vorort-Hotel in englischem Tudor-Stil mit klar-elegantem Design.

****Hotel Parnell, 20 Gladstone Road, Auckland, Tel. 09/303 37 89, www.theparnell.co.nz. Das ruhige Haus in Parnell bietet Apartments und Hotelzimmer mit Hafenblick.

****City Hotel, 157 Hobson St., Auckland, Tel. 09/92 50 777, www.achhobson.co.nz. Hinter der historischen Fassade von 1912 steckt ein modernes Hotel mit allem Komfort.

**Ibis Styles, 20 Wyndham Street, Auckland, Tel. 09/308 91 40, www.accorhotels.com. 141 Zimmer auf 18 Etagen. Wenig Charme, aber günstig.

Restaurants

TOP TIPP **Antoine's**, 333 Parnell Road, Auckland, Tel. 09/379 87 56, www.antoinesrestaurant.co.nz. Klein, aber exklusiv. Hier zeigt sich Neuseelands Küche von ihrer besten Seite. Service mit Stil. Reservierung erforderlich (So geschl.).

SidArt, Three Lamps Plaza, 283 Ponsonby Road, Auckland, Tel. 09/360 21 22, www.sidart.co.nz. Erlesene kulinarische Kunst-

Adrenalin-Kick: In Auckland können Mutige Hauswände nach unten laufen

Hauraki Gulf

Der Summit Walk führt über bizarr erstarrte Lavafelder auf den Gipfel des Rangitoto

stücke. Vegetarierfreundlich. Wöchentlich wechselndes Menü und 8-Gänge-Testmenü am Dienstag (So/Mo geschl.).

Cibo Restaurant, 91 St. Georges Bay Rd., Parnell, Auckland, Tel. 09/303 96 60, www.cibo.co.nz. Frische Produkte, preisgekrönte Küche, im Sommer Genuss unter freiem Himmel.

Orbit, Ecke Victoria/Federal Street, Auckland, Tel. 09/363 60 00, www.skycityauckland.co.nz. Zu Delikatessen aus dem Meer genießt man im Drehrestaurant des Sky-Tower die unvergleichliche Aussicht über Auckland.

Café

Riva Café, 89 Tamaki Drive, Auckland, Tel. 09/528 85 66. Kaffeehaus an der Mission Bay im mediterranen Stil: Tische im Freien, Sonnenschirme, kleine Gerichte und viele Salate.

Hauraki Gulf

Eine bezaubernde Wasserwelt umgibt die vielfältigen Inseln des Golfs.

Mehr als **100 Inseln**, Gipfel einer nach der letzten Eiszeit versunkenen Bergwelt, bilden im tiefblauen Hauraki Gulf nordöstlich von Auckland eine Landschaft voller Kontraste. 13 600 km² Meeresfläche, im Osten durch Coromandel Peninsula und Great Barrier Island vor stürmischen Pazifikwogen geschützt, sind ein Paradies für *Segler*.

47 der Inseln wurden 1967 als **Hauraki Gulf Maritime Park** unter Schutz gestellt und in zwei Kategorien eingeteilt. Die **Recreation Islands**, wie Rangitoto und Motutapu Island, Waiheke und Great Barrier Island, dienen mit ihren Stränden, Wassersportmöglichkeiten und Wanderwegen als Urlaubsdomizile und Naherholungsgebiete für Auckland. Viele der **Conservation Islands**, wie Little Barrier, Cuvier, Mercury oder Alderman Island, sind Schutzgebiete für bedrohte Pflanzen und Tiere und dürfen nur mit Bewilligung des *Department of Conservation* in Wellington betreten werden.

Rangitoto und Motutapu Island

Die Bewohner von Auckland fürchten sich nicht vor dem vergleichsweise jungen, 260 m hohen, dreigipfligen **Vulkan** Rangitoto, der nur 10 km von der Stadt entfernt aus dem Wasser ragt. Vor rund 600 Jahren tauchte er aus den Pazifikfluten auf, vor 300 Jahren spuckte er Asche und Lava, jetzt ruht er. Doch obwohl das Lavagestein von **Rangitoto Island** bereits wieder eine dichte grüne Decke aus Farnen, Sträuchern und Pohutukawa-Bäumen überzieht, trauen Geologen dem Frieden nicht und beobachten den stumpfen Bergkegel aufmerksam.

Von *Rangitoto Wharf*, dem Anlegeplatz der Fähre, führt der **Summit Walk** über spitzes Lavagestein in etwa 1 Std. zu Fuß zum Gipfel des Rangitoto. Schneller geht es mit dem Safariwagen von Vulcanic Explorer. Vom *Rundweg* um den Krater bietet sich eine atemberaubende Aussicht auf den Golf und Auckland.

Motutapu Island im Osten ist durch einen natürlichen *Damm* mit Rangitoto Island verbunden. Die mit 180 ha etwas kleinere Nachbarinsel wirkt friedlich und ländlich. Schafe und Rinder grasen auf den von Maori im 15. Jh. um den 121 m hohen Mount Motutapu angelegten Terrassen. Wochenendausflügler teilen den beliebten Picknick- und Campingplatz nahe der Bucht *Home Bay* im Inselosten mit Archäologen. Im harten Boden graben letztere nach Relikten jener Maoridörfer, die bei der Entstehung von Rangitoto Island unter einem Aschenregen begraben wurden.

Waiheke Island

Eine fast 100 km lange Küste, malerische, tief in das Land einschneidende Buchten, einsame Strände, kristallklares Wasser und **urwüchsige Natur** machen die 20 km vor Auckland liegende Insel so beliebt. Unter den 7000 Bewohnern, die vorwiegend im Westteil des 93 km² großen, bergigen Eilands leben, sind viele Künstler, Kunsthandwerker und Aussteiger. Die Personen- und Autofähre benötigt von Auckland nach *Matiatia Wharf* im Inselwesten und zum *Kennedy Point* an der Südküste direkt 35 Min., über Devonport 45 Min. Busse fahren die Besucher, die vor allem an Wochenenden zahlreich kommen, zu den Kunsthandwerksläden im Inselinneren, zur *Waiheke Community Art Gallery* (tgl. 10–16 Uhr), zum schönen **Sandstrand** von *Onetangi*, zum kleinen Hauptort *Oneroa* und zum *Waiheke Island Historic Village* (Mo/Mi/Sa/So 12–16 Uhr) mit kleiner völkerkundlichen Sammlung.

Great Barrier Island

Wie eine gewaltige natürliche Sperrmauer gegen den Pazifik empfand James Cook die lang gezogene, im 627 m hohen *Mount Hobson* gipfelnde Insel und gab ihr 1769 einen entsprechenden Namen. Great Barrier Island liegt 85 km nordöstlich von Auckland und ist mit 280 km² die größte Insel im Hauraki Gulf. Ihre Bergketten sind in weiten Teilen von dichten **Kauriwäldern** bedeckt. Ein Stück Siedlungs- und Landesgeschichte präsentiert sich mit Ruinen alter Walfangstationen, Holzdämmen an den Flüssen und Schiffswracks vor der Küste.

Gegen Ende des 18. Jh. gründeten **Walfänger** bei *Whangaparapara* an der Westküste eine erste Niederlassung. Ihnen folgten im 19. Jh. Holzfäller und Farmer, seit wenigen Jahren auch Touristen. Im Gegensatz zur felsigen Ostküste, die am **Medlands** und **Whangapoua Beach** be-

Beliebtes Ausflugs- und Ferienziel bei Besuchern aus dem nahen Auckland: Waiheke Island

2 Hauraki Gulf

Captain Cook Monument in Gisborne

Entdeckerträume werden wahr

Am 27. Oktober 1728 wurde **James Cook** in Marton-cum-Cleveland in der britischen Grafschaft Yorkshire geboren. Mit 17 Jahren begann er eine Krämerlehre im kleinen Fischerhafen Staithes, wo für eine Weile Salzheringe sein Leben bestimmten. Wohlmöglich träumte er schon damals von der Freiheit auf See und von der Entdeckung des sagenumwobenen **Südkontinents**, den bereits die alten Griechen als Gegengewicht zum nördlichen Kontinent vermuteten. Also trat der junge James seine nächste Stelle bei Schiffseignern in Whitby an. Er avancierte zum Maat, trat dann in die Dienste der königlichen Marine und erwarb 1757 das **Kapitänspatent**. Als er 1769 mit seinem Schiff **Endeavour** in See stach, offiziell um die Venus zu beobachten und inoffiziell den in der Weite des Stillen Ozeans vermuteten Südkontinent zu finden, war er 41 Jahre alt, ein glänzender Autodidakt in Meeresforschung, Navigation und Kartografie.

Insgesamt unternahm Cook drei **Entdeckungsfahrten**. Dabei umrundete er Neuseeland, erforschte die Ostküste Australiens, überquerte zweimal den Südlichen Polarkreis, besuchte die meisten pazifischen Inselgruppen, segelte durch die Beringstraße und entdeckte 1778 die Hawaii-Inseln. Dort wurde er am 14. Februar 1779 infolge einer unglücklichen Verkettung von Umständen von Einheimischen erschlagen.

Millionen Briten und andere Europäer verdanken Cooks Forscherdrang neue, vom Stillen Ozean umspülte **Heimatländer**, viele pazifische Völker erinnern sich allerdings mit gemischten Gefühlen an die damals eingeleitete Kontaktaufnahme.

---

achtliche *Surfwellen* aufbaut, sind in den geschützten Buchten der Westküste kleine Orte wie der Fährhafen *Tryphena* oder *Port Fitzroy* entstanden. Die etwa 1000 Inselbewohner leben bescheiden, Elektrizität beziehen sie aus Generatoren, und die Straßen lassen zu wünschen übrig. Aber die Angebote für **Outdoor-Aktivitäten** sind ausgezeichnet. Surfen, Tauchen, Fischen, Reiten oder Mountainbiken sind nur einige der Möglichkeiten. In Port Fitzroy etwa beginnt der **Great Barrier Island Track** durch dichten Urwald und Canyons zu heißen Thermalquellen und historischen Kauriholzdämmen.

ℹ Praktische Hinweise

Information

i-SITE, 118 E Oceanview Road, Oneroa, Waiheke Island, Tel. 09/372 11 11

i-SITE, Claris Airport Terminal, Hector Sanderson Road, Great Barrier Island, Tel. 09/367 60 09

Schiff

Siehe auch Auckland [S. 27].

Fullers Ferry, Ocean View Road, Waiheke Island, Tel. 09/367 91 11, www.fullers.co.nz. Auckland über Devonport 45 Min.

Sea Link, Kennedy Point, Waiheke Island, Tel. 0800/73 25 46, www.sealink.co.nz. Auto- und Personenfähre, stdl. zur Half Moon Bay in Aucklands Osten (45 Min.).

Hotel

*****Earthsong Lodge**, Medland Road 38, Tryphena, Great Barrier Island, Tel. 09/429 00 30, www.earthsong.co.nz. Elegante Lodge an der Küste. Luxuriöse Bungalows mit Meerblick.

Restaurant

Casita Miro, 3 Brown Road, One-tangi, Waiheke Island, Tel. 09/372 78 54, www.casitamiro.co.nz. Weingärten umgeben das Landhaus mit Blick auf Onetangi Bay.

Northland – idyllische Buchten und Strände

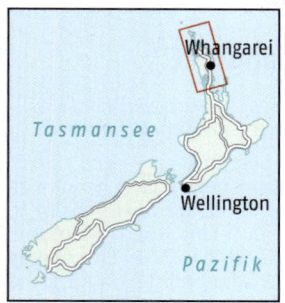

Einem Blütenmeer gleicht die zerklüftete Küste der schmalen Northland Peninsula im Osten bei **Warkworth**. An der **Bay of Islands** erscheint die Halbinsel sanft und malerisch. Nördlich davon bei **Whangaroa Harbour** wird sie felsig und herbschön, geradezu einsam schließlich auf der gegenüberliegenden Seite, wo sich die weite Sandlandschaft des **Ninety Mile Beach** erstreckt. Dazwischen präsentiert sich Neuseelands subtropischer Norden mit grünen Hügelweiten, auf denen unzählige Schafe grasen, oder mit tausendjährigen Kauribäumen im **Waipoua Forest**. Auf historischem Boden befindet man sich in **Waitangi**, wo die neuseeländische Nation aus der Taufe gehoben wurde. Der gut ausgebaute kurvenreiche State Highway 1 (SH 1) erschließt die Region bis in die Nähe der schroffen Felsklippen von **Cape Reinga** im äußersten Norden.

3 Warkworth und Kawau Island

Stadt unweit stiller Strände und Gouverneursinsel mit importierter Tierwelt.

Von hügeligem Farmland umgeben, liegt an den Ufern des Mahurangi River **Warkworth** (4000 Einw.), das Tor zur mittleren Kowhai Coast. Die Kleinstadt ist freundlich und meist beschaulich. Quicklebendig wird sie alljährlich am 3. Oktober, wenn ihre Bewohner mit karnevalsähnlichem Trubel das **Kowhai Festival** feiern, das Fest der goldgelben, glockenartigen Blüten der Kowhai-Bäume, die in der näheren Umgebung und an der Küste so überreich wachsen.

Vom Nordende der Stadt führt eine schmale Nebenstraße ostwärts, die sich nach 3 km gabelt. Die südwärts abzweigende Route erreicht nach 2 km *Mahurangi Peninsula* und die hübschen, stillen **Badestrände** Snells Beach und Algies Bay. Der nördliche Abzweig endet 1 km weiter bei Sandspit, einem romantischen, von Baumfarnen gerahmten Jachthafen. Mehrmals täglich verkehren von **Sandspit Wharf** Fähren nach Kawau Island.

Luftaufnahme vom Waikare Inlet – Inseln oder Halbinseln mit zerklüfteten Felsformationen prägen die Bay of Islands

25 km vor der Küste liegt **Kawau Island**. Neuseelands ehem. Premierminister Sir George Grey kaufte die Insel 1862 und ließ das dortige Haus eines Minenbesitzers zu einer stilvollen dreiflügeligen Holzvilla umbauen. **Mansion House** (tgl. 10–16 Uhr), heute als Museum mit Möbeln aus dem 19. Jh. und Memorabilien ausgestattet, ist eines der schönsten Beispiele frühkolonialer Architektur in Neuseeland. Sir Grey gab seiner Insel mit Bäumen und Blumen aus aller Welt, mit Affen, Zebras, Antilopen und Kängurus ein **exotisches**

Der Charme der Wende vom 19. zum 20. Jh. wird im Mansion House lebendig

3 Warkworth und Kawau Island

Ambiente. Von dieser Tierwelt haben sich nur die *Wallabies* aus Australien erhalten. Heute müssen sie die Insel samt den griechischen Olivenbäumen, brasilianischen Palmen, amerikanischen Redwoods und britischen Eichen aber mit zahlreichen neuen Ferienhäusern teilen. Doch nach wie vor führen **Spazierwege** durch verwilderte Gärten zum schönen **Sandstrand** an der *Vivian Bay*.

Von Warkworth aus nordwärts ist die wenig befahrene, aussichtsreiche **Küstenroute** über Leigh eine empfehlenswerte Alternative zum SH 1. Die kleine Straße führt zum herrlichen Sandstrand von *Pakiri* und zum Seebad Mangawhai, wo es gute Surfwellen gibt.

Praktische Hinweise

Information
i-SITE, 1 Baxter Street, Warkworth, Tel. 09/365 99 17, www.aucklandnz.com/discover/Warkworth

Schiff
Kawau Cruises, Sandspit Wharf, Warkworth, Tel. 09/425 80 06, www.kawauwatertaxis.co.nz. Mehrmals tgl. Fähren von und nach Kawau Island.

Hotels
***Tawharanui Lodge, 841 Takatu Rd., Warkworth, Tel. 09/422 72 56, www.tawharanui.co.nz. Nettes Landhaus mit Restaurant und Chalets in einem subtropischen Garten.

Kawau Lodge, North Cove, Kawau Island, Tel. 09/422 88 31, www.kawaulodge.co.nz. Wunderschöner Ruheplatz im Grünen, Prachtaussicht und herzliche Gastfreundschaft.

4 Whangarei

Wo 1400 Uhren ticken und Taucher vor Inselküsten Paradiese finden.

Whangarei liegt in einer weiten, hügeligen Buschlandschaft – *Bush* nennt man Neuseelands Tieflandurwald – am Westende des buchtenreichen Whangarei Harbour und ist mit 53 000 Einwohnern die größte Stadt nördlich von Auckland. Keimzelle war ein Maori-Pa auf dem stadtnahen *Mount Parahaki* (242 m). Die Entwicklung zum heutigen **Tor des Nordens** dauerte allerdings zwei Jahrhunderte und machte erst 1935, mit dem Bau der Straße von Auckland und der großen **Ölraffinerie** 1968 am südlichen Hafeneingang, nennenswerte Fortschritte.

Segeljachten aus aller Welt liegen im **Town Basin** vor Anker. Kleine Cafés und Restaurants, Kunstgalerien und Spezialitätenläden in hübschen Kolonialstilbauten rahmen den Hafen. Unter ihnen befindet sich auch **Clapham's Clocks Museum** (www.claphamsclocks.com, tgl. 9–17 Uhr), in dem rund 1400 Uhren, Kuriosa sowie Musikboxen gezeigt werden.

Ein Ruhepol in der Innenstadt ist der schön angelegte **Cafler Park** an der Water

Der weit verzweigte und belebte Hafen ist Dreh- und Angelpunkt von Whangarei

Street. Hier wachsen in der *Fennery* (tgl. 10–16 Uhr) an Wasserfällen und Teichen rund 80 einheimische Farnarten. Das **Whangarei Art Museum** (Tel. 09/430 42 40, www.whangareiartmuseum.co.nz, tgl. 10–16 Uhr), in den *Rose Gardens* des Cafler Park zeigt interessante Werke progressiver Künstler.

Der Besiedlungsgeschichte der Northland Peninsula sowie ihrer Fauna und Flora widmen sich **Whangarei Museum** und **Kiwi House** im 25 ha großen **Heritage Park** (www.kiwinorth.co.nz, tgl. 10–16 Uhr) im 6 km westlich gelegenen Vorort *Maunu*. Zum Komplex gehören die 1886 erbaute viktorianische Homestead der Familie Clarke, eine alte Quecksilbermine und ein spezielles Gehege für die nachtaktiven Kiwis.

Gut 10 km nördlich von Whangarei kann man im **Kingdom of Zion** (Tel. 09/435 01 10, http://kingdomofzion.co.nz, tgl. 9–17 Uhr,) im Rahmen einer geführten Tour weiße Tiger und Löwen bewundern.

Ausflüge

Im Dezember tiefrot blühende *Pohutukawa* und *Northern Rata* (Eisenholzbäume) machen die Fahrt von Whangarei ostwärts zu den **Whangarei Heads** zu einem Erlebnis. Beeindruckend sind auch die Felsen, die am nördlichen Hafeneingang 420 m steil über die Bucht aufragen. *Ocean Beach* an der äußersten Landspitze ist ein prächtiger Strand.

Rund 30 km im Nordosten erstreckt sich zwischen *Ngunguru Bay* und *Sandy Bay* die **Tutukaka Coast**. Hier gehen die farnbewachsenen steilen Hänge in schöne helle Sandstrände über. Von dem kleinen, aber sehr regen Naturhafen Tutukaka aus fährt man zu den **Poor Knights Islands**. Sie liegen 23 km vor der Küste und kein Geringerer als Jacques Cousteau hielt sie für eines der schönsten *Tauchreviere* der Welt. Kristallklares Meer, steile Unterwasserklippen und eine subtropische Strömung bilden ein Dorado für Taucher, denn das reich strukturierte Lebensraum zieht eine Fülle von Fischen an. Eine zusätzliche Attraktion sind die Wracks der beiden absichtlich versenkten Marineschiffe *Tui* und *Waikato* vor den Inseln.

ℹ Praktische Hinweise

Information

i-SITE, Tarewa Park, 92 Otaika Road, Whangarei, Tel. 09/438 10 79, www.whangareinz.com/i-site

Feuerrot und federleicht – Pohutukawablüten sind auch aus der Nähe wunderschön

Schiff

Dive! Tutukaka, Marina Road, RD 3, Tutukaka, Whangarei, Tel. 09/434 38 67, www.diving.co.nz, 1A-Tauchfahrten.

Unterkünfte

***Motel Villa del Rio, 118 Maunu Road, Whangarei, Tel. 09/438 71 86, www.motelvilladelrio.co.nz. Moderne, helle zentrumsnahe Studios.

***Pacific Rendezvous, 73 Motel Road, Tutukaka Coast, Tel. 09/434 38 47, www.pacificrendezvous.co.nz. Ferienkomplex in spektakulärer Aussichtslage auf privater Halbinsel.

Restaurant

Killer Prawn, 26–28 Bank Street, Whangarei, Tel. 09/430 33 33, www.killerprawn.co.nz. Neben Meeresfrüchten gibt es hier auch Grillgerichte und Pizzen.

5 Bay of Islands

Frühes Siedlungsgebiet, umkämpft von Maori und Weißen, heute friedliches, traumhaftes Segelrevier.

Überflutete Reste eines vorzeitlichen Gebirges, 144 teils grüne, teils felsige Inseln durchbrechen das Saphirblau der weit verzweigten Bay of Islands. In den Meeresarmen des Insellabyrinths schwimmen Haie, Delphine und Thunfische, zwischen September und Dezember tummeln sich vor der Küste die größten gestreiften Marline der Welt. Dann reisen Sportfischer zum **Big Game Fishing** an.

Paihia

Der touristisch umfassend erschlossene Küstenort ist das **Urlaubszentrum** der Region. Alles dreht sich hier um Wasser-

Wie ein sprießender Farn

Zu den Bewunderern Neuseelands gehörte auch **Friedensreich Hundertwasser**. Der 1928 als Friedrich Stowasser in Wien geborene Maler und Architekt († 2000) lebte seit 1986 etwa fünf Monate im Jahr auf seinem Landgut bei Kawakawa an der Bay of Islands. Für seine Wahlheimat entwarf er als Ergänzung zur offiziellen Flagge, die sich auf den britischen Union Jack bezieht, eine **alternative Flagge**, die das Nationalgefühl eines eigenständigen, der Natur verbundenen Volkes aus Maori und Pakeha symbolisieren soll. Das **Design** besteht aus einer grünen Spirale, die sich aus einem roten Randbalken auf weißem Grund entrollt. Einerseits greift dieses Motiv das Maoriornament eines Farnblattes auf, kann aber andererseits auch nach Hundertwassers eigener Aussage als auslaufende Welle oder sich entfaltende Fahne verstanden werden, jedenfalls »als eine Botschaft (…) an die Welt, unabhängig, stark, unbesiegbar, voller Leben und Energie, unmissverständlich Neuseeland, eine Flagge der Zukunft und uralter Identität«. Trotz dieser Implikationen bleibt fraglich, ob die Flagge von Hundertwasser jemals offiziellen Status erlangen wird. In letzter Zeit ist die Flagge mit dem britischen Union Jack allerdings, wegen ihrer Erinnerung an die Kolonialzeit, wieder ein Streitthema.

sport und Segeltörns, Angeltouren, Schwimmen mit Delphinen und Walbeobachtungen. In Paihia starten Oktober bis Mai halbtägige **Cream Trips**, Bootsfahrten entlang einer alten Milchsammelroute zu sechs Inseln und zur malerischen *Otehei Bay*, wo man von einem kleinen U-Boot aus die pazifische Flora und Fauna betrachten kann.

Wenn die See nicht zu hohe Wellen schlägt, fährt ein Katamaran von Paihia zum *Cape Brett* und dort durch das **Hole in the Rock**, ein spektakuläres und fotogenes natürliches Felsentor.

Russell

Die Anfahrt mit der Fähre von Opua oder Paihia nach Russell rückt dessen reizvolle **Hafenfront** angemessen ins Bild. Das Städtchen liegt auf der gleichnamigen Halbinsel im Osten der Bay of Islands und schmiegt sich an die geschützte Nebenbucht *Kororareka Bay*. Hier waren die ersten Pakeha im frühen 19. Jh. an Land gegangen: **Walfänger**, die an die ansässigen Maori Abgaben zahlten, Abenteurer, Händler und Missionare. Der alsbald wegen seiner Kneipen, Bordelle und Spielsalons, der Alkoholexzesse und des Waffenverkaufs an die indigene Bevölkerung als ›Höllenloch des Pazifik‹ apostrophierte Ort wurde 1840/41 mangels Alternative für kurze Zeit gemeinsam mit dem heute verfallenen Nachbardorf Okiato die erste **Hauptstadt** Neuseelands. Der rechte Ort für Häuptling Hone Heke, um seinem Zorn über die Einbuße der Walfänger-

Delfine so weit das Auge reicht: Die anmutigen Tiere leben ganzjährig in der Bay of Islands

5 Bay of Islands

Begrünte, felsige Inseln und Inselchen durchbrechen die weit verzweigte Bay of Islands

Abgaben nach dem Vertrag von Waitangi Ausdruck zu verleihen: Viermal hackte er provokativ den Fahnenmast auf Russells aussichtsreichem *Flagstaff Hill* um. 1845 begann aus diesem Grund ein einjähriger **Krieg** zwischen Pakeha und Maori, der sowohl mit der Vernichtung des Pa im nahen Kawakawa als auch mit der weitgehenden Zerstörung Russells endete.

Heute ist Russell ein friedlicher Ort. Einige historische Häuser stehen noch an der Uferstraße, etwa links vom Bootsanleger das aus Holz erbaute *Duke of Marlborough Hotel*, in dem seit 150 Jahren Gäste beherbergt werden, und nebenan die Polizeistation von 1860. Das 1841/42 errichtete, zweistöckige weiße **Pompallier Mission House** (www.heritage.org.nz/places) rechts vom Bootsanleger beherbergte eine Missionsdruckerei. Das Gebäude mit Originalausstattung und die alte Druckerpresse können besichtigt werden.

Ebenfalls aus Holz wurde 1836 die **Christ Church** in der nahen Robertson Road erbaut. In dem alten Friedhof ringsum ruhen Bösewichte und Seeleute, weiße Siedler und Maori friedlich vereint. Ein Grabstein erinnert an Hannah King Letheridge, die 1816 als erste weiße Frau in Neuseeland geboren wurde.

Kerikeri

Die beschauliche Kleinstadt liegt, eingebettet in Zitrus- und Kiwiplantagen, am Westende des langgezogenen, schmalen *Kerikeri Inlet*. Um 1820 ließen sich hier die ersten Missionare nieder. Aus dieser Zeit blieb am heutigen Hafen die einfache, bescheiden eingerichtete *Kerikeri Mission Station* erhalten. Das auch als

TOP TIPP **Kemp House** (www.heritage.org.nz/places, Nov.–April tgl. 10–17, Mai–Okt. 10–16 Uhr) bekannte Anwesen ist Neuseelands ältestes intaktes Holzhaus. Unmittelbar nebenan steht **Stone Store** (Öffnungszeiten s.o.), das älteste Steinhaus des Landes, das ein australischer Ex-Sträfling 1835 für den Missionar John Buller baute. Beide Häuser werden vom *Heritage New Zealand* verwaltet und können ganzjährig besichtigt werden.

Auf einem nahen Hügel – vom Hafen als *Historic walk* ausgeschildert – befindet sich die einstige Maorifestung **Kororipo Pa**, von der aus Hongi Hika (1770–1828) Kriegszüge gegen die Nachbarstämme führte.

Auf einer Anhöhe jenseits des Hafenbeckens befindet sich **Rewa's Village** (Nov.–April tgl. 9–17, sonst 10–16 Uhr). Der 1970 entstandene Nachbau eines historischen Fischerdorfes der Maori aus authentischem Baumaterial mit *Marae* (Versammlungshaus) und Häuptlingshütte gibt Einblick in den Alltag der Einheimischen im frühen 19. Jh. Lohnender Ausflug von Kerikeri zu den Rainbow Falls (etwa 3,2 km).

37

5 Bay of Islands

ℹ Praktische Hinweise

Information
i-SITE, The Wharf, Marsden Road, Paihia, Tel. 09/402 73 45, www.paihia.co.nz

Schiff
Fullers GreatSights Bay of Islands, The Maritime Building, Waterfront, Paihia, Tel. 09/402 74 21, www.dolphincruises.co.nz. Personenfähre Paihia–Russel und Autofähre Opua–Russell, Bay of Islands-Kreuzfahrten.

Hotels
*****Paihia Beach Resort Hotel, 116 Marsden Road, Paihia, Tel. 09/402 01 11, www.paihiabeach.co.nz. Hotel in modernem Designerstil mit besonders hellen, geräumigen Suiten.

****Duke of Marlborough Hotel, 35 The Strand, Russell, Tel. 09/403 78 29, www.theduke.co.nz. Historisches Holzhaus mit dem Charme der frühen Jahre. Erster Pub Neuseelands. Die 1840 erteilte Schanklizenz ist hinter Glas ausgestellt.

****Avalon Resort, 340a Kerikeri Road, Kerikeri, Tel. 09/407 1201, www.avalonresort.co.nz. Schönes Hotel mit 6 kleinen Villen mit schöner Aussicht.

Restaurant
The Gables, 19 The Strand, Russell, Tel. 09/403 76 70, www.thegablesrestaurant.co.nz. Gepflegte, europäisch inspirierte Küche im Ambiente eines 150-jährigen Hauses.

Das stilvolle Duke of Marlborough Hotel war 1840 Neuseelands erstes Pub

6 Waitangi National Reserve

Geburtsstätte der heutigen bikulturellen neuseeländischen Gesellschaft.

In der Mündungszone von Waitangi River und Hutia Creek, 2 km nördlich von Paihia, liegt Waitangi National Reserve (Tel. 09/402 74 37, www.waitangi.org.nz, Jan./Feb. tgl. 9–19 Uhr, sonst tgl. 9–17 Uhr). Am 6. Februar 1840 fanden hier, auf einer **TOP TIPP** Wiese vor dem heute als **Treaty House** bekannten Wohnhaus des britischen Gesandten James Busby, historische Ereignisse statt. An diesem Tag präsentierte Vizegouverneur William Hobson 46 anwesenden Maorihäuptlingen den **Treaty of Waitangi**. Der Vertrag schrieb die britische Herrschaft über das ›Land der großen weißen Wolke‹ fest, machte es zur Kolonie und die Maori zu britischen Staatsbürgern. Die Souveränität der Häuptlinge, denen das uneingeschränkte Eigentum an ihren Ländereien und Fischgründen garantiert wurde, ging an die britische Krone, damals Queen Victoria, über. Im Laufe von zwei Jahren unterschrieben weitere 512 Häuptlinge die Gründungsurkunde der neuseeländischen Gesellschaft.

Doch zwei in Maori und Englisch unterschiedlich ausgefertigte Vertragstexte, Übersetzungsfehler und Auslegungsprobleme führten bald zu ersten **Differenzen**, die bis in die heutige Zeit andauern. Auf breiter Basis protestierten die Maori über Ungerechtigkeiten und die teilweise Nichteinhaltung des Waitangi-Vertrages von Seiten der Regierung. Dies führte ab 1975 zu mehreren Abkommen über eine Prüfung von **Landbesitzrechten**, die auch eventuelle Rückgaben und Entschädigungszahlungen implizieren.

Die audiovisuelle Show im **Visitor Centre** (alle 30 Min., Öffnungszeiten wie oben) gibt einen Überblick über die historischen Zusammenhänge. Vor dem als Museum eingerichteten, eher schlichten **Waitangi Treaty House** (Öffnungszeiten wie oben) finden am 6. Februar zum *Nationalfeiertag* der Staatsgründung Festveranstaltungen statt.

Nördlich davon schufen Maorikünstler das 1940 eingeweihte Versammlungshaus **Whare Runanga** (**TOP TIPP** Öffnungszeiten wie oben) mit seinem weit heruntergezogenen Satteldach und der Giebelfigur mit Kanupaddel. Das Innere des Whare birgt u. a. geschnitzte

Das Marae Whare Runanga von Waitangi gehört allen Polynesiern und ihren Ahnen

Stammbäume der bedeutendsten Stämme und ist als Ort der Ahnenverehrung, Lebenskraft, Spiritualität und Freundschaft für alle eingewanderten Polynesier gedacht.

Südlich vom Treaty House liegt am Hobson Beach in einer offenen Bootshalle das Kriegskanu **Ngato Kimatawhaorua**. Künstler von fünf Northland-Stämmen schnitzten 1940 aus drei Kauristämmen das rund 37 m lange Boot, das noch heute bei zeremoniellen Anlässen eingesetzt wird. Es ist mit 80 Rudern bestückt und bietet bis zu 200 Menschen Platz.

Praktische Hinweise

Information
Waitangi Treaty Grounds, Tau Henare Drive, Paihia, Tel. 09/402 74 37, www.waitangi.org.nz

Hotel
****Copthorne Hotel & Resort Bay of Islands, Tau Henare Drive, Paihia, Tel. 09/402 74 11, www.millenniumhotels.co.nz/copthornebayofislands. Große, luxuriöse Anlage, direkt am schmalen Strand gelegen. Subtropischer Garten mit acht natürlichen Pools.

7 Whangaroa Harbour

Erstklassige Buchten für Big Game Fishing.

Schroffe Felsklippen, im Volksmund ›zwölf Apostel‹ genannt, umgeben Whangaroa Harbour nördlich der Bay of Islands. Der wunderschöne **Naturhafen**, heute ein beliebter Treffpunkt von Sportfischern, war schon zu Beginn des 19. Jh. als Umschlagplatz von Kauriholz bekannt. Traurige Berühmtheit erlangte der Ort 1809 durch das **Boyd Massacre**. Damals ankerte hier die englische Brigg *Boyd*. Ihr Kapitän John Thompson hatte während der Herfahrt den an Bord befindlichen Sohn des Häuptlings Te Puki auspeitschen lassen, woraufhin die Maori die gesamte Schiffsbesatzung töteten. Die *Boyd* geriet in Brand, sank und liegt heute vor *Red Island* auf dem Meeresgrund. Weiße Seeleute eines kurz darauf einlaufenden Schiffes übten Rache und töteten 60 an dem Überfall unbeteiligte Maori.

Eine schmale, ostwärts verlaufende Küstenstraße verbindet Whangaroa mit der nahen *Matauri Bay*. Hier starten Boote zu den vor der Küste liegenden **Cavalli Islands**; beliebtestes Ziel ist **Motutapere Island**. Vor ihrer Küste wurde 1985 das Wrack des Greenpeace-Schiffes *Rainbow Warrior* versenkt. Taucher finden es in 25 m Tiefe von Wasserpflanzen eingehüllt und von zahllosen Fischen besiedelt.

Praktische Hinweise

Hotels
****Waimanu Lodge, 76A Old Hospital Road, Whangaroa Harbour, Tel. 09/405 13 40, www.waimanulodge.co.nz. Komfortables, ruhiges Hotel mit wunderschöner Aussicht.

7 Whangaroa Harbour

Kingfish Lodge, Kingfish Point, Whangaroa Harbour, Tel. 0800 100 546, www.kingfishlodge.co.nz. Historische Lodge mit familiärem Ambiente, sehr beliebt bei Sportfischern. Erreichbar über eine kurze Bootsfahrt von Whangaroa Wharf.

8 Waipoua Kauri Forest

Jahrtausendealte Baumriesen vereinen ihre Kronen zu einer Kathedrale des Waldes.

Über den Highway 12 erreicht man von der Bay of Islands im Osten oder von Dargaville im Süden den 90 km² großen Waipoua Kauri Forest an der Westküste, Überrest der Wälder, die vor Ankunft der Weißen das gesamte Northland bedeckten. Einige Kilometer nördlich des ausgeschilderten *Waipoua Forest Visitor Centre* führt ein 100 m langer Pfad vom State Highway 12 zu **Tane Mahuta**, dem ›Gott der Wälder‹. Diesen Ehrennamen erhielt Neuseelands bekanntester, 1200 Jahre alter und gut 50 m hoher Kauririese mit 14 m Stammumfang. Noch fast 1000 Jahre älter und 2 m beleibter ist der 300 m entfernte **Te Mahuta Ngahere**, der nur geringfügig kleinere ›Vater des Waldes‹.

9 Kaitaia und Ninety Mile Beach

Tor zum Far North und zu einem Strand, der an Schönheit seinesgleichen sucht.

Seine Entwicklung verdankt das 1830 von Missionaren gegründete Kaitaia der Ansiedlung von *Gum Diggers*. Sie gruben im Umland aus Hügeln und Sümpfen das fossile Kauriharz, das in Europa als Grundlage für Lacke begehrt war.

Heute ist die Kleinstadt in erster Linie als Ausgangspunkt für Fahrten in den Far North, die Spitze des Northlands, von Bedeutung. Einen kurzen Besuch lohnt aber das **Far North Regional Museum** (Mo–Fr 10–16, Tel. 09/408 94 54, www.teahuheritage.co.nz) in der South Road wegen seiner Sammlung polierten Kauriharzes. Wichtigstes Exponat ist jedoch ein kleines, eher unscheinbares Kanu, das als älteste bekannte Schnitzarbeit der Maori gilt.

TOP TIPP Entgegen seinem Namen ›nur‹ 89 km lang ist der **Ninety Mile Beach,** Neuseelands längster, einsamster, bis 200 m breiter Strand. Von der Brandung der Tasman Sea bespült, flirrend heiß im Sommer und oft in aufgewirbelte Sandwolken gehüllt, nimmt er die Westküste der Far North-Halbinsel ein. *Desert Coast* nannte James Cook den wüstenhaften, menschenleeren Landstrich, verständlich, wenn man etwa die 150 m hohen Sanddünen an den Ufern des **Te Paki Stream** sieht. Der vielfach verzweigte ›Flusslauf‹ führt bis zu 6 km ins Landesinnere, ist aber höchstens 4–5 cm tief. Vor allem junge Besucher vergnügen sich gern damit, die Dünen mit **Sandboards** hinunterzugleiten; zur Not tut es freilich auch eine Plastiktüte als Untersatz.

Geländegängige **Ausflugsbusse** befahren von Kaitaia oder dem 14 km westlicheren Ahipara aus den fast schnurgeraden Sandstrand in seiner ganzen Länge. Selbstfahrern ist diese Route wegen des schwierigen Geländes nicht zu empfehlen. Vermieter geländegängiger Wagen mit Vierradantrieb raten, die vom

Die bewundernden Blicke gelten dem Baumriesen Tane Mahuta im Waipoua Kauri Forest

10 Cape Reinga

Der Wind häuft den Sand des Ninety Mile Beach bei Te Paki zu meterhohen Dünen auf

SH 1 abzweigenden Zufahrten zum Strand nach *Waipapakauri Ramp* und *Hukatere Hill* zu benutzen. Der SH 1 zieht sich von Kaitaia inmitten der rund 15 km breiten Halbinsel 90 km nach Norden.

Praktische Hinweise

Information
i-SITE, Te Ahu, Matthews Av./South Road, Kaitaia, Tel. 09/408 08 79, www.northlandnz.com

Flughafen
Kaitaia Airport (KAT), Quarry Road, Tel. 09/407 61 33, www.bayofislandsairport.co.nz. Nördl. von Kaitaia, wird von Air New Zealand ab Auckland International Airport angeflogen.

Bus
Sand Safaris, 221 Commerce Street, Kaitaia, Tel. 09/408 17 78, www.sandsafaris.co.nz. Ausflüge zum Ninety Mile Beach bis zum Cape Reinga.

Hotel
**Lake Ngatu Lodge, 27 Sweetwater Road, Awanui, Tel. 09/406 76 00, www.90milebeachnz.co.nz. In einem Orchideengarten mit Seeblick und nur 5 Meilen vom Ninety Mile Beach entfernt gelegene kleine Lodge (3 Zimmer).

10 Cape Reinga

Leuchtturm auf stürmischem Kap.

Den Maori ist die äußerste Spitze der Nordinsel heilig, denn über die steilen Klippen der von Cape Reinga nach Osten ausschwingenden **Spirits Bay** kehren gemäß ihrer Mythologie die Seelen der Verstorbenen zur legendären Heimatinsel Hawaiki zurück. Trotzdem geht es

Unglaublich, aber wahr: am Leuchtturm von Cape Reinga ist die Welt noch nicht zu Ende

Cape Reinga

Aotearoa spezial

Einige der wichtigsten Begriffe der Maorigesellschaft sind:

Haka: Kriegstanz mit Schreien und Drohgebärden (rollende Augen, herausgestreckte Zunge). Neuseelands Rugby-Nationalmannschaft, die All Blacks, nutzen den Chorgesang des Tanzes zur Einstimmung auf wichtige Spiele.
Hangi: Über Glut und Dampf im Erdofen gegartes Festessen [s. S. 129].
Hapu: Zusammenschluss von Großfamilien mit gemeinsamen Vorfahren.
Hongi: Gruß, bei dem die Nasen kurz und sanft aneinander gepresst bzw. gerieben werden.
Karakia: Religiöse Rezitationen zur Herstellung einer Einheit mit dem zur Hilfe angerufenen Gott.
Mana: Spirituelle Autorität, Ehre, Prestige des Einzelnen; geistige Kraft, die jedem Wesen und Ding innewohnt.
Marae: Versammlungsplatz, das Herz einer Maorisiedlung. Im heiligen Versammlungshaus, Whare Whakairo oder Runanga, wohnen die Ahnengeister und das Mana des Stammes. Das u. a. mit geschnitzten Stammbäumen ausgestattete Innere ist ein Ort der Ahnenverehrung, Lebenskraft, Spiritualität, Freundschaft und Sippe. Hier werden alle Feste des Lebens und des Todes gemeinsam gefeiert.
Maui: Kulturvermittelnder Halbgott der Maorimythologie. Er brachte das Feuer und verlangsamte den Lauf der Sonne. Als Maui für die Menschen Unsterblichkeit erlangen wollte, zerschmetterte ihn die Göttin des Todes.
Mauri: Lebensatem, der alles Beseelte erfüllt und mit dem Tod erlischt.
Moko: Tätowierungen als Statussymbol und Schmuck. Heute hauptsächlich an Oberkörper und Armen, mitunter an Kinn und Lippen.
Pa: Durch Palisadenzäune befestigtes Dorf an schwer zugänglichem Ort, meist auf einem Hügel.
Tapu: Heilig, verboten. Tapus werden von einem Priester ausgesprochen. Die Götter – so der Glaube – strafen eine Übertretung noch im Diesseits.
Tiki (Heitiki): Amulette aus Holz oder Jade, die eine stilisierte menschliche Figur, häufig einen Ahnen, zeigen.
Tohunga: Einflussreicher Stammespriester, dem übernatürliche Kräfte zugeschrieben werden.
Tukutuku: Wandschmuck in den Versammlungshäusern, aus Flachs gewebt und mit geometrischen Ornamenten bemalt.
Utu: Prinzip der Gegenseitigkeit – gilt für Geschenke, aber auch im vergeltenden Sinn von Zorn, Hass, Blutrache.

›Nasenkuss‹ nannten frühe Forscher das Hongi, die traditionelle Maoribegrüßung

am Kap touristisch zu, auch wenn der SH 1 wenige Kilometer vor dem Ziel in eine unasphaltierte Piste übergeht. Der Leuchtturm **Cape Reinga Lighthouse** selbst steht 164 m über dem Meeresspiegel. Vor allem kurz vor Sonnenuntergang bietet sich Besuchern von hier ein ungemein plastisches Bild der klippenreichen Küste. Im Westen sieht man das felsige *Cape Maria van Diemen*, im Osten das *North Cape*. Im Norden, wo sich die verschiedenfarbigen Wasser von Tasman Sea und Pazifik mischen, liegen – meist nur als Schatten auszumachen – die *Three Kings Islands*.

Praktische Hinweise

Hotel

**Pukenui Lodge Motel, SH1 & Pukenui Wharf Road, Pukenui, Houhora, Tel. 09/409 88 37, www.pukenuilodge.co.nz. Neuseelands nördlichstes Motel und Hostel liegt in einem subtropischen Garten unweit des weiten 90 Mile Beach.

Coromandel Peninsula und Eastland – Küste der aufgehenden Sonne

Im Osten schirmt **Coromandel Peninsula** die Wasser des Hauraki Gulf zum Pazifik hin ab. An der Auckland gegenüberliegenden Küste geht dichtes Buschland, von gezackten Bergketten steil abfallend, in die **Pohutukawa Coast** mit ihrer weihnachtlich roten Blütenfülle über. An der Ostküste der Halbinsel formieren sich zwischen Whitianga und Pauanui schöne **Badebuchten**, in denen der Sand rosa schimmert und bizarre Felsformationen wie unaufgeräumtes Riesenspielzeug im Wasser liegen. Daran schließen sich die weichen Rundungen der Eastland-Küste entlang der von Captain James Cook so benannten **Bay of Plenty** an, der ›Bucht des Überflusses‹, mit fruchtbarem Gartenland bei Tauranga. Dem setzt das **East Cape** steile Felsklippen, einsame Strände und meerdurchtoste Buchten entgegen, ehe **Gisborne** einen städtischen Schlusspunkt bildet.

11 Thames

Erinnerungen an Goldrausch-Zeiten.

Das Hafenstädtchen Thames träumt von vergangenen Tagen. Die einst großen Kauriwälder ringsum und Goldfunde in den nahen Bergen machten es im 19. Jh. als Tor zur Coromandel bekannt. 1875 zählte man 20 000 Einwohner, ein Heer von Prospektoren, 90 Hotels, fast ebensoviele obskure Saloons und finstere Spielerkneipen. 1910, nach dem Ende des Booms, blieb eine verschlafene, in Hafenareal und Goldgräberviertel zweigeteilte Kleinstadt zurück mit heute nur noch knapp 7000 Einwohnern.

Die Atmosphäre dieser früheren Blütezeit spiegeln die Hauptstraßen *Pollen Street* und *Queen Street* mit einigen schönen Holzhäusern, Antiquitätenläden und Pubs wider. Einen Rückblick auf die turbulenten Jahre bieten die Exponate des **Thames Historical Museum** (tgl. 13–16 Uhr, Ecke Pollen und Cochrane Street), darunter alte Fotografien.

Einige Häuser weiter zeigt das **Mineralogical Museum** (Tel. 07/868 62 27, www.heritage.org.nz, März–Dez. Mi–So 11–15, Jan./Feb. tgl. 11–15 Uhr) in den Gebäuden der ehem. *Thames School of Mines* eine umfangreiche Sammlung von Fossilien, Mineralien und Halbedelsteinen, vor allem Amethyste und Quarzkristalle.

Die Praxis der Goldgräberei macht eine Führung durch die Bergwerksstollen der 1910 geschlossenen **Thames Gold Mine** (SH 25/Ecke Moanataiari Road, Tel. 07/868 85 14, www.goldmine-experience.co.nz, im Sommer tgl. 10–16 Uhr, Herbst und Frühling Sa/So 10–13 Uhr, im Winter nur gebuchte Touren) wieder lebendig. Sogar eine *Stamper Battery* ist noch funktionstüchtig, die mit viel Getöse die goldhaltigen Quarzsteine zerkleinerte.

Ausflüge

Alles Wissenswerte über Kauribäume und -dämme, Flutbecken, die Arbeit der Holzfäller und die ebenso tragische wie unüberlegte Abholzung der Wälder im 19. Jh. erfährt man bei einer Wanderung durch den regenerierenden Buschwald im **Kauaeranga Valley** ca. 13 km südöstlich von Thames. Das *DOC Visitor Centre* an der Kauaeranga Valley Road (Tel. 07/867 90 80, Mo–Fr 8–16 Uhr) zeigt eine informative Diaschau und gibt Auskünfte über Hütten und Campingmöglichkeiten im Waldgebiet.

Im **Coromandel Forest Park** kann man sich auf einer Fläche von 8000 ha von nachwachsenden Kauribeständen überzeugen. Ein sehr lohnender Bootstrip führt nach **Mayer Island** mit zwei Vulkankraterseen. Im Herbst finden in den fischreichen Gewässern vor den Inseln Wettbewerbe im Hochseeangeln statt.

11 Thames

Der Gipfel der Pinnacles-Felsnase belohnt Kletterer mit Blick über das Kauaeranga Valley

Praktische Hinweise

Information
i-SITE, 206 Pollen Street, Thames, Tel. 07/868 72 84, www.thamesinfo.co.nz

Hotel
**Seaspray Motel, 613 Thames Coast Road, Waiomu Bay (knapp 15 km nördl. von Thames, kurz vor Tapu), Tel. 07/868 28 63, www.seaspraymotel.co.nz. Direkt am Strand der Waiomu-Bucht gelegen, ideal für Bootsurlaube.

Restaurant
Brew Cafe and Bar, 200 Richmond St., Thames, Tel. 07/868 55 58. Gemütliches Pub-Restaurant. Gelegentlich Konzerte und Unterhaltungsprogramm.

12 Coromandel

Ruhige Buchten und alternativer Lebensstil.

Nördlich von Thames verläuft der schmale, kurvenreiche *Pacific Coast Highway* nahe der Küste, führt vorbei an malerischen Buchten, Stränden und Fischerdörfern. Im Dezember blühen hier die vielen Pohutukawa-Bäume an der nach ihnen benannten **Pohutukawa Coast** (www.pohutukawacoast.co.nz) besonders farbintensiv in leuchtendem Rot.

Nach 55 km erreicht die Straße den Ort Coromandel, der – wie die ganze Halbinsel – seinen Namen nach der 1820 in der hiesigen Bucht ankernden *HMS Coromandel* erhielt. Falls möglich sollte man spätnachmittags ankommen, wenn sich das Wasser des Hafens tiefblau wie Tinte färbt und die vorgelagerte **Whanganui Island** mit den letzten Sonnenstrahlen einen rot-goldenen ›Heiligenschein‹ bekommt.

Im Sog der Goldfunde im nahen *Driving Creek* Mitte des 19. Jh. rasch aufgeblüht und nach wenigen Jahrzehnten wieder verlassen, strahlt das heute kleine Coromandel Ruhe und Weltferne aus. Zu mächtig scheinen die viktorianischen Bauten auf der *Kapanga Road*, melancholisch die leicht verstaubten Exponate und Steinesammlung des **Coromandel Historical Museum** (im Sommer tgl. 10–12 und 14–16 Uhr) in der Ring's Road.

Der verschlafene Ort zieht seit Jahren alternative Künstler an. Umweltschützer und Töpfer Barry Brickell baute ab 1974 3 km nördlich des Ortes die ursprünglich zur Güterbeförderung gedachte Schmalspureisenbahn **Driving Creek Railway** (Tel. 07/866 87 03, Abfahrt tgl. 10 und 14 Uhr, im Sommer auch 16 Uhr). Der kühn angelegte, 38 cm breite Schienenstrang führt 5 km weit über atemberaubende Viadukte und Brücken aus Kauriholz, an ungewöhnlichen Tonplastiken des Künstlers vorüber, und schiebt sich durch beeindruckende Tunnel aus Riesenfarnen.

Ausflug
Von Coromandel gelangt man über eine schmale, nur bis Colville geteerte Nebenstraße zur 62 km entfernten *Fletcher Bay*

am Nordende der Halbinsel. Höhepunkt für Naturfreunde ist der hier beginnende **Coromandel Coastal Walkway**, der in 1–2 Tagen entlang der Küste um die Halbinselspitze zur *Stony Bay* führt. Unterwegs sieht man steile Felsklippen, dichten Busch mit Nikaupalmen und Baumfarnen, Seevögel und im Meer Delphine. An klaren Tagen lohnt der Aufstieg zum Gipfel des 891 m hohen **Mount Moehau**. Die Wanderung auf windumtosten Pfaden wird durch einen fantastischen Ausblick über die gesamte Halbinsel und den Hauraki Gulf bis nach Auckland belohnt.

ℹ Praktische Hinweise

Information
i-SITE, 85 Kapanga Road, Coromandel, Tel. 07/866 85 98, www.thecoromandel.com

Schiff
Kawau Kat Ferry Service – Coromandel Ferry, Tel. 09/307 80 05, ww.360discovery.co.nz. Auckland Pier 4 nach Coromandel, Hannaford's Wharf (kostenloser Shuttle Bus), mit Stopps in Orapiu/Waiheke Island. Ende Dez.–Anfang Feb. tgl., sonst unregelmäßig.

Coromandel Tours, Rd. 1, Whitianga, Tel. 07/866 35 06, www.coromandeltours.co.nz. Ein- bis mehrtägige Touren zu den schönsten Stellen der Halbinsel.

Hotel
***Admirals Arms Hotel**, 146 Wharf Road, Coromandel, Tel. 07/78 66 86 23, www.admiralsarms.co.nz. Renoviertes historisches Haus mit Blick auf Coromandel Harbour.

Restaurant
TOP TIPP **Pepper Tree**, 31 Kapanga Road, Coromandel, Tel. 07/866 82 11, www.peppertreerestaurant.co.nz. Hervorragende Meeresfrüchte. Austern, Langusten und andere, stets frische Leckereien von den Farmen vor der Küste werden im Sommer im Freien unter dem großen Pfefferbaum serviert.

13 Whitianga

Exzellente Region für Wassersport.

Der SH 25 führt von Coromandel kurvenreich durch das Bergland der **Coromandel Range** an die Ostküste der Halb-

Minenlampen und Vorderlader zählen zu den Schaustücken des Historic Mining Museum

insel. Ihr Herzstück ist der kleine Hafenort Whitianga am Eingang der tief ins Land einschneidenden **Mercury Bay**. Kupe, der legendäre Seefahrer, soll hier im Jahr 950 sein Kanu festgemacht haben. *Te Whitianga-a-Kupe*, ›Landeplatz des Kupe‹ nannten Maori daher den Küstenstreifen. Der englische Name geht auf James Cook zurück, der am 5. November 1769 in der Bucht ankerte, um von hier aus zu

Anlegeplätze für mehrere hundert Boote bietet die großzügige Marina von Whitianga

Whitianga

Wer am Hot Water Beach an der Mercury Bay eine Grube gräbt, legt sich gerne selbst hinein

beobachten, wie sich der Planet Merkur vor die Sonne schob.

Whitianga, im 19. Jh. ein bedeutender Ausfuhrhafen für Kauriholz, ist heute ein beliebter **Ferienort**. Lebhaft geht es um *Whitianga Wharf* zu. Hier ankern Fähren, dümpeln Jachten und Charterboote. Robuste Trawler mit erfahrenen Skippern warten auf Gäste, die zur Hochseejagd auf Marline, Thunfische und Haie ausfahren. Daneben, am breiten und 4 km langen **Buffalo Beach**, herrscht im Dezember Hochbetrieb. Wer genug hat vom Schwimmen, Surfen oder Tauchen kann auch Reiten oder Fahrrad fahren. Oder bei *Bay Carving* (The Esplanade, Tel.07/866 40 21) einmal selbst einen original *Toanga*, einen ›Schatz‹ in traditioneller Maoriform als Angelhaken, Spirale oder Manaia aus Knochen schnitzen.

Ausflüge

Gegenüber von Whitianga Wharf, jenseits einer Engstelle der Bucht, liegt an ihrem südlichen Ufer **Ferry Landing**. Autofahrer erreichen den Landesteg, indem sie den Südarm des Whitianga Harbour auf dem SH 25 umrunden. Ferry Landing ist Ausgangspunkt einer auch von Minibussen befahrenen schmalen Straße, die Whitiangas schöne, eigenwillige Südstrände miteinander verknüpft.

In Cooks Fußstapfen wandert man auf dem weißen, feinsandigen **Cooks Beach** in einer Ausbuchtung der Mercury Bay. Von Muschelschalen rosarot und zartviolett gefärbt, schimmert weiter östlich **Hahei Beach**. Von hier fahren Boote zu den Tauchgründen der vorgelagerten *Hahei Marine Reserve*, zu bizarren Felsformationen vor der Küste und zur **Cathedral Cove**. Dieser beeindruckende, von der Meeresbrandung im Kalkstein ausgewaschene Durchgang, dessen Bogenform an eine Kathedrale erinnert, ist bei Ebbe zu Fuß erreichbar.

TOP TIPP Geothermische Extravaganz machte **Hot Water Beach** 7 km südlich von Hahei berühmt. Am Strand findet man bei Ebbe unterirdische heiße Thermalquellen dicht unter der Oberfläche. Besucher schaufeln kleine Pools in den Sand, die sich rasch mit warmem Wasser füllen – und genießen diese Naturbadewannen.

Praktische Hinweise

Information

i-SITE, 66 Albert Street, Whitianga, Tel. 07/866 55 55, www.whitianga.co.nz

Schiff

Whitianga Water Transport, Whitianga Wharf, Whitianga, Tel. 07/866 54 72, www.whitiangaferry.co.nz. Personenfähre zum gegenüberliegenden Ferry Landing, tgl. ab 7.30 Uhr.

Hotels

***Beachfront Resort, 113 Buffalo Beach Road, Whitianga, Tel. 07/866 56 37, www.beachfrontresort.co.nz. Modern ausgestattete Apartments direkt am Strand.

Verleih von Kajaks, Dingis und Angelausrüstung.

TOP TIPP **Puka Park Resort**, rund 60 km südlich von Whitianga, Mount Avenue, Pauanui Beach, Tel. 07/864 80 88, www.pukapark.co.nz. Wunderschöne Anlage mit 48 zauberhaft gelegenen, luxuriösen Bungalows mitten im Regenwald, nur 5 Min. vom Strand. Preisgekrönte Küche im Restaurant Miha.

Restaurants

Squids Bar & Restaurant, 1 Blacksmith Lane, Shop 15, Whitianga, Tel. 07/867 17 10, www.squids.co.nz. Meeresfrüchteküche mit internationalen Anklängen.

Go Vino, 19 Captain Cook Road, Cooks Beach, Whitianga, Tel. 07/867 12 15, www.govino.co.nz. Kreative Tapas, Pizzen und eine gute Auswahl an neuseeländischen Weinen und Bieren.

14 Tauranga

Charmante Stadt in einer Wasserlandschaft.

Wasser ist in Tauranga überall. Unmittelbar vor dem Hafen liegt *Matakana Island*, daher ist **Tauranga Harbour** nur über enge Passagen mit dem Pazifik verbunden; landwärts verästelt er sich in viele kleine Buchten. Trotzdem ist er gemeinsam mit dem Hafen des Nachbarortes Mount Maunganui Neuseelands wichtigster **Exporthafen** für Obst und Holz.

Tauranga wurde Anfang des 19. Jh. auf **Halbinseln** erbaut, die durch Brücken miteinander verbunden sind. Selbst das *City Centre* liegt auf einem schmalen, im Osten von Waimapu Estuary, im Westen von Waikareao Bay begrenzten Landstreifen und ist nur wenige lang gezogene Straßenzüge breit. Lebhafter Treffpunkt ist die hübsch modernisierte und revitalisierte Promenade *The Strand*, an der Cafés und Restaurants prächtige Ausblicke auf den Hafen bieten. Am zentral gelegenen **Coronation Pier** legen die Ausflugsboote und Fähren nach Mount Maunganui ab.

Die größte Attraktion der Stadt ist das ehem. **Historic Village** in der 17th Avenue. Einst dienten die 85 nachgebauten und restaurierten Gebäude aus der Kolonialzeit als Freiluftmuseum, heute betreiben hier noch etliche Künstler und Handwerker Ateliers und Werkstätten.

Ausflüge

Ein Abstecher führt über die mautpflichtige *Harbour Bridge* in die Nachbarstadt **Mount Maunganui** zu Füßen des gleichnamigen, 232 m hohen Vulkankegels. In unmittelbarer Nachbarschaft locken die kilometerlangen pazifischen Sandstrände *Ocean Beach* und *Papamoa Beach*.

Hecken in geometrischen Reihen überziehen die Landschaft bei **Te Puke**, 30 km

Der Tauranga Harbour ist ein beliebter Anlegeplatz für Segeljachten

Tauranga

Kiwis wohin man schaut

Die Maori erzählen, dass Tane, der Gott der Wälder, als ersten Vogel den Kiwi erschuf. Seit über 100 Mio. Jahren watschelt der nachtaktive **Schnepfenstrauß** breitbeinig durch Neuseelands dichte Farnwälder und einsame Sümpfe. Schön kann man Kiwis nicht nennen: Die scheuen Tiere sind braun gestreift, dicklich, plump und eher borstenhaarig als gefiedert. Sie haben winzige unnütze Flügel, schlitzförmige Nasenlöcher am überlangen schmalen Schnabel, kleine halbblinde Augen und vergleichsweise große Ohren. Nur bei Dunkelheit erwachen sie zu geschäftigem Leben und geben schnarrende Töne von sich, die wie ›K(i)wii‹ klingen. Leider gingen die Bestände seit Ankunft der Menschen beständig zurück, sodass der scheue Insektenfresser heute unter strengem Artenschutz steht. In seiner Einzigartigkeit wurde der Kiwi sogar zu Neuseelands inoffiziellem **Nationalsymbol** und in humorvoller Anspielung auf ihr Wappentier nennen sich die **Neuseeländer** selbst ebenfalls ›Kiwis‹.

Die Bereitschaft zur Umbenennung traf auch die aus China stammende Pflanze **Yang gao**. Zwar priesen Poeten die schönen weißen Blüten, doch die Früchte selbst waren optisch reizlos, braungrün und haarig. ›Chinesische Stachelbeere‹ nannte man sie bei ersten Anbauversuchen an der neuseeländischen Bay of Plenty. Erst als es dem Züchter Hayward Wright Anfang des 20. Jh. gelang, die unscheinbare, vitaminreiche Frucht zu ihrer heutigen Form zu entwickeln, suchte man zur Markteinführung einen landestypischen Namen – und die **Kiwi** war geboren!

südöstlich von Tauranga. Die ›grünen Zäune‹ dienen als Windschutz für die rasch wachsenden Kiwi-Reben, die an Spalieren in die Höhe ranken, um schließlich selbst ein grünes Dach zu bilden. Aus dem Anbaugebiet, das sich *Kiwifruit Capital of the World* nennt, stammen etwa ¾ aller neuseeländischen Kiwis. Zur Erntezeit im Mai werden bis zu 10 000 Helfer beschäftigt. 5 km östlich des Städtchens erweist sich die Plantage **Kiwi 360** (Tel. 07/573 63 40, www.kiwi360.com, Touren: Sommer tgl. 9–16, Winter 10–15 Uhr) als touristischer Magnet – eine Art Disneyland zu Ehren der Nationalfrucht mit einem als Riesenkiwi ummantelten *Aussichtsturm* und Wägelchen in Fruchtform, die Besucher durch Plantagen fahren.

Praktische Hinweise

Information
i-SITE, 8 Wharf Street, Tauranga, Tel. 07/578 81 03, www.bayofplentynz.com

Hotels
TOP TIPP **Bayview Boutique Lodge,** 1004 Ohauiti Road, Tauranga, Tel. 07/57 00 100, www.bayviewboutiquelodge.co.nz. Luxuriös ausgestattete Lodge in den Hügeln von Ohauiti mit herrlichem Blick über die Bay of Plenty, Veranda, Garten und Restaurant.

****Hotel on Devonport,** 72 Devonport Road, Tauranga, Tel. 07/578 26 68, www.hotelondevonport.net.nz. Edles Boutiquehotel in der City.

Restaurant
Harbourside, 150 The Strand, Tauranga, Tel. 07/571 05 20, www.harboursidetauranga.co.nz. Ein doppelter Genuss: Frische Meeresfrüchte auf dem Teller, Meer und Boote vor Augen.

Whakatane

Wo eines der ersten Maorikanus landete.

Weit und hell ist der Landstrich an der östlichen *Bay of Plenty*. Er beginnt etwa bei Whakatane an der Mündung des gleichnamigen Flusses. Whakatane ist eine industrielle und wegen ihrer schönen Strände und fischreichen Angelreviere touristische Kleinstadt mit einem lebhaften Naturhafen. Gleichzeitig ist der Ort fest in der Geschichte der Maori verankert. Ihrer Überlieferung nach landete etwa um 1350 an diesem fruchtbaren Landstrich das Kanu **Mataatua** aus Hawaiki. Doch während die Männer die küstennahe Rangitaiki-Ebene erforschten, driftete das Boot samt den an Bord gebliebenen Frauen und Kindern ab. Häuptlingstochter Wairaka rettete alle, indem sie mit dem Ausruf »Kia Whakatane au i ahau«, »Wie ein Mann will ich handeln«, wieder ans Ufer paddelte. Das war deutlich mutiger, als es klingt: Paddel zu benützen war Frauen streng verboten. Heute ehrt ihre Statue in Bronze auf einem Küstenfelsen bei **Whakatane Heads** diese Tat.

An die Ursprünge der Siedlung erinnert **Pohaturoa Rock** in einem kleinen Park im Stadtzentrum Ecke The Strand und Commerce Street, der noch heute unter *Tapu* (›Tabu‹) steht. An dieser Stelle wurden sakrale Stammesriten zelebriert und wichtige Entscheidungen getroffen. Das Modell des Ahnenkanus Mataatua neben dem Fels ist Symbol für die Wurzeln der hiesigen Maori. Ihr kunsthandwerkliches Geschick zeigen die Schnitzereien und Vorführungen im **Whakatane District Museum** (Di–Fr 10–14 Uhr, www.whakatanemuseum.org.nz) in der Boon Street.

TOP TIPP White Island

50 km vor der Küste von Whakatane hüllt stets eine große Dampfwolke die seit 1935 unter Naturschutz stehende Privatinsel mit Neuseelands einzigem vom Meer umgebenem aktivem **Vulkan** ein. Die drei Vulkankegel der ›Weißen Insel‹ *Whakaari* gipfeln im 320 m hohen *Mount Gisborne*. Ein gewaltiger Ausbruch zerstörte 1914 die Ostflanke des Berges und eine dortige Schwefelmine. 2012 und 2013 ereigneten sich weitere Eruptionen mit Dampf- und Schlammausstoß. Besichtigungstouren müssen oft kurzfristig abgesagt werden. Eine **Tölpelkolonie** trotzt der Gefahr.

Praktische Hinweise

Information

i-SITE, 2 Kakahoroa Dr., Whakatane, Tel. 07/306 20 30, www.whakatane.com

Tauchen

Dive White Island, 186 The Strand, Whakatane, Tel. 07/307 07 14, Tel. 0800/34 83 94. Regelmäßige Ausflüge zu interessanten Tauchrevieren rund um die Vulkaninsel White Island.

Ausflüge

White Island Flights, 224 Aerodrome Road (Whakatane Airport), Tel. 07/308 77 60, Tel. 0800/04 48 34, www.whiteislandflights.co.nz. Rundflüge, u. a. über White Island.

Frontier Helicopters, 216 Aerodrome Rd, Whakatane Airport, Tel. 07/308 41 88 bzw. 08 00/80 43 54, www.frontierhelicopters.co.nz. Spektakuläre Helikopterflüge mit Landung auf dem Vulkan.

White Island Tours, 15 The Strand, Whakatane, Tel. 07/308 95 88, 08 00/73 35 29, www.whiteisland.co.nz. Mit einem Pee-Jay-Boot von Whatane Wharf zur Insel.

Die beständig aus dem Vulkan aufsteigende Dampfwolke gab White Island seinen Namen

15 Whakatane

Kurz vor Opotiki weisen Schnitzereien von Heke Collier den Weg zum East Cape

Hotel
****Pacific Coast Motor Lodge**, 41 Landing Road, Whakatane, Tel. 07/308 01 00, www.pacificcoastwhakatane.co.nz. Modernes, komfortables Motel mit Spa-Pools.

Restaurant
Global Thai Restaurant, 2 Commerce St., Whakatane, Tel. 07/308 90 00. Eine Spezialität des Hauses ist gegrillter *Crayfish* (Languste) mit Scampi-Butter.

16 Opotiki und East Cape

Strände, Buchten, unberührte Natur und Ahnengeisterfiguren prägen das Ambiente.

Die nahen, sonnenverwöhnten Surfstrände *Waiotahe Beach* und *Tirohanga Beach* geben Opotiki, dem ›Tor zum East Cape‹ 52 km östlich von Whakatane, den Anstrich eines **Ferienortes**. Zum sommerlichen Freizeitangebot gehören Schwimmen, Trekking, Kanu fahren, Fischen, Jagen und Mountainbike-Trips in den Urwald am östlich mündenden Motu River. In dem Küstenstädtchen grüßt man sich morgens auf Maori mit ›Ata marie‹. Manche Bewohner tragen das *Moko*, die traditionelle Gesichtstätowierung und Schulkinder lernen die alten Tänze. In Opotiki, schon vor der Ankunft der Pakeha ein dicht besiedeltes Zentrum der indigenen Bevölkerung, beträgt der Anteil der **Maori** heute über 50 %.

Am westlichen Ortsrand liegt die **Church of St. Stephen the Martyr**. Erbauen ließ sie 1864 der deutsche Lutheraner *Carl Sylvius Völkner*. Ein Jahr nach ihrer Fertigstellung wurde Völkner als angeblicher Regierungsspion von *Hau-Hau*, Mitgliedern einer kriegerischen, gegen die Pakeha gerichteten Maoribewegung mit skurril religiösen Motiven, auf grausame Weise getötet. Ihr Prophet Te Uma Haumene, visionär im Bunde mit Erzengel Gabriel, versprach den Kämpfern bei absoluter Glaubensstärke Unver-

Weit sieht man vom Leuchtturm am East Cape aus über das Land der Morgensonne

16 Opotiki und East Cape

Kinder des Meeres

Nichts ist festgeschrieben: Die Geschichte der **Maori** besteht aus Legenden, Mythen und mündlichen Überlieferungen, die von Generation zu Generation weitergegeben werden. Fischer Kupe und seine Frau, erzählt man, segelten um 950 von der sagenhaften polynesischen Insel **Hawaiki** aus auf ›den Flügeln des Windes‹ in die ungewisse Wasserwüste des südwestlichen Pazifik. Nach Wochen ›zwischen Ewigkeiten und Zugrundegehen‹ entdeckte Kupe eine lang gezogene Wolkenformation über einem Land, das größer war als alle Inseln, die er bisher angesteuert hatte. **Aotearoa** nannte es die Gattin, **Land der langen weißen Wolke**. Kupe erkundete Teile der Inseln, kehrte nach Hawaiki zurück und berichtete von seiner Entdeckung. Es dauerte aber noch Generationen, bis sich ein Teil der Bevölkerung Polynesiens in großen, offenen Doppelrumpfkanus, mit Taro- und Kumarapflanzen, Hunden und Ratten im Gepäck aufmachte, um Kupes Spuren tausende Kilometer weit über den Stillen Ozean zu folgen. Der Überlieferung nach landeten mehrere **Ahnenkanus** an den verheißungsvollen Küsten der beiden Inseln. Ahnenverehrung spielte in der animistischen Religion der frühen Maori eine wichtige Rolle, und auch heute noch kommen in den **Marae**, den kunstvoll geschnitzten Versammlungshäusern, nicht nur die Lebenden, sondern auch die Geister der Toten zu Beratungen zusammen. Auch der Maoribegriff **Tapu**, von dem unser ›Tabu‹ abgeleitet ist, hängt mit Verpflichtung zwischen Menschen- und Geisterwelt zusammen, ebenso wie das **Mana**, die Lebenskraft in allen Wesen und Dingen.

Kriegerische Drohgebärden beim Haka

---

wundbarkeit. Dem Todesurteil der Briten entgingen viele jedoch nicht. Das kleine **Opotiki Heritage and Agriculture Society Museum** (Mo–Fr 10–16, Sa/So 10–14 Uhr) im Zentrum informiert über die turbulente Geschichte der Region.

East Cape

An der Küstenstraße rund um die East Cape-Halbinsel wechseln helle Sandstrände mit bizarren Klippen und waldgesäumten Buchten wie *Whanarua* und *Waihau Bay*. Kleine Maoridörfer im von der Regierung zurückgegebenen Stammesland der Ngati Porou träumen vor sich hin. Landeinwärts scheint das grüne Dickicht schier undurchdringlich. Ein Hauch Weltferne liegt über dem Ostkap, dem der Urwald der Raukumara Range und der vom ungestümen Motu River durchflossene **Raukumara Forest Park** urtümliche Wildheit verleihen.

Bei *Te Araroa* zweigt eine 16,5 km lange Nebenstraße zum Leuchtturm am **East Cape**, Neuseelands östlichstem Punkt, ab. Der mühsame Aufstieg zum 154 m hoch auf den Klippen gelegenen **Lighthouse** wird durch eine traumhafte Aussicht über die Steilküste und den gischtsprühenden Südpazifik belohnt.

Die Weiterfahrt im Hinterland der rauen Felsen des East Cape rückt in **Tikitiki** die reich verzierte **St. Mary's Church** ins Blickfeld. Maori errichteten sie als eine der kunstvollsten Kirchen Neuseelands mit wunderschönen Schnitzarbeiten und Flachsflechtwerk zur Erinnerung an die Weltkriegstoten der *Ngati Porou*. Das Siedlungsgebiet des Stammes liegt schwerpunktmäßig etwas weiter südlich in **Ruatoria**. Hier drängen sich Impressionen von *Wild East* auf: tätowierte Frauen, Männer mit Rastalocken, Protest im Gesicht und Gehabe.

Viele Stätten in der Region sind den Maori seit alters her heilig und dürfen von Fremden nicht betreten werden. Besondere Bedeutung kommt dem 1754 m hohen **Mount Hikurangi** zu, dem ›Himmelsgipfel‹ in der östlichen Raukumara Range, den morgens die allerersten Sonnen-

16 Opotiki und East Cape

Beim Treffen der Generationen werden Tradition und Selbstverständnis überliefert

strahlen erreichen. Hoch über dem East Cape, dicht an der **Datumsgrenze**, beginnt jeder neue Tag; daher auch der Beiname *Sunrise Coast*.

Von Bucht zu Bucht schwingt sich die Küste von Tikitiki nach Süden, hier ist geradezu historischer Boden. In *Anaura Bay* landete Captain James Cook, in *Tolaga Bay* ergänzte er seine Wasservorräte, am Fuß des *Kaiti Hill* nahe dem heutigen Gisborne betrat er erstmals Neuseeland.

Praktische Hinweise

Information
i-SITE, 70 Bridge St., Opotiki, Tel. 07/315 30 31, www.opotikinz.com

Hotels
***Capeview Cottage, Tablelands Road, Opotiki, Tel. 07/315 78 77, www.capeview.co.nz. Das kleine ländliche Holzhaus mit seinen hübschen Zimmern liegt inmitten eines blühenden Gartens.

***Te Kaha Beach Resort, Hotel Road, Te Kaha, Opotiki, Tel. 07/3252830, www.tekahabeachresort.com. Modernes Apartmenthotel, Restaurant, Pool und Spa. Zimmer mit Meerblick.

Hick's Bay Motel Lodge, 5198 Te Araroa Road, Hick's Bay, 06/864 48 80, www.hicksbaymotel.co.nz. Schlichtes Motel in schöner Lage.

17 Gisborne

Maoriarchitektur und hingebungsvoll gepflegte Erinnerungen an James Cook.

Geschützt vom 135 m hohen Kaiti Hill liegt Gisborne an der Mündung des **Turanganui River** in die Poverty Bay, eine hübsche sonnige Kleinstadt mit lebhaftem Zentrum zwischen Grey und Peel Street und vielen *Weingärten* im fruchtbaren Umland.

Am 7. Oktober 1769 sichtete Nicholas Young, der 12-jährige Schiffsjunge der *Endeavour*, strahlend weiße Klippen am südwestlichen Ende einer Bucht – das erste Stück Neuseeland. **Young Nick's Head** heißen die Felsen im Süden von Gisborne bis heute. Doch das Land war keineswegs unbewohnt: Captain James Cook entdeckte Ansiedlungen, Hütten, Kinder und Kanus. Als er sich bei seinem Landgang von einigen Einheimischen bedroht sah, ließ er Musketenschüsse abfeuern. Sechs Tote blieben zurück. Verärgert verließ er die Bucht und nannte sie **Poverty Bay**, ›Bucht der Armut‹, weil er seinen begehrten Proviant hier nicht bekommen konnte.

Am Ostufer des Turangie River erhebt sich der 135 m hohe Stadthügel **Kaiti Hill**, der auf Maori *Titirangi* heißt. Der Lookout knapp unterhalb seines Gipfels bietet eine schöne Aussicht auf die Stadt am Fluss und am Meer. Vom **James Cook Observatorium** auf der Höhe des Hügels kann man jeden letzten Mittwoch im Monat (Jan.–Nov.) um 19.30 Uhr einen Blick in den südlichen Sternenhimmel werfen. Folgt man dem Queens Drive nordwärts am Hang vom Kaiti Hill entlang, liegt am Fuß des Hügels die kleine *Toko Turu Tapu Maori Church* lauschig im Schatten hoher Bäume. Nebenan erbauten Maori 1925 das beeindruckende **Te Poho-O-Rawiri-Marae**. Die prächtigen Schnitzereien im Inneren des nach wie vor rege genutzten Versammlungshauses, eines der größten Neuseelands, stammen aus dem westlich gelegenen Kunstzentrum Rotorua.

TOP TIPP

Reichhaltige Sammlungen zu Kultur und Historie von Maori und Siedlern an der East Coast findet man im **Tairawhiti Museum** (Mo–Sa 10–16, So/Fei 13.30–16 Uhr, Tel. 06/867 38 32, www.tairawhitimuseum.org.nz), einem Museum und einer Kunstausstellung zugleich, in der Stout Street. Zur Anlage gehören auch das äl-

Eine Stimme geht um die Welt

Die von der britischen Königin Elizabeth II. 1982 mit dem Titel **Dame of the Empire** geehrte **Kiri Te Kanawa** wurde am 6. März 1944 in Gisborne an der neuseeländischen Poverty Bay als Tochter eines Maori und einer Pakeha geboren. Auch ihre Adoptiveltern waren unterschiedlicher Herkunft, die Mutter Irin, der Vater Maori. Die Grundlagen für ihre spätere Musikkarriere als **Sopranistin** legte Sister Mary Leo, Musiklehrerin an der katholischen Mädchenschule in Auckland.

Mit ersten Preisen und einem Stipendium der **Maori Trust Foundation** versehen, ging Kiri Te Kanawa 1965 nach London, studierte am dortigen Opera Centre, wurde 1970 Junior Member der **Royal Opera** und sang sich 1971 am Covent Garden mit der Rolle der Gräfin in der ›Hochzeit des Figaro‹ in die Herzen des Publikums und der Kritiker. Ab 1972 feierte sie mit großen Opernrollen von Mozart, Richard Strauss und Verdi Triumphe in den berühmtesten Opernhäusern der Welt. 1981 sang Te Kanawa zur Hochzeit von Prince Charles und Lady Diana in der Londoner St. Paul's Cathedral. 1984 besetzte sie Leonard Bernstein als ›Maria‹ bei seiner einzigen Studioeinspielung der West Side Story, 1991 sang sie mit World in Union die Hymne zur Rugby-WM. 2003 gründete sie die Kiri Te Kanawa Foundation für Musiker und Sänger.

2009 verkündete Te Kanawa das Ende ihrer Opernkarriere und gab ihre letzte Vorstellung im April 2010 am Opernhaus Köln als Marschallin im Rosenkavalier von Richard Strauss.

teste Haus der Stadt, *Wyllie Cottage* von 1870, das ebenfalls historische *Lysnar House* mit einer Kunstgalerie und das teilweise aus einem Schiffswrack erbaute *Star of Canada Maritime Museum* mit Exponaten zur Walfang- und Schifffahrtsgeschichte.

Praktische Hinweise

Information
i-SITE, 209 Grey Street, Gisborne, Tel. 06/868 61 39, www.gisbornenz.com

Hotel
******Portside Hotel**, 2 Reads Quay, Gisborne, Tel. 06/869 10 00, www.portsidegisborne.co.nz. Mit viel Stilgefühl eingerichtetes Haus mit Blick auf den Innerhafen.

Restaurant
Wharf, On the Waterfront, Gisborne, Tel. 06/868 48 76, www.wharfbar.co.nz. Die Schiffe im Hafen scheinen zum Greifen nah, ›Seafood on the Wharf‹ ist eine gute Wahl.

Baywatch lässt grüßen – die Wasserwacht von Gisborne kämpft gegen die Brandung

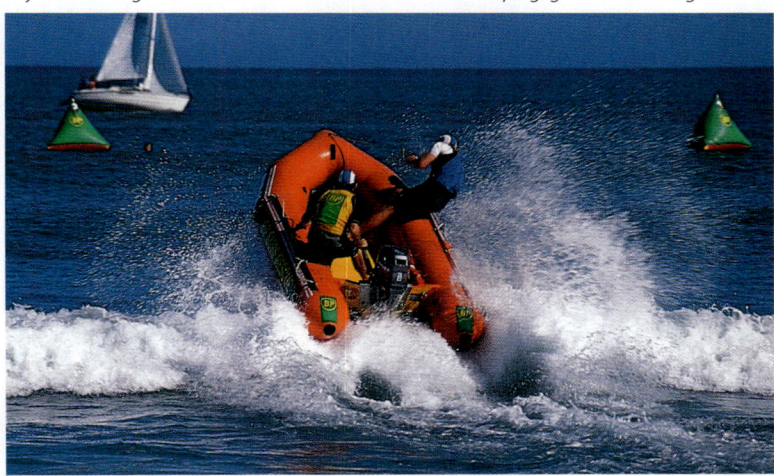

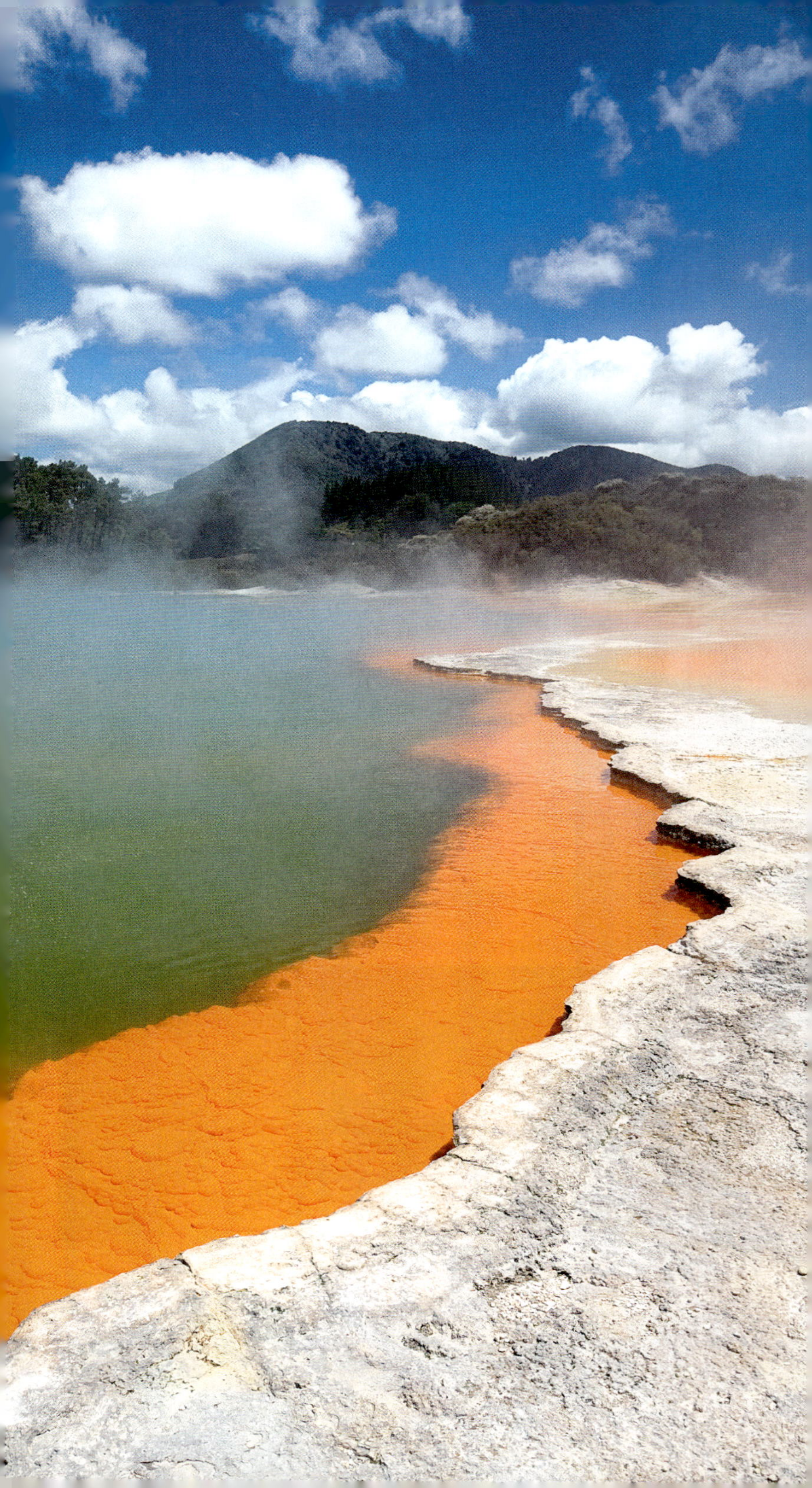

Zentrum der Nordinsel – Wunderland aus Dampf und Feuer

Zwischen den Städten **Rotorua** und **Taupo** dampft die Erde, Schlammtümpel kochen, auf dem **Lake Rotomahana** ziehen schwarze Schwäne an rauchenden Klippen vorüber. Geysire sprudeln bei **Whakarewarewa** Heißwasser in die Luft, bei **Waiotapu**, den ›heiligen Wassern‹, zaubern Kieselerdeterrassen eine pittoreske Landschaft mit Seen und Wasserfällen in allen Regenbogenfarben. Im Süden prägen die aktiven **Vulkane** Ngauruhoe, Tongariro und Ruapehu das Bild. Dass die Schöpfungsgeschichte dieser instabilen Region noch nicht abgeschlossen ist, erfuhren die Städte **Napier** und **Hastings** an der Hawke Bay 1931, als sie bei einem Erdbeben zerstört wurden. Die Zentralregion der Nordinsel erschließen der SH 1 von Auckland nach Taupo und Turangi und der bei Tirau abzweigende SH 5 nach Rotorua und Napier.

18 Rotorua

Faszinierende Stadt zwischen Schwefelschwaden und Orchideengärten.

Tag für Tag pulsiert Rotorua, 234 km südlich von Auckland, wie im Fieber. Die schnell gewachsene Stadt (55 000 Einw.) am Südufer des **Lake Rotorua**, eingebettet in eine seen-, wald- und hügelreiche, von Vulkanen geformte Landschaft, immerfort nach Schwefel riechend, zuweilen von leichten Erdbeben geschüttelt, ist das **touristische Zentrum** im thermalen Wunderland der North Island.

Der Stamm der **Te Arawa** siedelte sich etwa um das Jahr 1350 am Ufer des Lake Rotorua und auf der Insel Mokoia im See an. Die Kinder der Südsee erdachten romantische Legenden für die vulkanischen Inszenierungen der Erde, badeten im heißen Mineralwasser und nutzten den aus dem Boden aufsteigenden Dampf zum Kochen in Erdöfen. Das alte, lebendige Maoridorf **Ohinemutu** (Kia ora Guided Walks, Führungen tgl. 9–16 Uhr, http://nzmaoritourism.com) am Seeufer, nordwestlich des modernen Stadtzentrums, dem sich um 1868 eine Siedlung der Weißen beigesellte, ist die Keimzelle des heutigen Rotorua. Ab 1870 setzte, vorerst zaghaft, später vehement, die kommerzielle Ausbeutung der heilkräftigen **Schwefelquellen** ein, 1882 wurden die ersten Badehäuser eröffnet.

Ohinemutu ist ein guter Ausgangspunkt für einen Rundgang. Bescheiden sind hier die Holzhäuser, Dampf steigt aus Vorgärten und Rosenbeeten auf. Ins Auge springt das 1886/87 erbaute, nach dem Steuermann des legendären Kanus *Arawa* benannte **Marae Tama Te Kapua**. Die um 1880 wunderbar gearbeitete, 1941 renovierte Fassade leitet in einen Innenraum mit wertvollen alten und neueren Schnitzereien über.

Gegenüber steht die während des Ersten Weltkrieges im Tudorstil erbaute, von Maorikünstlern edel mit Schnitzereien und Flechtmatten ausgestattete **St. Faith's Anglican Church** (tgl. 8.30–17 Uhr). Auf einem der kunstvoll farbigen, dem See zugewandten Fenster der Seitenkapelle ist Christus im zeremoniellen Federmantel eines Maorihäuptlings dargestellt. Schräg einfallendes Licht zaubert die Illusion, er wandle über Wasser.

Rotoruas modernes, quirliges **Zentrum** im Bereich Hinemaru, Fenton und Tutanekai Street südlich der Lakefront weist eine Fülle von Hotels, Motels und Boutiquen von internationalem Zuschnitt auf. Beschaulicher, mit britisch

Der Champagne Pool mit seinem leuchtend orangefarbenen Rand ist ein Highlight des Thermalgebiets von Waiotapu. Schöne Wanderwege führen an den geothermischen Attraktionen vorbei

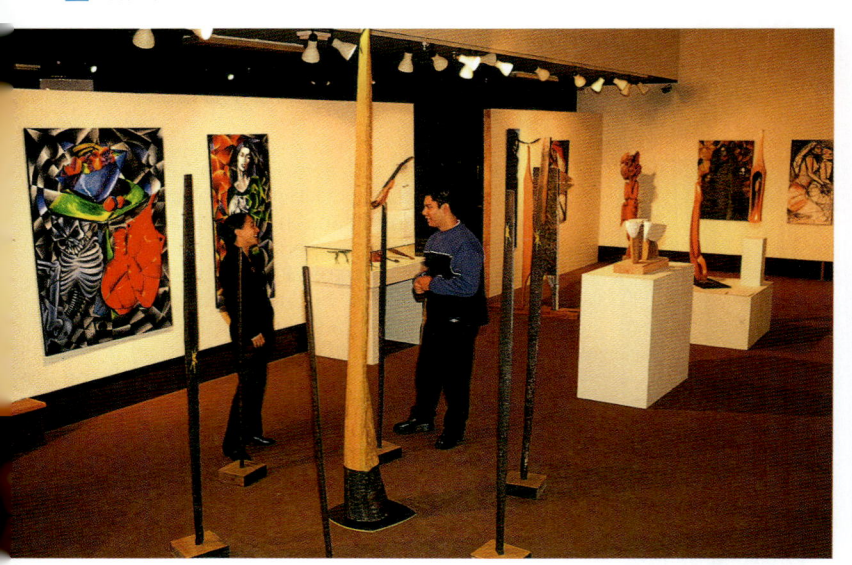

Das Rotorua Museum of Art & History zeigt die Bilder- und Formensprache junger Maorikünstler

gepflegtem Rasen, präsentieren sich die **Government Gardens** am Seeufer. Blickpunkte im Park sind die 1908 erbauten **Tudor Towers**, das einstige exklusive *Bath House*, ein breitflächiger, dennoch zierlicher Fachwerkbau mit vielen Türmchen, dessen Badeeinrichtungen der Eleganz und dem Glanz europäischer Kuranstalten kaum nachstanden. Heute beherbergt er das **Rotorua Museum of Art & History** (März–Nov. tgl. 9–17 Uhr, sonst tgl. 9–18, www.rotoruamuseum.co.nz). In

Die Fachwerkfassade des Badehauses Tudor Towers verrät britische Vorbilder

ihm sind Exponate zur Kulturgeschichte des Arawa-Stammes und eine audiovisuelle Dokumentation zum Ausbruch des nahen Vulkans Tarawera von 1886 zu sehen.

Südlich vom Bath House liegt in der Hinemoa Street das **Polynesien Spa** (tgl. 8–23 Uhr, www.polynesianspa.co.nz), eine moderne Kurbadvariante mit überdachtem Thermalwasserpool und kleinen, unterschiedlich temperierten, teils felsgerahmten Pools unter freiem Himmel.

Von der Lakefront am nördlichen Ende der Tutanekai Street legen die Schiffe zu Seerundfahrten ab, bei denen sie auch **Mokoia Island** ansteuern, die heilige Insel der Te Araua und Schauplatz einer der meisterzählten Maorilegenden. Darin heißt es, den in Liebe entflammten Inselhäuptling *Tutanekai* trennte das tiefe Seewasser scheinbar ausweglos von dem an der Küste lebenden Mädchen *Hinemoa*. Doch es gab ein Happy End: sie band sich ausgehöhlte Kürbisse um den Körper und schwamm in die Arme des Geliebten.

Ausflüge

TOP TIPP 3 km südlich des Stadtzentrums am SH 5 liegt **Whakarewarewa**, salopp Whaka genannt. Der ›Sammelplatz der Krieger von Wahiao‹ ist ein Tal mit reicher geothermaler Aktivität. Um mehr über die Kultur und lebendigen Traditionen der Maori zu erfahren, lohnt sich ein

18 Rotorua

Neben vielfältigen Outdoor-Aktivitäten bietet der Lake Rotorua atemberaubende Lichtspiele

Besuch im **Living Maori Village** (17 Tryon Street, Tel. 07/349 34 63, www.whakarewarewa.com, tgl. 8.30–17 Uhr, Führungen alle 60 Min., Tanz- und Gesangsvorführungen 11.15 und 14 Uhr). Seit Jahrhunderten nutzen die hiesigen Tuhourangi/Ngati Wahiao die geothermale Energie zum Baden und Kochen. Ein so gegartes Hangi wird auch interessierten Besuchern serviert.

Im Geothermal Valley liegt außerdem **Te Puia** (Tel. 07/348 90 47, www.tepuia.com Führungen Winter tgl. 8–17, Sommer tgl. 8–18 Uhr, Abendveranstaltungen ab 18 Uhr) mit seinen zahlreichen Attraktionen. Im **Maori Arts and Crafts Institute** lernen junge Maori die Kunst des Holzschnitzens und Webens, sowohl nach der Tradition der Te Arawa als auch in modernen Stilen. Besucher dürfen zusehen und können anschließend in der Galerie kunstgewerbliche Arbeiten erwerben. Nebenan bietet das **Thermal Village** mit einem nachgebauten Maoridorf, Marae, Kriegskanu, Befestigungsanlagen und Palisaden einen interessanten Einblick in Baukunst und Handwerk. Im Versammlungshaus finden täglich um 10.15, 12.15 und 15.15 Uhr *Folkloreveranstaltungen* mit Tanz und Gesang statt. Unweit des Dorfes liegen die berühmten Naturattraktionen von Rotorua: kochende Schlammtümpel, dampfende Quellen, der ›siedende See‹ *Te Roto Atamaheke* und der eindrucksvolle **Pohutu Geyser**, der etwa stündlich 20–30 m hohe Fontänen heißen Wassers ausstößt.

Über den SH 5 erreicht man im Westen von Rotorua die Talstation der Seilbahn **Skyline Skyrides** (www.skylineskyrides.co.nz), deren Gondeln auf den 758 m hohen **Ngongotaha** (tgl. ab 9 Uhr) führen. Prächtig ist die Aussicht vom Panorama-

Traditionelle Techniken und Motive lehrt die Schnitzschule von Te Puia

In nordöstlicher Richtung verbindet Highway 30 Rotorua mit den thermalen Naturwundern von Tikitere. Dort zischen in der **Hell's Gate Geothermal Reserve** (Tel. 07/345 31 51, www.hellsgate.co.nz, tgl. 8.30–20.30 Uhr) aus dem *Valley of the Tormented Earth*, dem ›Tal der gequälten Erde‹, Dampfsäulen aus Erdspalten, Schlammbrei kocht in den Tümpeln und die größten heißen *Wasserfälle* der südlichen Hemisphäre stürzen aus dem Buschland in ein tiefer gelegenes Felsenbett. Das *Wai Ora-Spa* komplettiert das Thermalangebot.

Praktische Hinweise

Information
i-SITE, 1167 Fenton Street, Rotorua, Tel. 07/348 51 79, www.rotoruanz.com

Hotels
****Royal Lakeside Novotel, 9–11 Tutanekai Street, Rotorua, Tel. 07/346 38 88, www.novotel.com. Komfort mit Seeblick von jedem der 199 Zimmer aus. Wer zum *Hangi* nicht ausgehen will, kann die Maorispezialitäten aus dem Erdofen bei der *Maori Cultural Night* auch im Hotelsaal genießen.

Maruata Rotorua, 2 Kuirau Street, Rotorua, Tel. 02 180 15 59, www.maruata.co.nz. Das moderne Designhotel in Maori-Be-

Im Kulturzentrum Te Puia erhalten Gäste eine traditionelle Maori-Einladung ins Marae

restaurant am Gipfel über das Seenland der Region. In Nähe der Talstation liegen die kristallklaren Teiche von *Rainbow* und *Fairy Springs* (tgl. 8–17 Uhr), in denen sich unzählige Forellen tummeln.

Jede Stunde schießt aus dem Pohutu Geyser dampfend heißes Wasser in den Himmel

Seit dem Vulkanausbruch des Mount Tarawera 1886 gähnt ein Krater, wo einst der Gipfel war

sitz garantiert ruhige Nächte und Entspannung im Thermal-SPA.

***Silver Oaks Heritage Resort, 349 Fenton Street, Rotorua, Tel. 07/347 76 86, www.silveroaks.co.nz. Hotel im Landhausstil in ruhiger, wunderschöner Umgebung mit vielen Sporteinrichtungen.

Restaurants

Atrium, 272 Fenton Street (Rydges Rotorua Hotel), Rotorua, Tel. 07/349 00 99, www.rydges.com. Gute internationale Küche am Rande des Arawa Racecourse.

Mac's Food & Wine, 1110 Tutanekai Street (Ecke Lake St.), Rotorua, Tel. 07/347 92 70, www.macsfoodandwine.co.nz. Beste neuseeländische Steaks vom Lamm und vom Rind.

19 Te Wairoa

TOP TIPP *Verschüttetes Dorf und untergegangene Sinterterrassen.*

Über die als *Scenic Drive* ausgeschilderte Tarawera Road gelangt man von Rotorua vorbei an den Kraterseen Blue Lake und Green Lake zum 14 km südöstlich gelegenen Te Wairoa. Das kleine **Maoridorf** war im 19. Jh. Ausgangspunkt zu den als Weltwunder gepriesenen, jahrtausendealten Kieselerdeformationen der *Pink and White Terraces*, doch am 10. Juni 1886 fiel es einem Ausbruch des nahen **Mount Tarawera** zum Opfer. Damals explodierte der längst erloschen geglaubte Vulkan in einem Inferno aus kochendem Schlamm, rot glühenden Felsbrocken und Asche. 153 Menschen starben, drei Siedlungen sowie das ganze Umland des Vulkans und die berühmten Sinterterrassen verschwanden unter Lava und Schlacke.

Seit 1931 wird das *Buried Village* (Tel. 07/362 82 87, www.buriedvillage.co.nz, März–Sept. tgl. 9–16.30, sonst tgl. 9–17 Uhr), das ›begrabene Dorf‹ Te Wairoa, ausgegraben. Ein *Rundweg* führt durch das Gelände, vorbei an den Überresten von Stone Storehouse, Blacksmith's Shop und Faloona's Store, dem Haus des Priesters, Teilen der alten Mühle und den baulichen Überbleibseln des Rotomahana Hotels, von dem frühe Weltreisende zu den *Terraces* aufbrachen. Erinnerungsstücke, Fotografien und Modelle im **Te Wairoa-Museum** beim Parkplatz bilden eine interessante Ergänzung zu den Grabungen.

Ausflüge

2 km östlich von Te Wairoa breitet sich der **Lake Tarawera** aus. In der dortigen Te Rata Bay am *Hot Water Beach* ist ein Campingplatz Ausgangspunkt für eine bewilligungspflichtige *Tour* (Auskünfte bei

19 Te Wairoa

Mineralhaltigen Ablagerungen verdankt der Champagne Pool von Waiotapu seine Farben

Rangitaurira, Trust Bank Building, Hinemoa Street, Rotorua, Tel. 07/357 40 26) auf den heute noch 1111 m hohen **Mount Tarawera**. Er ist der heilige Berg der Ngati Rangitihi-Maori und gehört noch heute dem Stamm. Grandios ist nicht nur ein Blick in den Furcht erregenden Krater, sondern auch die Sicht auf neun Seen der Region, die Bay of Plenty, die Dampfwolken von White Island im Nordosten sowie auf den 250 km entfernten schneebedeckten *Mount Ngauruhoe* (2287 m) im Südwesten.

Fährt man auf dem SH 5 Richtung Taupo, zweigt nach 14 km links eine 6 km lange Piste ins **Waimangu Volcanic Valley** (Januar tgl. 9–18, sonst tgl. 8.30–17 Uhr, Tel. 07/366 61 37, www.waimangu.co.nz) ab. Hier kann man u. a. den Echo Crater und den 60 °C warmen *Frying Pan Lake* bestaunen. Vom *Visitor Centre* am Taleingang führt ein attraktiver Wanderweg durch Buschland an wassergefüllten, dampfenden Kratern und der durch Algen vielfarbigen Warbrick Sinterterrasse vorbei zum *Lake Rotomahana*. Das Visitor Centre bietet Rundfahrten auf dem stillen See an, die einen Blick auf dampfende Klippen, seltene Thermalpflanzen und schwarze Schwäne ermöglichen.

ℹ Praktische Hinweise

Hotel
****Solitaire Lodge**, 16 Ronald Rd., Lake Tarawera, Tel. 07/362 82 08, www.solitairelodge.co.nz.
Das angenehme Haus liegt prächtig auf einer Privatinsel am Seeufer. Die hauseigene Motorbootflotte bringt Gäste zum Angeln.

20 Waiotapu

Naturwunder in allen Regenbogenfarben.

Das **Thermalgebiet** von Waiotapu liegt 30 km südlich von Rotorua und ist über eine 2 km lange Stichstraße ab dem SH 5 erreichbar. Hier bei den ›Heiligen Wassern‹ treibt die Natur ein grandioses Farbenspiel. An der Zufahrt liegt das *Visitor Centre* (tgl. 8.30–17 Uhr, letzter Einlass 15.45 Uhr, www.waiotapu.co.nz), bei dem der Hauptwanderweg beginnt. Er führt entlang aller Höhepunkte des *Thermal Wonderland*. Vorbei an eingestürzten Kratern geht es zunächst zu den blubbernden Schlammtümpeln der **Devils Ink Pots**.

Gefälliger gibt sich **Artist's Palette**, wo heiße und kalte Quellen, zischende Fumarolen und brodelnder Schlamm eine riesige ›Palette‹ in vielerlei zarten Pastelltönen in das Buschland zaubern. Auf einem hölzernen Steg überquert man die **Primrose Terraces**, 900 Jahre alte, durch Siliziumoxid gebildete Sinterterrassen. Dampfend, perlend und sprudelnd präsentiert sich in der Nähe der runde, 60 m tiefe und fast 2 km² große **Champagne Pool**. Sein 75 °C heißes Wasser wird von schwefelgelben und orangeroten Ablagerungen eingefasst.

TOP TIPP

Weitere Rundwege führen zu den **Bridal Veil Falls**, die ihre Farbe von weiß über zitronengelb zu tiefrot wechseln, und zum **Lady Knox Geyser**. Täglich pünktlich um 10.15 Uhr schleudert der Geysir schäumend seine Wassermassen 20 m hoch in die Luft. Dass die Energien des Thermalwassers durch Zugabe von Waschpulver geweckt werden müssen, mag Natur-Romantiker enttäuschen.

Nervenkitzel ist beim Bungeespringen über dem Waikato River garantiert

🛈 Praktische Hinweise

Information
Waiotapu Visitor Centre,
201 Loop Road, Waiotapu, Tel.
07/366 63 33, www.waiotapu.co.nz

21 Taupo

Kleinstadt mit großen Ambitionen am mächtigsten Kratersee der Welt.

Der herrliche, 616 km² große, 357 m hoch gelegene **Lake Taupo** bedeckt die Krater

Wuchtig donnern östlich von Taupo die Wasser des Waikato River bei den Huka Falls ins Tal

Taupo

mehrerer Vulkane, deren gewaltige Eruptionen letztmals im 2. Jh. n. Chr. Asche um die halbe Welt trieben. Am nordöstlichen Seeufer befindet sich neben dem Ausfluss des *Waikato River* die **Kleinstadt Taupo**. Sie ist jung, spät im 19. Jh. im Schachbrettmuster angelegt, fast ohne historische Legitimation, präsentiert sich jedoch als Zentrum des regionalen **Outdoor-Tourismus**. Mit einer Fülle neuer Motels, Lodges, Restaurants und Brasserien, Golfplätzen, Kreuzfahrtschiffen, einer Flotte von Charterbooten für Forellenangler und einem großen Angebot an Ausflügen in das umliegende Thermal- und Vulkanland macht Taupo dem turbulenten Rotorua Konkurrenz. Verschiedene Veranstalter bieten außerdem Bungee Jumping, Buschfahrten mit Vierrad-Bikes, Jetboating auf dem Waikaton River und atemberaubende Kajaktouren.

Mit Katamaran, Dampfschiff oder Segeljacht kann man den fischreichen **Lake Taupo** befahren. Besonderes Interesse finden die in Felsen geritzten Zeichnungen, Masken und Ornamente von Maorikünstlern in der *Mine Bay* und die durch Mineralablagerungen im Gestein mehrfarbig schillernden *Karangahape Cliffs*.

Ausflüge

Die *Huka Falls Road* führt vom SH 1, nördlich von Taupo nach Osten abzweigend, zu den **Huka Falls**, wo sich der Waikato River schäumend durch eine enge Felsschlucht presst – mit immerhin 300 000 l Wasser pro Sekunde.

Die nahe **Wairakei Geothermal Power Station** im *Geyser Valley* nutzt seit 1959 Dampf aus der Erde zur Stromerzeugung. Ausführlich informiert eine Diashow im *Visitor Centre* (tgl. 9–16 Uhr) über diese faszinierende Art der Energiegewinnung.

ℹ Praktische Hinweise

Information

i-SITE, 30 Tongariro Street, Taupo, Tel. 07/376 00 27, www.greatlaketaupo.com

Schiff

Taupo Boat Harbour, Redoubt Road, Taupo, Tel. 07/378 33 22. Bietet Rundfahrten auf dem Lake Taupo, u. a. zu den Maori-Felszeichnungen.

Hotels

TOP TIPP *******Huka Lodge**, 271 Huka Falls Road, Taupo, Tel. 07/378 57 91, www.hukalodge.co.nz. Exklusive Anlage in bestechend schöner Lage am Ufer des Waikato. Die Gäste erwartet Luxus pur, entsprechend teuer ist die Unterkunft. Mit Tennisplatz, Swimming Pool und Weinkeller.

******Millennium Hotel & Resort Manuels Taupo**, 243 Lake Terrace, Taupo, Tel. 07/378 51 10, www.millenniumhotels.co.nz. Wunderschöne Lage am Seeufer.

Restaurants

Plateau, 64 Tuwharetoa St, Taupo, Tel. 07/377 24 25, www.plateautaupo.co.nz. Exquisite neuseeländische Küche.

Der paradiesische Lake Taupo bedeckt die Krater mehrerer Vulkane

Beach Brasserie, 213 Lake Terrace, Taupo, Tel. 07/378 51 10. Familiäres Ambiente, Prachtaussicht, Grill-Spezialitäten.

22 Tongariro National Park

TOP TIPP *Die Vulkane, Kraterseen und Schneefelder gelten als Erbe der Menschheit.*

Rauchende Krater, schroffe Grate, erstarrte Lavaströme, heiße Quellen, smaragdgrüne Seen, Moose auf Steinen, trockene Tussockgrassteppen, Bergbutterblumen an winzigen Wasserläufen – so vielfältig ist die Landschaft im Tongariro National Park südlich des Lake Taupo. Für die Ngati Tuwharetoa-Maori hatte die aktivste Vulkanregion Neuseelands mit Mount Tongariro (1967 m), Mount Ngauruhoe (2287 m) und Mount Ruapehu (2797 m) spirituelle Bedeutung. Um die heiligen Gipfel dem Siedlerdrang der Pakeha für immer zu entziehen, schenkte Häuptling Te Heu Heu Tukino IV. das Bergland 1887 der britischen Krone mit der Auflage, es unter Schutz zu stellen.

Von der UNESCO 1991 zur **World Heritage Site**, zum Erbe der Menschheit, erklärt, umfasst der beständig erweiterte Nationalpark heute ein Gebiet von nahezu 79 000 ha. Völlig überraschend brach der seit hundert Jahren ruhende Tongariro 2012 mit lautem Getöse aus; im Umkreis von 200 km regnete es Asche. Menschen kamen nicht zu Schaden.

Auch wenn der Vulkan gerade nicht ausbricht, hält die viel gepriesene Stille und Unberührtheit der Region der Wirklichkeit touristischer Interessen längst nicht mehr stand. Die Eisenbahnlinie Auckland–Wellington führt seit 1908 am Nationalpark vorbei, ab 1920 wurde das **Skigebiet** am Mount Ruapehu erschlossen, in dem die stündliche Liftkapazität heute 12 600 Personen beträgt. Highways umschließen das Bergland: SH 1 verläuft unter dem Namen *Desert road* durch die wüstenhafte Landschaft im Osten der Vulkanregion, im Westen zweigen Nebenstraßen von den Provincial Highways 47 und 49 direkt in den Nationalpark ab. Nördlichster Ausgangspunkt für einen Besuch ist die kleine Kraftwerkssiedlung **Turangi** nahe der Mündung des Tongariro River in den von unzähligen Forellen bewohnten Lake Taupo.

Ohne Anstrengung erschließt sich der Nationalpark über die an der Westseite

Ausdauer, Kondition und gute Schuhe verlangt der Tongariro National Park

So weit die Füße tragen

Mitten durch die Mondlandschaft des Parks führt die Tageswanderung **Tongariro Crossing**. Sie beginnt am Parkplatz Ketetahi Road des SH 47A und steigt durch den Totara-Wald erst zur Thermal Area Ketetahi Hot Springs, dann zur Ketetahi Hut an. Bei der Hütte beginnt ein kehrenreicher Weg den North Crater entlang zum Blue Lake, zu den Emerald Lakes und schließlich zum dampfenden Red Crater mit grandiosen Rückblicken auf die bizarre Lavalandschaft, in der die Seen wie Smaragdaugen glänzen. Man gelangt zu den kalten, schwefelhaltigen Soda Springs und zur **Mangatepopo Hut**, wo ein Track abwärts zum Chateau Tongariro führt (Shuttlebus). Die Tagesroute, auch in entgegengesetzter Richtung von Mangatepopo Hut nach Ketetahi Springs möglich, kann durch Besteigungen des **Mount Tongariro** und **Mount Ngauruhoe** von geübten Berggehern zu einer 3-Tage-Wanderung erweitert werden.

Zu den **Great Walks** zählt die 3–4 Tage dauernde Tour **Tongariro Northern Circuit**, die im großen Kreis um den Mount Ngauruhoe herumführt (man kann ihn auch besteigen), und dabei u. a. die ungewöhnliche, durch Lava gebildete Mondlandschaft des **Oturere Valley** berührt.

Tongariro National Park

Highlight des Tongariro Crossing: Der Blick auf Emerald und Blue Lake

des Highway 47 abzweigende Stichstraße 48 zum **Chateau Tongariro**. Das schlossähnliche Hotel bringt Luxus in die raue Bergwelt. 1929 erbaut, trug es entscheidend zur Entwicklung der **Whakapapa Ski Area** um das nahe Whakapapa Village bei.

Neuseelands größtes Wintersportgebiet setzt mit vielen Liften Akzente in die Vulkanlandschaft an der Westseite des **Mount Ruapehu**. Dieser 2797 m hohe, schneebedeckte, mit kleinen Gletschern besetzte *Magic Mountain* ist der mächtigste und unberechenbarste der drei Vulkane. Ein modernes Warnsystem soll heute jede Gefährdung für Skifahrer ausschließen.

Forscher sagen in absehbarer Zeit einen Ausbruch mit einer gewaltigen **Lahar**, einer Schlammlawine, an der Südseite des Berges voraus, denn der Spiegel des an sich 152 m tief gelegenen Kratersees ist in den letzten Jahren um 52 m gestiegen. Wenn das Wasser die Aschelage auf dem Vulkan erreicht, wird sich der See in einer zerstörerischen Lawine aus Wasser, Schlamm und Geröll entleeren. Ein weiteres Skiterrain ist **Turoa** an der Südwestseite des Ruapehu, Zufahrt von Ohakune über Highway 49 A und 16,5 km auf der *Ohakune Mountain Road*.

Das Chateau Tongariro wartet mit Pracht der Wende vom 19. zum 20. Jh. auf

Praktische Hinweise

Information

i-SITE, Ngawaka Place, Turangi, Tel. 07/386 89 99, www.greatlaketaupo.com. Stellt auch Angelscheine aus.

Tongariro National Park Visitor Centre, Whakapapa Village, Tel. 07/892 37 29, Dez.–März tgl. 8–18, sonst bis 17 Uhr

Hotels

TOP TIPP *******Chateau Tongariro**, Whakapapa Village, SH 48, km 6, Tel. 07/892 38 09, www.chateau.co.nz. Ein Klassiker und gewiss das luxuriöseste Berghotel des Landes am Fuß des Mount Ruapehu. Charme und Noblesse zeichnen das historische Haus aus.

23 Napier

Viel fotografiert wird das strahlend weiße A & B Building in der Innenstadt von Napier

****Powderhorn Chateau**, 194 Mangawhero Terrace, Ohakune, Tel. 06/385 88 88, www.powderhorn.co.nz. Das stilvoll-elegante Holzhaus mit dem Restaurant *Powderkeg* am Beginn der Ohakune Bergstraße fügt sich stimmig in die Landschaft.

****Tongariro Lodge**, 83 Grace Road, Turangi, Tel. 07/386 79 46, www.tongarirolodge.co.nz. Ruhig zwischen Forellenfluss und Bergen gelegene Fishing Lodge, komfortabel und im Stil angenehm *old fashioned*.

23 Napier

Schönes Stadtensemble mit schmucken Häusern im Art-Deco-Stil.

Palmen, mildes Klima und die weite, sanfte Küste der tiefblauen *Hawke Bay* geben Napier ein südpazifisches Ambiente. In dieser scheinbar friedlichen Landschaft ereignete sich am Vormittag des 3. Februar 1931 eines der schwersten **Erdbeben** der neuseeländischen Geschichte. 258 Menschen starben, die 1840 gegründete Stadt wurde fast völlig zerstört. Gleichzeitig hob sich der Meeresboden um 2,5 m und ließ 4000 ha Neuland entstehen.

Auf dem Reißbrett entworfen und im *Art Deco* und *Spanish Mission Style* erdbebensicher neu erbaut, besticht Napier heute als einzigartiges kunstgeschichtliches Stadtensemble. Ecke Tennyson Street und Herschell Street ist **MTG Hawke's Bay** (tgl. 10–17 Uhr, Tel. 06/835 77 81, www.mtghawkesbay.com) mit Ausstellungen zu zeitgenössischer Kunst und einer Fotodokumentation über das Erdbeben von 1931 ein guter Ausgangspunkt für einen gemütlichen **Art Deco Walk** durch die Stadt.

Ihr überschaubares Zentrum erstreckt sich zwischen Browning und Emerson Street. Einen Blick wert sind die elegante Fassade von *The Daily Telegraph* in der Tennyson Street, das türmchengekrönte *A & B Building* und die vornehme Dekoration der *ASB Bank* in der Emerson Street sowie der mit Maorimotiven berei-

Firmengebäude der National Tobacco Company Ltd. im eleganten Jugendstil

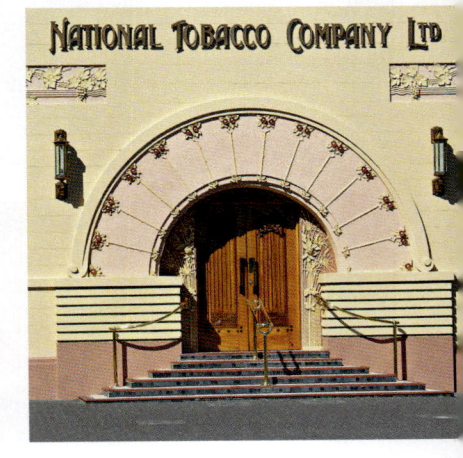

Napier

cherte Bauschmuck des *Ministry of Transport* Ecke Tennyson Street und Cathedral Lane. Louis Hay, der einheimische Architekt vieler Gebäude von Napier, entwarf auch das als Juwel des Art Deco geltende *Rothmans Building* (Mo–Fr 9–17 Uhr, Ossian Street) im Stadtteil Ahuriri, das wegen des Schriftzugs über seinem Portal auch als *National Tobacco Company Building* bekannt ist.

Direkt hinter dem Strand von Hawke Bay verläuft die kiefernbestandene *Marine Parade* mit vielen touristischen Attraktionen. Vom Hafen aus führt die Straße in weitem Bogen nach Westen, wo auf der Westshore Halbinsel die **Westshore Wildlife Reserve** u. a. ein *Kiwi House* zur Hege des Nationalvogels unterhält. Eine andere Art von Naturliebhabern zieht hier nebenan der *Westshore Beach* an.

Im Südteil der Marine Parade präsentiert das **National Aquarium of New Zealand** (tgl. 9–17 Uhr, Tel. 06/834 14 04, www.nationalaquarium.co.nz) unter wellenförmigem Dach in großen Becken die bunte Unterwasserwelt des Pazifik.

Ausflug

Nordöstlich von Napier zweigt bei der Kleinstadt *Wairoa* der nur teilweise geteerte Highway 38 ab, die einzige Straße in den **Te Urewera National Park**. Der größte zusammenhängende Urwald von North Island mit riesigen Baumfarnen, Totara (Steineiben) und Rimu (Trauerzypressen) ist ein Paradies für Wanderer und Ornithologen. Mittendrin liegt der glasklare, 34 km² große **Lake Waikaremoana**.

Zu den *Great Walks* zählt der viertägige, 46 km lange **Lake Waikaremoana Track** um den See. Geführte Kajaktouren sind eine wunderbare Alternative.

Praktische Hinweise

Information

Te Urewera National Park Visitor Centre, State Highway 38, Aniwaniwa, Tel. 06/837 38 03

i-SITE, 100 Marine Parade, Napier, Tel. 06/834 19 11, www.napiernz.com, Stadtführungen.

Hotels

*****The Masters Lodge**, 10 Elizabeth Road, Napier, Tel. 06/834 19 46, www.masterslodge.co.nz. Exklusives kleines Herrenhaus auf dem Napier Hill. Prachtausblick auf die Bucht.

***Scenic Hotel Te Pania**, 45 Marine Parade, Napier, Tel. 06/833 77 33, www.scenichotelgroup.co.nz. Modernes, zentral gelegenes Stadthotel.

Restaurants

Burton´s, 387 Marine Parade, Napier, Tel. 06/974 65 50, www.nautilusnapier.co.nz. Stimmungsvolles Restaurant des Hotels The Nautilus im Art-Deco-Stil. Europäische und pazifische Küche.

Estuary's Restaurant, 19 Meeanee Quay, Westshore, Napier, Tel. 06/833 60 50, www.estuarysrestaurant.co.nz. Bezaubernde Lage, moderne neuseeländische Küche und frische saisonale Zutaten.

Stilvoll übernachten, essen und trinken kann man auf dem Gut der Craggy Range Winery

24 Hastings

Dicht an dicht nisten abertausende Tölpel auf der Felsklippe von Cape Kidnappers

24 Hastings

Feine Weine und ein schroffes Kap.

Eingebettet zwischen der Hawke Bay und der fruchtbaren Heretaunga-Ebene ist Hastings die letzte Stadt vor der überwiegend einsamen, unbewohnten Südostküste von North Island. Wie das 20 km entfernte Napier fiel auch Hastings dem **Erdbeben** von 1931 zum Opfer. Die kurz nach der Katastrophe wiederaufgebaute Stadt schmückt sich entlang der Hauptverkehrsachse Heretaunga Street mit hübschen **Art-Deco-Bauten**. Einen überraschenden Kontrast dazu bilden in der kreuzenden Hastings Street die *Methodist Church* und das *Municipal Theatre* im Spanish Mission Style sowie das anschließende *Municipal Building* im Stil indischer Mogul-Paläste.

Der **Wohlstand** der 60 000 Einwohner basiert auf dem Obst- und Weinanbau. Die ersten Reben pflanzte 1851 an den sonnenreichen Gestaden von Hawke Bay ein katholischer Bischof. Heute produzieren mehr als 30 **Weingüter** im Umland von Napier und Hastings gute, schwere Weine. *Touren* zu den oft mit Restaurants kombinierten Weingütern sind ungemein beliebt.

Ausflug

TOP TIPP Im Südosten der Stadt liegt **Cape Kidnappers**. Auf windumtosten Felsterrassen brüten hier zwischen November und Februar zahlreiche australische **Tölpel** (*Gannet*). Die Tiere sind mit Pelikanen und Fregattvögeln verwandt, ausgewachsene Exemplare können eine Flügelspannweite von bis zu 2 m haben. Ihre gruppenweisen Sturzflüge zur Nahrungssuche auf das Meer sind ein grandioses Spektakel.

Einzelwanderer erreichen über die Ortschaft Clive den Ausgangspunkt *Clifton Domain*, müssen aber ihren Zeitplan genau auf den Stand der Gezeiten abstimmen, denn bei Flut ist der Strandwanderweg überspült. Vier-Stunden-Touren unter kundiger Führung veranstaltet Gannet Beach Adventures (Okt.–April tgl., Tel. 06/875 08 98, Tel. 0800/42 66 38, www.gannets.com) vom Clifton Beach aus.

ℹ Praktische Hinweise

Information
i-SITE, Russell St./Heretaunga St. East, Tel. 06/873 55 26, www.visithastings.co.nz

Hotel
****Greenhill Lodge**, 103 Greenhill Road, Hastings, Tel. 06/879 99 44, www.greenhill.co.nz. Elegante historische Homestead am Eingang zum Gimblett Weinanbaugebiet.

Restaurant
Deliciosa Tapas and Wine Room, 21 Napier Road, Havelock North, Tel. 06/877 60 31, www.deliciosa.co.nz. Schönes Restaurant mit Bar.

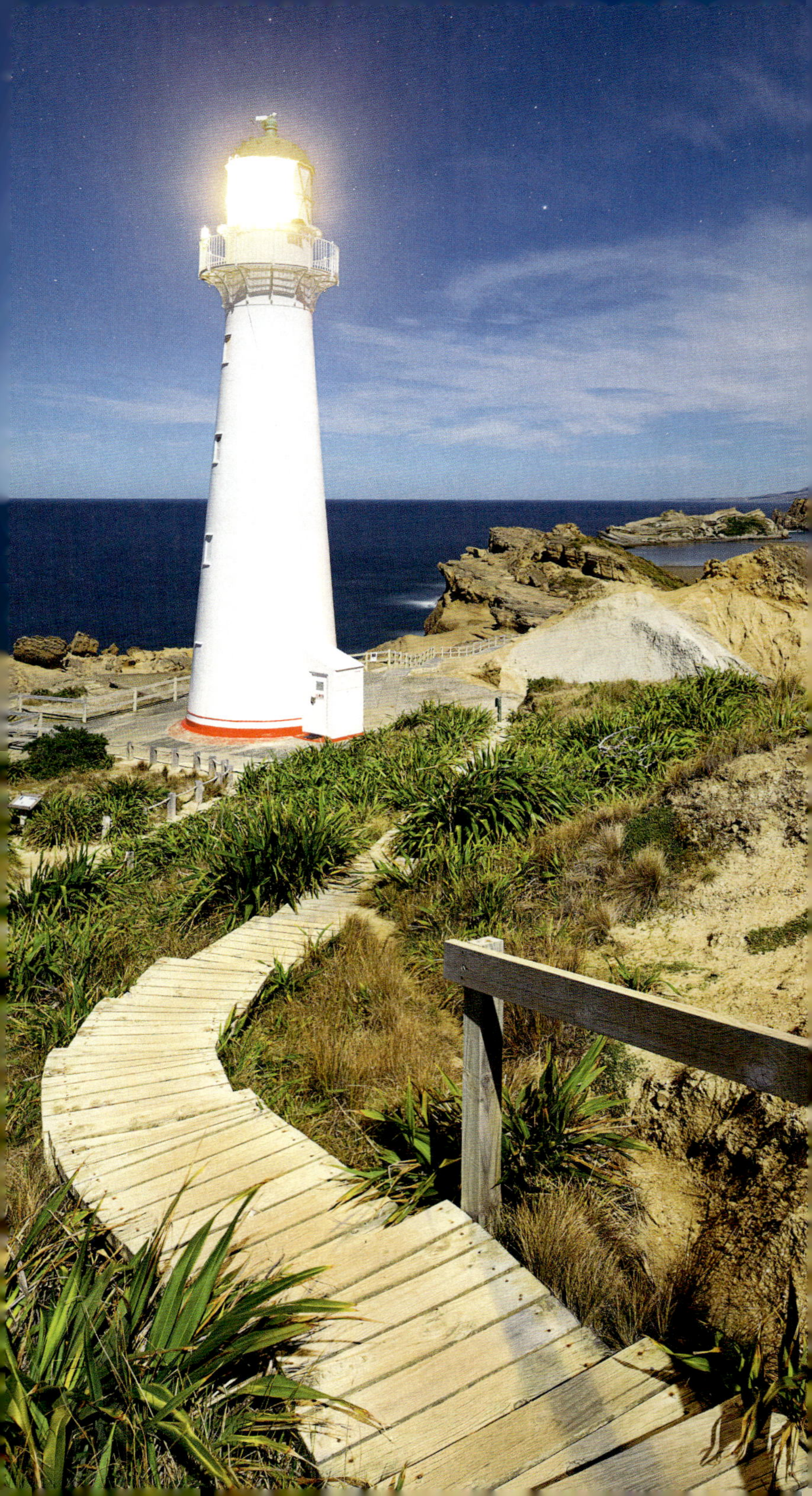

Vom Waikato nach Wellington – King Country der Maori und Kapitale im Aufbruch

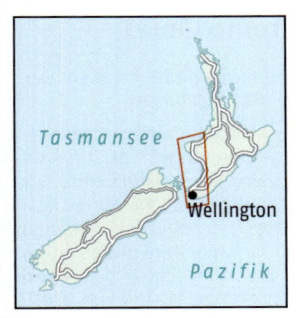

Der Westen der Nordinsel ist das *Historienland der Maori*: In dem nicht zu besichtigenden Ort Ngaruawahia an der Mündung des Waipa River in den Waikato residiert ihr König *Tuheitia Paki*. Die Zauberwelt der **Waitomo Caves** mit ihren Millionen Glühwürmchen entdeckten Maori bereits vor langer Zeit, und auf dem majestätischen Vulkan **Mount Taranaki** begruben sie trauernd ihre Häuptlinge.

An die Tüchtigkeit weißer Siedler erinnert die Inlandsmetropole **Hamilton**, während die Hafenstadt **New Plymouth** ihren Charme in Rhododendrenparks versprüht und *Wanganui* mit viktorianischem Flair die Pforte zur Wildnis des **Whanganui National Park** bildet.

An der Südspitze der Nordinsel liegt **Wellington**, von der Südinsel nur durch die an ihrer schmalsten Stelle 23 km messende *Cook Strait* getrennt. Seit einigen Jahrzehnten setzt sich Neuseelands Hauptstadt in Szene – mit farbenfrohen Holzhäusern, die sich an die Hügel rings um die **Oriental Bay** klammern, ehrwürdigen historischen Vierteln wie *Thorndon* mit breit gefächerten kulturellen Angeboten, progressiver Architektur im *Civic Center*, fröhlichen Szenetreffs an der *Queens Wharf* und mit dem *Te Papa Tongarewa Museum*, das unter seinen muschelförmigen Dächern die Schätze der Nation zusammenhält.

25 Hamilton

Schnell wachsende Universitätsstadt.

Die aufstrebende **Hauptstadt** der Waikato Region hat nichts mehr mit *Kirikirioa* gemein, dem Maoridorf der Tainui Ngatiwairere, aus dem sie hervorging. Die ansässigen Süßkartoffelbauern flohen während der Landkriege Mitte des 19. Jh., dann kamen britische Soldaten, denen man das einstige Maoriland zuteilte.

Seit Mitte des 20. Jh. wuchs Hamilton von 5000 auf heute 130 000 Einwohner an. Neuseelands größte Binnenstadt mit landwirtschaftlich ausgerichteter Universität entwickelte sich sprunghaft, modern, architektonisch zweckmäßig und kühl. Einzig der **Waikato River**, der den Ort auf seinem 354 km langen Weg vom Lake Taupo zur Tasman Sea durchzieht, setzt mit Grünanlagen und Rosengärten an seinen Ufern pittoreske Akzente.

Hauptstraße von Hamilton ist die lebhafte **Victoria Street**, von der aus Gassen gen Osten ans Flussufer führen. An ihr liegt Ecke Grantham Street auch das **Waikato Museum of Art and History** (tgl. 10–16.30 Uhr, Tel. 07/838 66 06, www.waikatomuseum.co.nz). Wohlgeordnet präsentiert es in acht modernen Galerien historische Sammlungen sowie australische und neuseeländische Kunst. Breiten Raum nehmen die vorwiegend geschnitzten Artefakte der Tainui ein. Die große Museumshalle bildet den Rahmen für das Kriegskanu *Te Winika*, eine Leihgabe der verstorbenen Maorikönigin Te Arikinui Dame Te Atairangikaahu.

Am gegenüberliegenden Flussufer, wo der Cobham Drive vom Waikato River wegführt, bilden die riesigen **Hamilton Gardens** (Okt.–März tgl. 7.30–19.30, sonst bis 17.30 Uhr, Info Centre, Shop, Cafe tgl. 9–17 Uhr) mit ihren Themengärten die grüne Lunge der Stadt.

Der Leuchtturm von Castle Point ist Orientierungspunkt für Schiffe, die in den Hafen von Wellington einlaufen. Von den Einheimischen wird er aufgrund des populären Strandes auch ›The Holiday Light‹ genannt

Landwirtschaftsgeschichte kann man 17 km südlich von Hamilton in der **National Agriculture Heritage** (Mo–Fr 9–16.30 Uhr) am Mystery Creek nachspüren. Das Freilichtmuseum vereint historische Gebäude, ein Gefängnis von 1875 oder eine 1924 erbaute Dorfkirche, dazu das *National Dairy Museum*. Außerdem zieht hier jedes Jahr an einem Juniwochenende die Agrarschau *New Zealand Fieldays* (www.fieldays.co.nz) Menschenmassen an.

19 km nordwestlich von Hamilton liegt **Ngaruawahia**, der einstige Hauptort eines Maori-Königreiches mit Versammlungshalle und königlicher Residenz. Der jetzige Maori-König Tuheitia Paki folgte seiner verstorbenen Mutter Königin Te Atairangikaalu nach.

Praktische Hinweise

Information
i-SITE, 5 Garden Place, Hamilton, Tel. 07/958 59 60, www.visithamilton.co.nz

Hotels
****Hamilton City Oaks,** 237 Victoria Street, Hamilton, Tel. 07/839 19 94, www.hamiltoncityoaks.co.nz. Stilvoll-modernes Boutique-Hotel im Zentrum mit großzügigen Zimmern.

***Anglesea**, 36 Liverpool Street, Hamilton, Tel. 07/834 00 10, www.angleseamotel.com. Trotz zentraler Lage ruhig gelegenes Hotel mit Pool.

Restaurant
Domaine Eatery, 575 Victoria St., Hamilton, Tel. 07/839 21 00, www.domaine.co.nz. Nach Neuübernahme preisgekröntes Restaurant mit bester Küche.

26 Waitomo Caves

Glühwürmchengrotte mit abenteuerlichen Sportangeboten.

Im Laufe von Millionen Jahren entstanden unter den grünen Hügeln der Waikato-Region ungewöhnliche Naturformen, wie z. B. südwestlich von Otorohanga die *Kalksteinlandschaft* von Waitomo mit ihren Höhlen und Grotten. Als Einstieg in die Zauberwelt unter Tage bietet sich **Aranui Cave** im Westen des Tals an (Tel. 07/878 82 28, www.waitomo.com, Führungen tgl. 9.30, 11, 13, 14.30 und 16 Uhr). Wie ein Nadelkissen aus Tropfstein wirken die zarten Stalagmiten in der 1911 entdeckten Höhle.

An Schönheit und Besucherandrang wird sie freilich übertroffen von den **Waitomo Glowworm Caves** (Tel. 07/878 82 28, www.waitomo.com, April–Okt. tgl. 9.00–17.30, sonst bis 17 Uhr Führungen alle 30 Min.) 3 km östlich. Die kathedralartige Haupthöhle baut sich über einem unterirdischen Flusssystem auf. In Booten gleiten Besucher lautlos durch diese Unterwelt, über der sich scheinbar ein nächtlicher Sternenhimmel

Zu Besuch in Mittelerde

Kaum jemand hat Neuseeland spektakulärer in Szene gesetzt als Peter Jackson, der seiner Heimat mit den **Herr der Ringe**- und **Hobbit-Trilogien** ein filmisches Denkmal setzte. Die abwechslungsreiche Naturgewalt Neuseelands bildete die perfekte Kulisse für Jacksons Filmepen, die auf den Weltbestsellern des britischen Autors J.R.R. Tolkien beruhen. Als Drehorte dienten über 150 verschiedene Locations auf der Süd- und Nordinsel, so dass sich der Besucher Neuseelands auf seiner Reise wohl mehr als einmal in Mittelerde wähnt. Fans der Filme kommen beim Besuch der **Weta Cave-Studios** in Wellington auf ihre Kosten, die Führungen durch die Filmkulissen anbieten (www.wetaworkshop.com), oder können in der Nähe von Hamilton am rekonstruierten Filmset ›**Hobbingen**‹ besuchen (www.hobbitontours.com).

27 New Plymouth

Idyll Down Under: schwarzbunte Kühe vor dem schneebedeckten Vulkan Mount Taranaki

wölbt. Tatsächlich verursachen Myriaden von Larven der *Glowworms*, neuseeländischen Glühwürmchen, die zahllosen, leicht grünlichen Leuchtpunkte.

Mehrere Anbieter locken Abenteuerlustige und Sportliche zum *Black Water Rafting* mit Gummireifen und Stirnlampe durchs kalte Wildwasser des Huhunui River in der nahen **Ruakuri Cave** oder zum Abseilen in die bizarre **Lost World** des *Mangapu Höhlensystems* – 100 m senkrecht und freihängend in die Tiefe. Solche Exkursionen können 3 Std. bis 1 ½ Tage dauern.

Oberirdisch informiert das **Waitomo Caves Discovery and Visitor Information Centre** (Jan./Febr. tgl. 8.30–19, sonst tgl. 8.45–17.30 Uhr, Tel. 07/878 76 40, www.waitomocaves.com) über die Höhlen und ihre geomorphologische Beschaffenheit. Stolz der vielgestaltigen Sammlung ist das 16 000 Jahre alte Skelett eines heute ausgestorbenen *Moa*.

i Praktische Hinweise

Information
i-SITE, 21 Waitomo Caves Rd, Waitomo, Tel. 07/878 76 40, www.waitomocaves.com

Hotel
***Waitomo Caves Hotel, Waitomo Caves Road, Tel. 07/878 82 04, www.waitomocaveshotel.co.nz, Charmantes, rund 100-jähriges viktorianisches Landhotel.

Restaurant
Roselands Restaurant, 579 Fullerton Road, Waitomo, Tel. 07/878 76 11, www.roselands-restaurant.co.nz. Schöner Lunch im Garten unter alten Bäumen.

27 New Plymouth

Malerische, bunt blühende Gärten machen den Charme der Stadt aus.

Fruchtbares Farmland überzieht die Taranaki Peninsula, überall grasen schwarzweiße Kühe, deren Milch zu dem berühmten *Cheddarkäse* der Region verarbeitet wird. Am Nordende der Halbinsel liegt New Plymouth, im Hinterland überragt von dem ebenmäßigen Vulkankegel des 2518 m hohen **Mount Taranaki**.

Der Ort entstand 1841 nach einem von Edward Gibbon Wakefield im fernen England ausgedachten **Besiedlungsplan**. Seine New Zealand Company brachte Kolonisten aus Devon und Cornwall an die entlegene Küste. Dank des künstlich angelegten Hafens profilierte sich New Plymouth ab 1880 durch den Export von **Molkereiprodukten**. Ergiebige Öl- und Gasfunde 30 km vor der Küste gaben der Stadt Mitte des 20. Jh. ein neues industrielles Standbein.

Heute ist New Plymouth eine attraktive Stadt mit entspanntem Lebensstil. Im schnurgeraden Straßenraster, das sich erst

New Plymouth

Der intensive Duft blühender Rhododendren erfüllt Pukeiti Gardens am Ende des Jahres

landeinwärts und hügelan etwas auflöst, bildet die Fußgängerzone **Devon Street** den Mittelpunkt. In der parallelen Ariki Street illustriert das **Museum Puke Ariki** (Mo/Di, Do/Fr 9–18, Mi 9–21, Sa/So 9–17 Uhr, www.pukeariki.com) mit Dokumenten zur Kolonialgeschichte und bedeutenden Maori-Kunstschätzen die Geschichte der Region. Zum Museum gehört auch schräg gegenüber das 1853/54 aus Sandstein erbaute, mit Originalmöbeln aus der Kolonialzeit ausgestattete **Richmond Cottage** (Sa/So/Fei 11–15.30 Uhr).

Eine respektable Sammlung zeitgenössischer Kunst zeigt die **Govett-Brewster Art Gallery** (Wiedereröffnung Ende Juli 2015, www.govettbrewster.com) in der Queen Street, Ecke King Street. Der moderne Blockbau bildet einen eher schwerfälligen Kontrast zu dem leichten, 1969 abgerissenen und 1985 aus purer Sentimentalität wieder aufgebauten **Clock Tower** vis-à-vis. **St. Mary's Church** zwei Straßenzüge weiter südlich wurde 1842 erbaut und 1846 geweiht. Sie ist die älteste Steinkirche Neuseelands, geschmückt mit z. T. noch originalen Bleiglasfenstern.

Das Schönste an New Plymouth sind die Parks und Gärten: die Wasserlandschaft und das Orchideenhaus im 21 ha großen, 1876 eröffneten **Pukekura Park** (tgl. 7.30–19/20 Uhr) in der Fillis Street etwa, der Azaleengarten und die Seerosenteiche im benachbarten **Brooklands Park** oder, 30 km außerhalb, mitten im Regenwald das 360 ha umfassende Naturschutzgebiet **Pukeiti Gardens** (tgl. 9–17 Uhr, www.pukeiti.org.nz), das im Herbst zur Zeit der Rhododendrenblüte in einem Meer aus Farben versinkt.

Praktische Hinweise

Information
i-SITE, 65 Aubyn Street, New Plymouth, Tel. 06/759 08 97, www.visitnewplymouth.co.nz

Hotel
****Devon Hotel**, 390 Devon Street East, New Plymouth, Tel. 06/759 90 99, www.devonhotel.co.nz. Gutes Haus nahe der Fußgängerzone mit ausgezeichnetem Seafood-Restaurant.

Restaurant
Orangery, im Quality Plymouth International Hotel, Ecke Courtenay/Leach Street, New Plymouth, Tel. 06/759 91 28, www.plymouth.co.nz. Internationale Küche im erfrischenden Ambiente eines Zitrusfruchtgartens.

28 Mount Taranaki

Prächtiger kann ein Vulkan nicht aussehen.

Mount Taranaki ist der Star des knapp 34 000 ha großen **Egmont National Park** im Süden von New Plymouth. Leider verbirgt der 2518 m hohe Vulkan die eisbedeckte Spitze seines makellosen Kegels allzu oft in Wolken. Abel Janszoon Tasman übersah 1642 den Vulkan beim Vorbeisegeln sogar, James Cook aber bemerkte ihn 1770, war beeindruckt und taufte ihn nach dem Earl of Egmont. 1978 erhielt Mount Egmont seinen ursprünglichen Namen *Taranaki* zurück. Nun ragt er, schön und fotogen, als Mittelpunkt des 1900 gegründeten Nationalparks über der grünen Taranaki-Ebene auf. Seit seinem letzten Ausbruch im 17. Jh. ist der Vulkan inaktiv.

Als erste Europäer standen der Biologe Dr. Ernst Dieffenbach und der Walfänger James Heberley 1839 auf dem Gipfel. Heute führen drei Routen, **Egmont Road** von New Plymouth, **Pembroke Road** von Stratford und **Manaia Road** von Manaia aus, in das durch mehrere Hütten erschlossene Berggebiet im Norden und Osten auf Höhen von 800–1000 m. In Egmont Village beginnt beim *North Egmont Visitor Centre* der **Around the Mountain Circuit**, eine 55 km lange, relativ schwierige 5-Tage-Rundwanderung auf mittlerer Höhe. Sie bietet Regenwald, Kliffs, Wasserfälle, Bäche, Schluchten, Tussockfelder

Don Juan der Maorilegenden

Einst, so erzählen die Maori, waren alle **Vulkangötter** im Zentrum der Nordinsel friedlich versammelt, darunter auch Taranaki, sein Bruder Tongariro und dessen Geliebte Pihanga. Eines Tages jedoch machte der in Liebe entflammte Taranaki der schönen Pihanga Avancen, und zwischen den Vulkanbrüdern entbrannte darob ein fürchterlicher **Streit**, bei dem sogar die Erde zitterte. Tongariro ging daraus, wenn auch beträchtlich kleiner, als Sieger hervor. Taranaki aber musste vor dem brüderlichen Zorn an die entfernte Küste fliehen, wo er bis heute steht. Bei seiner **Flucht** grub er das Bett des Flusses Wanganui und füllte es mit seinen Tränen. Die Maori erzählen sich auch, dass Taranaki eines Tages zu der angebeteten Pihanga zurückkehren wird. Daher halten sie es für klüger, nicht an der direkten Verbindungslinie zwischen beiden Vulkanen zu siedeln. Wer weiß …

an der Küste und im Landesinneren umfährt. Die **Westroute** an der Tasman Sea um Cape Taranaki zeigt schöne Strandbuchten bei Oakura und in Opunake. Winzige Dörfer in der South Taranaki Bight leiten zur Küstenstadt *Hawera* über. Hier beherbergt eine alte Milchfabrik das ausgezeichnete private **Tawhiti Museum** (401 Ohangai Rd, www.tawhitimuseum.co.nz, Juni–Aug. So 10–16, 26.12.–Jan. tgl. 10–16, sonst Fr–Mo 10–16 Uhr). Mit lebensgroßen Figuren und Dioramen wurde die Lokalgeschichte der *South Taranaki Region* im 19. Jh. inklusive einer betriebsbereiten Buscheisenbahn nachgestellt.

SH 3 führt auf der Route durchs Landesinnere von New Plymouth nach Hawera. Von dieser Strecke zweigt die Pembroke Road hinauf zum *Stratford Plateau* (1100 m) ab, dem einzigen Skigebiet am Vulkan. Im Süden des Städtchens verdient das Freilichtmuseum **Taranaki Pioneer Village** (tgl. 10–16 Uhr, Tel. 06/765 53 99, www.pioneervillage.co.nz) mit über 50 nachgebauten historischen Häusern einen Besuch.

und immer wieder herrliche Ausblicke, wenn die Route über die Waldgrenze ansteigt. Eine Gipfelbesteigung bleibt erfahrenen Bergsteigern vorbehalten.

SH 45 im Westen und SH 3 im Osten erlauben Autofahrern einen Rundkurs, der in weitem Bogen den Nationalpark

29 Whanganui

Hübscher Ausgangspunkt für Flussfahrten auf dem Whanganui River.

Die Landschaft ist sanft gewellt und saftig grün. Hindurch windet sich breit und gemächlich der Whanganui River, längs-

Ein Prunkstück des Whanganui Regional Museum ist das Kriegskanu Te Mata O Hotorua

29 Whanganui

ter schiffbarer Wasserweg des Landes. Die nach ihm benannte Stadt wurde 1840 in einer Flussschlinge nahe der Mündung in die *South Taranaki Bight* gegründet.

Für einen Überblick bietet sich der flussnahe, 66 m hohe **Durie Hill** mit seinem **Memorial Tower** (Mo–Fr 8–18, Sa/So Fei 8–17 Uhr, Zugang zum Aufzug über die City Bridge) an. Haupt- und Shoppingstraße des Ortes ist die palmengesäumte *Victoria Avenue*, Museumsquartier der *Queens Park*. Hier präsentiert im Civic Centre gegenüber der War Memorial Hall das **Whanganui Regional Museum** (tgl. 10–16.30 Uhr, Tel. 06/349 11 10, www.wrm.org.nz) eine vorzügliche Sammlung von Maorikunst. Erlesene Schnitzereien im *Maori Court* bilden den Rahmen für ein 200-jähriges Kriegskanu, ausgestellt sind auch Porträts des böhmischen Malers *Gottfried Lindauer* (1839–1926) und schöne Greenstone-Arbeiten. Einen Querschnitt der neuseeländischen und englischen Kunst des 19. und frühen 20. Jh. zeigt der strahlend weiße Kuppelbau der **Sarjeant Gallery** (zzt. geschl., vorübergehend in: 38 Taupo Quay, tgl. 10.30–16.30 Uhr, www.sarjeant.org.nz) auf dem benachbarten Hügel. Im südlichen Stadtteil Putiki schmücken effektvolle Maorischnitzereien des Meisters Pine Taiapa das Innere der **St. Pauls Memorial Church**.

TOP TIPP

Die liebliche, grüne Hügellandschaft im Südwesten ist ideales Weideland für Schafe

Ausflug

Die 80 km lange, schmale River Road führt von Whanganui bis **Pipiriki**, dem Ausgangspunkt für Wanderungen im 1986 geschaffenen, 74 000 ha großen **Whanganui National Park**, dessen dichter, unberührter Urwald und dschungelähnliche Vegetation die Ufer des Whanganui River säumen. Ein großartiges Erlebnis ist die dreitägige *Kajaktour* von Whakahoro (über die Ortschaft National Park am SH 4 erreichbar) flussabwärts nach Pipiriki. Selbstfahrer können Boote leihen, geführte Touren kann man in Whanganui und Whakahoro buchen. Auskünfte erteilt das Department of Conservation (s. u.).

ℹ Praktische Hinweise

Information
i-SITE, 31 Taupo Quay, Whanganui, Tel. 06/349 05 08, www.whanganuinz.com
DOC, Ecke Victoria/Dublin Street, Whanganui, Tel. 06/345 24 02, www.doc.govt.nz

Hotel
**Riverside Chalets Motel, 30 Somme Parade, Whanganui, Tel. 06/345 24 48, www.riversidemotel.net.nz. Modern eingerichtete Chalets mit Küchenzeile stehen unmittelbar am Fluss in der Nähe des Stadtzentrums.

Restaurant
Red Lion Inn, 45 Anzac Parade, Whanganui, Tel. 06/348 40 80, www.redlioninn.co.nz. Stimmungsvoll am Ufer des Whanganui River gelegen, Köstlichkeiten der Region.

30 Palmerston North

Metropole mit Forschungsambitionen und der zweitgrößten Universität Neuseelands.

Wo noch gegen Ende des 19. Jh. Holzfällerhütten am Ufer des *Manawatu River* standen, befinden sich heute wunderschöne Golfplätze und die von Rosengärten gesäumte Victoria Esplanade. Die stürmische Entwicklung von Palmerston North setzte allerdings erst 1886 mit der Anbindung der Stadt an das Eisenbahnnetz ein. Nachdem der Distrikt Manawatu reiche **Agrarerträge** erwirtschaftete, entstand Anfang des 20. Jh. die vorwiegend

Palmerston North

Zwischen Palmerston North und Wellington liegt die grüngesäumte Kapiti Coast

landwirtschaftlich, tiermedizinisch und biotechnisch orientierte **Massey University of Manawatu**. Ihre Institute erlangten Weltruf und brachten Palmerston North den Beinamen *City of Knowledge*, ›Stadt des Wissens‹, ein.

Der Stadtmittelpunkt **The Square** besteht aus einer Parkanlage mit Teichen, Springbrunnen, alten Bäumen und dem *Square Edge Community Arts Centre*, wo Kunstgewerbeläden und Galerien untergebracht sind. *Pacific Monarch* nennt sich die große Bronzeskulptur ein paar Schritte weiter in der Main Street. Einen Block entfernt beschreitet im Te Aweawe Complex das **Te Manawa Museum of Art, Science and History** (326 Main St., tgl. 10–17 Uhr, Tel. 06/355 50 00, www.temanawa.co.nz) mit interaktiven Effekten neue Wege. Sehr interessant ist auch die historische Sammlung *Tangata Whenua Gallery* mit eindrucksvollen Schnitzwerken von Künstlern des Rangitane-Stammes.

Rugby-Freunde finden im **New Zealand Rugby Museum** (im Te Manawa-Museum untergebracht, tgl. 10–17 Uhr, Tel. 06/358 69 47, www.rugbymuseum.co.nz) eine Fülle von teils nostalgischen Erinnerungsstücken an Spieler und Spiele des neuseeländischen Nationalsports.

Ausflüge

Südlich von Palmerston North gehen die feinen Strände *Waitarere* und *Waikawa Beach* bei Otaki in die *Kapiti Coast* (www.kapiti.org.nz) über. Vor der Küste von Paraparaumu liegt **Kapiti Island**. Die 10 km lange, schmale Insel diente zu Beginn des 19. Jh. als Startplatz für Häuptling Te Rauparahas Raubzüge, ist heute aber ein friedliches *Vogelparadies*. Da die täglichen Besucherzahlen begrenzt sind, empfiehlt sich eine frühzeitige Anmeldung (Department of Conservation, Tel. 04/472 73 56). Weitgehend ungestört leben hier Tui, die schwarzen Priestervögel mit den weißen

Am Rand des zentralen, 7 ha großen Parks The Square liegt die Universitätskirche

Palmerston North

Kehlfedern, Kiwis, die mittlerweile selten gewordenen Nationalvögel Neuseelands, in Glockentönen singende Bellbirds, Nektar fressende Stitchbirds und Whiteheads.

Praktische Hinweise

Information
i-SITE, The Square, Palmerston North, Tel. 06/358 84 14, www.manawatunz.co.nz

Hotels
***Camelot Motor Lodge**, 295 Ferguson Street, Palmerston North, Tel. 06/355 41 41, www.camelotmotorlodge.co.nz. Technisch gut ausgestattete Einheiten in einer zentrumsnahen, architektonisch originellen Anlage.

****Hacienda Motel**, 27 Victoria Avenue, Palmerston North, Tel.06/357 31 09, www.hacienda.co.nz. Zentral gelegenes, doch ruhiges und komfortables Haus im Stil einer spanischen Hazienda.

Restaurants
Highden Manor, 220 Green Road, Awahuri, 2 km außerhalb von Palmerston North, Tel. 06/324 70 17, www.highdenmanor.co.nz. Ein parkumgebenes Landschloss bietet den Rahmen für das charmante Restaurant. Köstlich schmecken die Wildgerichte.

Rose & Crown, 743 Main Street, Palmerston North, Tel. 06/355 36 60, www.roseandcrown.co.nz. Old-England-Pub mit viel gutem Ale und britischen Spezialitäten wie Fish & Chips.

31 Wellington

Im Zentrum fußgängerfreundliche Hauptstadt, erbaut auf mehr als sieben Hügeln.

Die Vorgebirge der Tararua Range laufen bei Wellington als steile Hügel in das Wasser der Cook Strait aus. Neuseelands Hauptstadt an der Südspitze von North Island, um den tiefen Naturhafen **Port Nicholson** geschmiegt, mangelt es an ebenem Bauland. Ihr Kennzeichen sind auf- und abführende Straßen, Inlets und Buchten, die tief in das Land eindringen und die Küstenlinie um ein Vielfaches strecken. Wellingtons Häuser stehen auf dem fragilen Boden der **Alpine Fault**, einer geologischen Verwerfungslinie. Die urwaldgrünen Hänge sind nicht einfach zu bebauen, die heftigen Westwinde der *Roaring Forties* geben sich in der **Windy City** ungestüm, manchmal bebt sogar die Erde. Das Stadtbild aber gleicht einem Amphitheater mit besonnten Rängen und ist zu jeder Tages- und Nachtzeit schön.

Eine neue Generation **progressiver Architekten** fügte in den letzten Jahren den viktorianischen Hügelvillen, den pompös prächtigen Regierungsbauten des 19. Jh. und den gigantisch gläsernen Hochhäusern aus der Mitte der 80er-Jahre des 20. Jh. an der Waterfront erstaunlich mutige, originelle Bauten hinzu. Die Metropole in Platznöten, Heimat des modernsten Nationalmuseums der Welt, des *New Zealand Symphony Orchestra*, der *New Zealand Ballet Company* und des alle zwei Jahre stattfindenden *New Zealand International Arts Festival*, eine Stadt der Kunst und Kultur, präsentiert sich am Beginn des dritten Jahrtausends in Aufbruchsstimmung. Auf **Futurismus** und **Lifestyle** setzend, ist die ›Capital of Cool‹ neuerdings ein Magnet für unkonventionelle Stadtplaner, Avantgardekünstler, einfallsreiche Modemacher und kreative Köche. Die kompakte, auf nur wenige Straßenzüge zusammengedrängte **City** kann man problemlos zu Fuß erkunden.

Geschichte Der Maoriort **Te Whanganui a Tara**, ›Großer Hafen des Tara‹, ging 1820 im Ansturm des feindlichen Häuptlings ›Alte Schlange‹ **Te Rauparaha** und seiner Krieger unter. Durch das Gemetzel entstand ein Vakuum, in das Stammesangehörige der **Te Ati Awa** zogen, ihrerseits auf der Flucht vor Te Rauparaha. Während die Schutzsuchenden auf den Hügeln befestigte Dörfer wie Fluchtburgen bauten, wurde ihr Land im fernen London bereits aufgeteilt. Im Januar 1840 ankerten die ersten Siedlerschiffe der **New Zealand Company** am Nordrand der Bucht beim heutigen *Petone*. Doch das ihnen zugedachte Land im *Hutt Valley* war unbebaubar, die kargen Zelte und Hütten versanken im Sumpf, ein Erdbeben gab ihrem ersten Dorf *Brittania* den Rest. Besseren Boden fanden sie gegenüber der Bucht dicht am Lambton Harbour im heutigen Stadtteil *Thorndon*. Als sich 1855 bei einem schweren **Erdbeben** die Küste um 1,4 m hob, vermehrte sich das bisher kaum vorhandene ebene Siedlungsland auf geradezu wunderbare Weise.

Vom Mount Victoria liegt dem Betrachter Wellington samt Hafen zu Füßen

Wellington

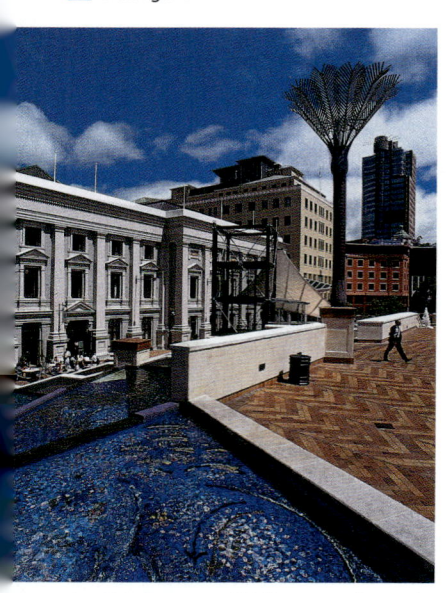

Am Civic Centre von Wellington treffen traditionelle Bau- auf moderne Kunstformen

Vom heutigen *Lambton Quay* aus, an dem einst die Wasserlinie verlief, wuchs die neue Stadt mit dem Namen des Herzogs von **Wellington**. Die Bevölkerung der Südinsel kam sich vernachlässigt vor und wünschte sich seit Langem eine zentral gelegene Hauptstadt. Darum löste Wellington 1865 Auckland als **Kapitale** ab. Regierung und Verwaltung zogen um, in den 1870er-Jahren entstanden große Amtsbauten auf dem einstigen Meeresgrund. Zwar ging während der **Boomjahre** in der zweiten Hälfte des 20. Jh. viel vom viktorianischen Flair verloren, aber auch die modernen erdbebensicheren Glasbauten haben ihren Reiz, und einige Gebäude im klassischen *Old England Style* haben die Neubauwellen auch überdauert.

Heute leben rund 200 000 Wellingtonians in **Wellington City**, in der gesamten Region (mit Kapiti, Porirua, Hut Valley und Wairarapa) wohnen knapp 450 000 Menschen. Wegen des Geländes fehlt jedoch der Raum für einen Großflughafen. Reisende steigen daher in Auckland oder im australischen Sydney in kleinere Flugzeuge um, die auf der in die Oriental Bay hineinragenden Halbinsel *Miramar* landen können.

Architektenträume

Das lebhafte **Civic Centre** ❶ am *Jervois Quay* ist ein guter Ausgangspunkt für einen Stadtrundgang. In dem modernen Bürgerzentrum, das sich als Gegenpol zum traditionellen Regierungsviertel versteht, stehen dicht nebeneinander Bauten der verschiedensten Stilrichtungen. Der kolossale Rundbau des **Michael Fowler Centre** ❷ (111 Wakesfield St.), Kongress- und Veranstaltungszentrum aus Glas und Beton, deutete 1985 erstmals, wenn auch noch vorsichtig, neue architektonische Wege an. Künstler aus aller Welt treffen sich hier alle zwei Jahre Ende Februar bis Mitte März zum **New Zealand Festival** (2016, 2018 usw., www.festival.co.nz). Im Auditorium finden qualitätvolle Konzerte statt. Mühsam vor dem Abriss bewahrt, gibt die beinahe 100-jährige, im edwardianischen Stil erbaute **Town Hall** ❸ nebenan dem Stilmix des Centre eine elegante Note. In der **City Gallery** ❹ (tgl. 10–17 Uhr) gegenüber haben zeitgenössische und Avantgardekunst viel Raum für Wechselausstellungen in der umgebauten alten Stadtbibliothek.

Sehr originell ist die benachbarte, erst vor wenigen Jahren erbaute **Central Library** ❺. Der renommierte neuseeländische Architekt *Jan Athfield* gab dem mit vielen Preisen bedachten *Haus der Bücher* eine pastellfarbene Fassade, an der eine vorgeblendete Palmenreihe aus Metall die Last des Daches stemmt.

Folgt man der Cable Street wenige Schritte nach Osten, erreicht man direkt am Wasser von **Lambton Harbour** Wellingtons größte Sehenswürdigkeit. Zehn Jahre haben die Wellingtonians auf das stolzeste Gebäude Neuseelands gewartet und 317 Mio. NZ $ dafür aufgebracht: Das Nationalmuseum **Te Papa Tongarewa Museum of New Zealand** ❻ (55 Cable St., Tel. 04/381 70 00, www.tepapa.govt.nz, tgl. 10–18, Do bis 21 Uhr) wurde schließlich 1998 eröffnet. Architekt *Ivan Mercep* baute das Dach als stilisierte Paua-Muschel. So fügt sich der erdbebensichere Zweiflügelbau massig und gewaltig, dennoch nicht zu schwer, in das vormalige Hafengelände ein. Auf 36 000 m² Ausstellungsfläche wurde das dreigeteilte **Leitbild** der Präsentationen umgesetzt: *Papatuanuku*, Mutter Erde als physischer Platz des neuseeländischen Volkes, *Tangata Whenua*, Platz der ersten Siedler und *Tangata Tiriti*, Platz für alle Rassen, die in Neuseeland leben. Eine zentrale Position nimmt das ins Museum integrierte Versammlungshaus *Marae* als Begegnungsort für alle Menschen ein.

31 Wellington

Das Te Papa Tongarewa Nationalmuseum zeigt viele Facetten neuseeländischen Lebens

Mit Hilfe von virtueller Technik, Simulation und interaktiven Angeboten werden **Zeitreisen** möglich – von der Entstehung Neuseelands aus der Urlandmasse Gondwanaland bis ins Wellington des Jahres 2055. Unter den rund 1 Mio. Exponaten sind besonders die der **Maorikultur** im Nordteil bemerkenswert, u. a. der *Marae Te Hauki-Turanga*, den Raharuhi Rukupo 1842 schnitzte. Theatersaal und Amphitheater im Freien ergänzen die Funktion des Museums als Kulturzentrum.

Queens Wharf und Lambton Quay

Vom quirligen Civic Centre führt die avantgardistische, mit Maori- und maritimer Symbolik geschmückte **City to Sea Bridge** ❼ zur **Queens Wharf** ❽. Hier legen die Fähren nach Days Bay im Osten der Bucht ab, und eine bunte Schar von Müßiggängern und Touristen genießt von den Cafés aus die Sicht über den Hafen. Das **Museum of Wellington City & Sea** ❾ (tgl. 10–17 Uhr, www.museumswellington.org.nz) logiert in einem früheren Lagerhaus am Beginn der Mole. Es zeigt allerlei Interessantes zur Hafen- und Stadtgeschichte, Schiffsmodelle, Wrackteile und Fotodokumentationen. Jenseits des **Wharf Retail and Leisure Complex** ❿ mit seinen vielen kleinen Boutiquen, Kunsthandwerksläden und Restaurants beginnt die Haupteinkaufsstraße **Lambton Quay** ⓫. Auf ihrer ganzen Länge ist in Einkaufspassagen und mehrstöckigen Arkaden Shopping die Devise, die schicksten Läden aber befinden sich im nördlichen Abschnitt. Als ruhigere Alter-

Freizeitvergnügen und Wassersport werden an der Queens Wharf großgeschrieben

native bietet sich die enge Passage in 280 Lambton Quay an und danach eine Fahrt mit der seit 1902 bestehenden **Cable Car** ⑫ (Mo–Fr 7–22, Sa 8.30–22, So/Fei 9–21 Uhr, alle 10 Min., www.wellingtoncablecar.co.nz) zur Bergstation **Kelburn Heights** ⑬ auf 122 m Höhe. Innen ist eine kleine historische Ausstellung (tgl. 9.30–17 Uhr, www.cablecarmuseum.co.nz) eingerichtet, vor der Tür bietet die Besucherplattform prächtige Ausblicke. In der **Carter Observatory** erlauben interaktive Displays eine Reise zu den Sternen. Stillere Plätze bergen die hügelabwärts verlaufenden **Botanic Gardens** ⑭ (tgl. Sonnenauf- bis Sonnenuntergang). 26 ha Buschland voll exotischer Bäume und Blumen, mit Teichen und Aussichtsplätzen, laden zu Spaziergängen ein. *Lady Norwood Rose Garden* im tiefer gelegenen Teil des Parks ist im Südsommer am schönsten, wenn 100 verschiedene Rosenarten in voller Blüte stehen. Östlich des Gartens findet man im **Bolton Street Memorial Park** ⑮ unterhalb der Stadtautobahn halb zerbrochene, grün überwucherte Grabsteine mit den verblassenden Namen der Pioniere. Eine Fußgängerbrücke über den lauten *Wellington Urban Motorway* führt von hier längs der Bowen Street hinunter ins Regierungsviertel und zum nördlichen Lambton Quay.

Parliament Area

Lambton Quay endet im Norden bei den **Old Government Buildings** ⑯, in die 1876 die Regierung einzog. Pompös, mit dorischem Säulenschmuck, wirken Mittelbau und Seitenflügel. Beinahe gelingt die Täuschung, doch die stolzen Bauten sind nicht aus Stein, sondern aus Kauri- und Rimuholz errichtet. Black Pine wurde im Innenausbau verwendet. Sorgfältig restauriert, dient der Gebäudekomplex heute dem **Erziehungsministerium**, die Regierung zog 1981 in einen modernen Rundbau nahebei. **Beehive** ⑰, ›Bienenkorb‹, nannten die Wellingtonians spontan dieses siebenstöckige Gebäude, das der Londoner Architekt *Basil Spence* entwarf. Nur schwer lässt sich ein Bezug zum kantigen **Parliament House** ⑱ (Führungen tgl. 10–16 Uhr, jeweils zur vollen Stunde, Tel. 04/817 95 03, www.parliament.nz) nebenan finden, das 1921 aus Granit und Takaka-Marmor im Stil der britischen Neorenaissance erbaut wurde.

Wenige Schritte entfernt befindet sich in der Molesworth Street der moderne Bau der **National Library** ⑲ (70 Molesworth St., Tel. 04/474 30 00, Mo–Sa 8.30–17 Uhr, www.natlib.govt.nz). Unter ihren bibliophilen Kostbarkeiten finden sich frühe Reise- und Entdeckerberichte, vor allem aber Handschriften von James Cook. Den *Lesesaal* schmückt ein Wandgemälde von Cliff Whiting, das die Maorilegende über die Trennung von Vater Himmel und Mutter Erde darstellt.

Neben den **National Archives** ⑳ (10 Mulgrave St., Thorndon, Tel. 04/499 55 95, Mo–Fr 9–17 Uhr, www.archives.govt.nz) mit historischen Originaldokumenten im *Constitution Room*, darunter die Women's

Überraschende Rundungen und Kurven zeichnen den Ministeriumsbau Beehive aus

Suffrage Petition von 1893 und der Treaty of Waitangi von 1840, steht in 34 Mulgrave Street die **Old St. Paul's Church** ㉑ (tgl. 9.30–17 Uhr, www.oldstpauls.co.nz). Alte Bäume beschatten die kleine anglikanische Holzkirche, die 1866 im Stil der englischen Neogotik erbaut wurde. Das beinahe dörfliche Gotteshaus war bis 1972 die Cathedrale von Wellington. Diese Aufgabe, nicht aber die Behaglichkeit des mit heimischen Hölzern gestalteten Innenraumes, erbte die *Wellington Cathedral* gegenüber der National Library.

Nordöstlich liegt das historische Viertel *Thorndon*. Das Haus 25 Tinakori Road ist **Katherine Mansfield Birthplace** ㉒ Di–So 10–16 Uhr, www.katherinemansfield.com), in dem die berühmte Erzählerin (1888–1923) ihre Kinderjahre bis 1893 verbrachte. Wenn auch die Inneneinrichtung jener Zeit rekonstruiert und nicht authentisch ist, spricht doch die Dokumentation über Leben und Werk der früh verstorbenen, unangepassten und in der bürgerlichen Welt Wellingtons nie glücklichen Schriftstellerin.

Vor allem bei Familien sehr beliebt ist ist das **Exhibition Center of Zealandia**, (57 Waiapu Road, www.visitzealandia.com, tgl. 10–17, Einlass bis 16 Uhr; u.a. Nachtführungen) im Stadtteil Karori. Hier erleben Besucher 1000 Jahre neuseeländischer Naturgeschichte, dabei bekommen sie einen Einblick in die Flora und Fauna des Landes. Angeschlossen ist ein 225 ha großes Naturschutzgebiet, das eingezäunt wurde, um landesfremde Tiere fernzuhalten. Ziel ist, die Natur so wiederherzustellen, wie sie vor 500 Jahren in Neuseeland war.

Strände, Buchten, Robben

Der 50 km lange **Marine Drive** führt Wellingtons faszinierende Lage an der buchtenreichen Küste vor Augen. Sie beginnt am südlichen Lambton Harbour beim **Clyde Quay Wharf** ㉓, wo die Kreuzfahrtschiffe anlegen, und führt die Oriental Parade ostwärts. Rechterhand schmiegen sich noble Holzvillen an die Hänge, bei Point Jerningham laden kleine Jachthäfen und Strandbuchten zum Verweilen ein. Die abzweigende Straße zum *Lookout* führt zur Aussichtsterrasse des 196 m hohen **Mount Victoria** ㉔.

Hinter Point Jerningham öffnet sich Evans Bay. Die Straße drängt sich ans Wasser, führt am *Wellington International Airport* vorüber und umrundet die Halbinsel Miramar. An ihrer Nordspitze, einst

Eine Fahrt mit der Cable Car Standseilbahn legt dem Besucher Wellington zu Füßen

Sitz eines Maori-Pa, steht jetzt das **Massey Memorial** ㉕. Die Aussicht vom Gedenkplatz für den früheren Premierminister *William Ferguson Massey* ist prächtig: der Blick wandert von Port Nicholson über das hoch und steil überbaute Ufer bis hin zu den glasglitzernden Wolkenkratzern der City.

Zwischen den Abhängen des Mount Crawford und dem Meer erfolgt die Weiterfahrt von Bucht zu Bucht, von Kap zu Kap. *Karaka Bay* und *Worser Bay* verfügen über hübsche Strände. In der schönen **Lyall Bay** ㉖, die sich hinter Gibraltar Rock und Moa Point gegen die Cook Strait öffnet, und in der *Island Bay* an der Südküste finden die Surfer hohe Wellen, die Straße endet wenig später in Owhiro Bay. Zwischen März und September lohnt es sich, zu den vulkanischen **Red Rocks** ㉗ weiter zu wandern, wo man eine Robbenkolonie beobachten kann.

ℹ Praktische Hinweise

Information

i-SITE, Civic Square, Ecke Victoria Street/Wakefield Street, Wellington, Tel. 04/802 48 60, www.wellingtonnz.com. Hier kann man auch den Wellington City Pass kaufen, der 7 Tage gültig ist und freien bzw. ermäßigten Eintritt zu den Sehenswürdigkeiten der Stadt beinhaltet.

Flughafen

Wellington Airport, Stewart Duff Drive, 8,5 km südöstlich des Zentrums im Stadtteil Rongotai, Tel. 04/385 51 00 (24 Stunden), www.wellingtonnz.co.nz. International Terminal für Flüge nach

31 Wellington

Australien, Domestic Terminal für Inlandsrouten. Shuttle-Busse ins Stadtzentrum, zu Bahnhof und Fähranleger.

Bahn

Wellington Railway Station, Bunny Street, Lambton Interchange, Wellington, Tel. 0800/80 17 00, www.tranzmetro.co.nz, www.kiwirailscenic.co.nz. Züge nach Auckland (u. a. *Northern Explorer*), S-Bahnen, Überlandbusse, kostenlose Shuttlebusse zu Fähren (ab Plattform 9).

Schiff

Bluebridge, 50 Waterloo Quay (ggü. Railway Station), Wellington, Tel. 04/471 61 88, 0800/84 48 44, www.bluebridge.co.nz. Cook Strait Ferry nach Picton.

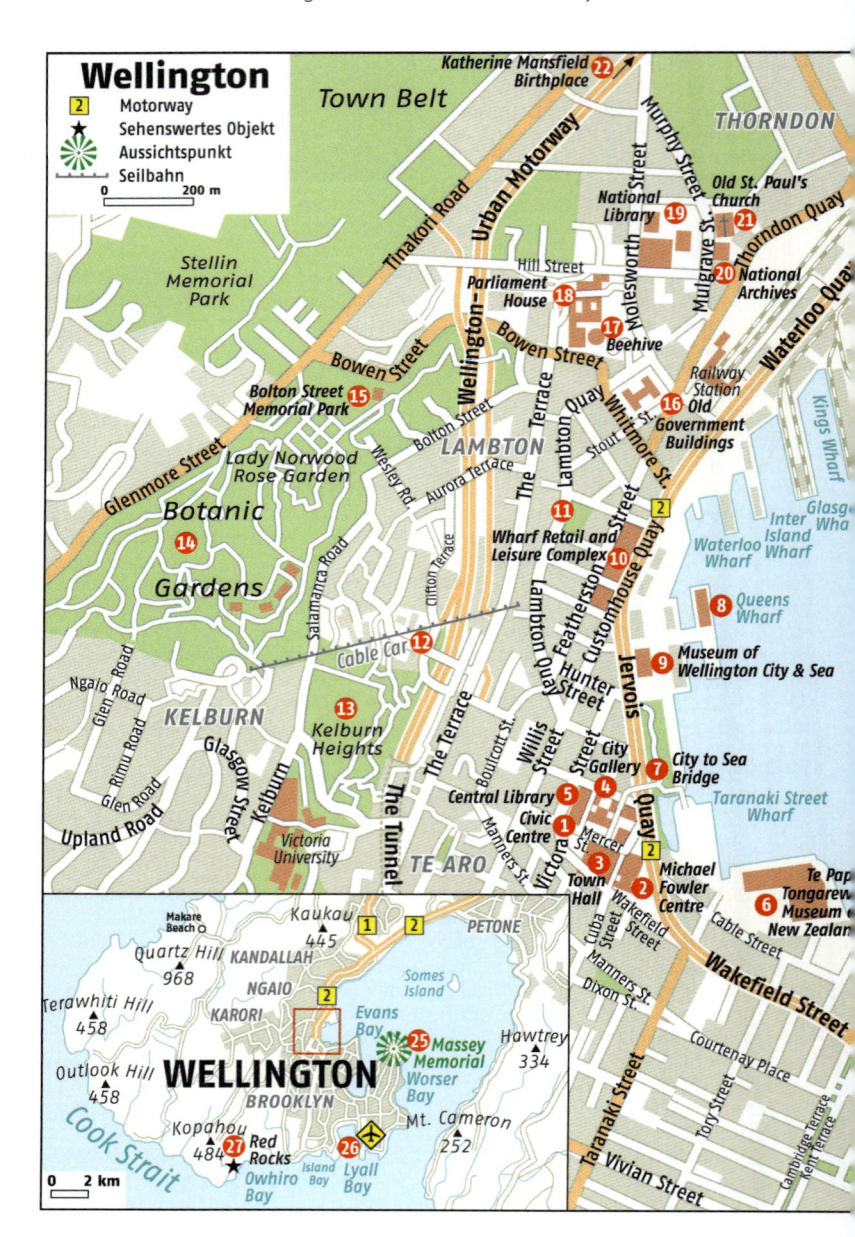

East by West Ferries, Queens Wharf, Wellington, Tel. 04/499 12 82, www.eastbywest.co.nz. Hafenrundfahrten und Ausflüge zu den Eastern Bays.

Interislander, Aotea Quay, 186 Victoria Street, Wellington, Tel. 08 00/80 28 02, www.interislander.co.nz. Tgl. Autofähren nach Picton auf der Südinsel (3,5 Std.).

Bus
Städtische Busse, tgl. 6–23 Uhr auf allen wichtigen Routen, www.metlink.org.nz.

Stadtrundfahrt
Hammonds Scenic Tours, 101 Wakefield Street (ab/bis: i-SITE), Tel. 04/472 08 69, www.wellingtonsightseeingtours.com. Anbieter von Stadtrundfahrten und Ausflügen zum Beispiel an die Kapiti Coast und zu den Weingebieten in Martinborough.

Hotels
******Bay Plaza Hotel**, 40–44 Oriental Parade, Wellington, Tel. 04/385 77 99, www.bayplaza.co.nz. Elegantes Hotel, nah zum Te Papa Museum und zum Jachtclub von Oriental Bay.

******Museum Art Hotel**, 90 Cable Street, Wellington, Tel. 04/802 89 00, www.museumhotel.co.nz. Luxuriöses und liebevoll eingerichtetes Boutiquehotel mit ausgezeichnetem Restaurant *Hippopotamus*.

*****Apollo Lodge**, 49 Majoribanks Street, Wellington, Tel. 04/385 88 79, www.apollolodge.co.nz. Edwardianische Chalets oder moderne Moteleinheiten. Gute Lage für Unternehmungen aller Art.

*****Shepherds Arms Hotel**, 285 Tinakori Road, Wellington, Tel. 04/472 13 20, www.shepherds.co.nz. Renoviertes Haus von 1870 im Kolonialstil im historischen Stadtteil Thorndon.

Wellesley Boutique Hotel, 2–8 Maginnity Street, Wellington, Tel. 04/474 13 08, www.wellesleyboutiquehotel.co.nz. Zentral gelegenes, charmantes Boutiquehotel in historischem Gemäuer.

Restaurants
Backbencher Pub, Ecke Molesworth/Kate Sheppard Place, Wellington, Tel. 04/472 30 65, www.backbencher.co.nz. Originell, Cartoons an den Wänden, das Essen ist kräftig und gut.

Chow, 45 Tory St., Wellington, Tel. 04/382 85 85, www.chow.co.nz. Modernes Restaurant mit leichter asiatischer Küche.

Shed Five, Queens Wharf, Wellington, Tel. 04/499 90 69, www.shed5.co.nz. Hell und luftig. Die schicken Gäste lassen sich köstliche Seafood-Platten munden.

TOP TIPP **Whitebait**, Clyde Quay Wharf, Wellington, Tel. 04/385 85 55, www.white-bait.nz. Küchenchef Paul Hoather bietet seinen Gästen in stimmungsvollem Ambiente ein aufregendes kulinarisches Erlebnis.

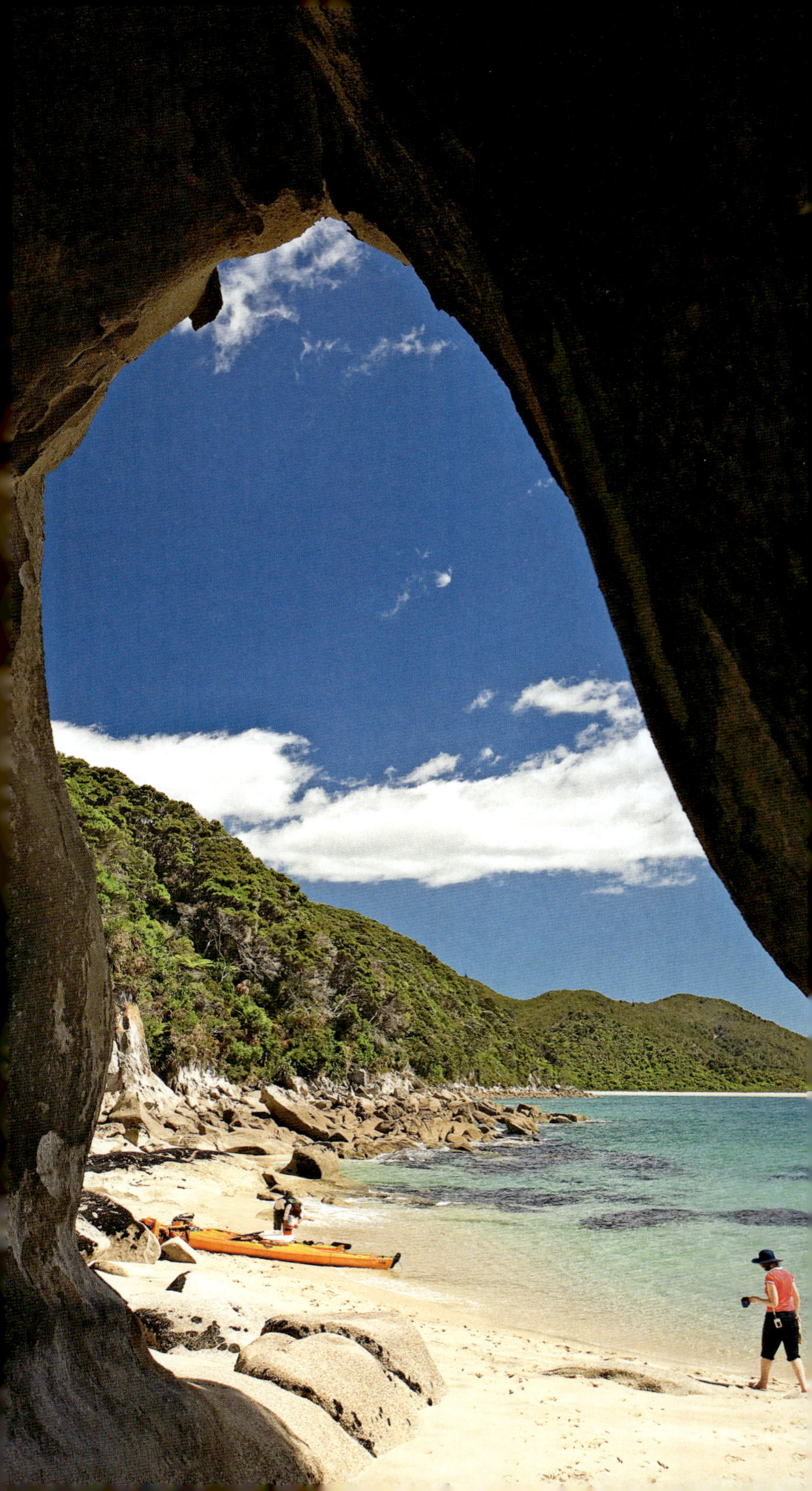

Marlborough Sounds und Tasman Bay – Wasserlabyrinth und grünes Bergland

Urwaldbedeckte Hügel, unzählige Meerarme, sonnendurchflutete Irrgärten aus Inseln und Halbinseln geben den **Marlborough Sounds** an der zerklüfteten Nordostküste von South Island Farbe und Rhythmus. Nördlich der Kleinstädte **Picton** und **Havelock** liegen die Fjorde *Queen Charlotte*, *Kenepuru* und *Pelorus Sound*. In ihrem dunklen Blau spiegeln sich wenig besuchte Strände, romantische Jachthäfen, einsame Felsenklaven, nie bestiegene Berge und weltferne Inseln wie *D'Urville Island*. Westwärts rahmen die weiten, hellen Golfe **Tasman** und **Golden Bay** das fruchtschwere Land um die Ortschaft *Nelson*, prächtige Baumfarnwälder im **Abel Tasman National Park** und verträumte Badestrände mit Quarzkristallen, die in der Sonne funkeln. Den Endpunkt dieser einzigartigen Küste bildet die Sandbank von **Farewell Spit**, wo Tölpel nisten und an der Wale auf ihrer Winterreise vorüberziehen.

32 Picton

Der 3000-Seelen-Ort ist das Tor zu den Sounds und zur ganzen Südinsel.

Von bewaldeten Bergen geschützt, liegt das kleine Hafenstädtchen Picton am schmalen Südende des **Queen Charlotte Sound**. Schon die Anreise ist ein Erlebnis. Die Fähren von Wellington queren die *Cook Strait*, umfahren das vorgelagerte *Arapawa Island* im Süden und gleiten durch den Tory Channel in die romantische Wald- und Wasserlandschaft des 58 km langen Sund.

Vor 500 Jahren siedelte der Stamm der **Rangitane** an den Hügelhängen der Flusstäler, die das in der letzten Nacheiszeit beträchtlich ansteigende Meer so pittoresk überspült hatte. Captain Cook entdeckte die unzähligen Wasserarme dieser Küste im Januar 1770. Er ankerte in der Ship Cove Bay von **Motuara Island** am Nordrand der Sounds und ergriff im Namen der Krone von South Island Besitz. Jahrzehnte später folgten ihm Walfänger, 1848 die ersten weißen Siedler. An diese Zeit erinnern zwei historische Schiffe, die am **Shelley Beach** beim Jachthafen von Picton ankern: der 100 Jahre alte Zweimaster *Echo* und der 150-jährige Dreimaster *Edwin Fox* an der Dunbar Wharf, dem ein kleines *Historic Museum* (www.edwinfoxsociety.com, tgl. 9–17 Uhr) angeschlossen ist. Entlang der Uferstraße locken zahlreiche Anbieter mit **Rundfahrten** durch die Sunde und **Mietbooten**.

Nur ausdauernde Wanderer sollten sich für den 67 km langen **Queen Charlotte Walkway** entscheiden. Er führt von dem Dorf *Anakiwa* westlich von Picton über die Bergkämme der Kenepuru-Halbinsel und durch zauberhaften subtropischen Regenwald zur malerischen *Ship Cove Bay* am nordöstlichen Ende der Landzunge. Man kann den Walkway auch in Teilstrecken bezwingen. Vorbestellte Boote setzen oder holen Wanderer an jeder gewünschten Bucht ab. Die beliebteste Etappe ist der **Endeavour Track** zwischen Camp Bay und Ship Cove Bay. In Wäldern aus Baumfarnen und Nikaupalmen sieht man olivgrüne Bellbirds und schwarze Parsonbirds, Fantails genannte Graufächerschwänze und Tomtits, die Maorischnäpper.

Bequemer kann man auf dem 17 km langen **Queen Charlotte Drive** zwischen Picton und Havelock Natur erleben. Die

Der über 225 km² große Abel Tasman National Park an der Nordküste der Südinsel ist bekannt für seine vielen Buchten mit Sandstränden und türkisfarbenem Wasser. Hier ein Blick durch die Felsformation ›Arch Point‹

schmale und kurvige Strecke windet sich im Schatten von Urwaldbäumen und Baumfarnen an den steilen, teils felsigen Südufern des Queen Charlotte Sound entlang. Abgeschiedene Buchten wie *Momorangi Bay* an einem Seitenarm des Sunds verlocken zum Bleiben.

Praktische Hinweise

Information
i-SITE, The Forshore, Picton, Tel. 03/ 520 31 13, www.marlboroughnz.com

Schiff
Cougar Line, Waterfront, Picton, Tel. 03/573 79 25, www.cougarline.co.nz. Bietet Ausflüge und Bootunterstützung beim Wandern.

Interislander und **Bluebridge** [s. S. 82–83]

Hotels
****Te Mahia Bay Resort, 63 Te Mahia Rd., Tel. 03/573 40 89, www.temahia.co.nz. Motel in beschaulicher Bilderbuchlage am Ufer des Sound.

***Punga Cove Resort, Endeavour Inlet, Tel. 03/579 85 61, www.pungacove.co.nz. Absolut ruhiger Rastplatz mit Komfort am Queen Charlotte Walkway. Gäste können vor Ort Dingis mieten.

***The Yacht Club Hotel, 25 Waikawa Road, Picton, Tel. 03/573 70 02, Modernes Haus und vorzügliches Restaurant ›Chartroom‹ an der Picton Marina.

33 Havelock

Das Fischerdorf ist Ausgangspunkt für Touren zu Pelorus und Kenepuru Sound.

Unweit der alten **Goldfelder** von Wakamarina und Cullen Creek galt die damalige *Boomtown* Havelock am Ende des Kenepuru Sound vor 100 Jahren als Ort der ruppigen Lebensart. Heute ist sie wieder ein kleines biederes **Fischerdorf**, allerdings mit einer bedeutenden Greenshell-Muschelzucht und den besten Fangplätzen für Snapper weit und breit. Zu erholsamen Touren in die Wasserlandschaft von Mahau, Kenepuru und Pelorus Sound lädt das in Havelock startende **Mailboat** (Postboot) ein.

Von Havelock steigt der SH 6 westwärts in eine gebirgige Landschaft nach *Pelorus Bridge* und weiter nordwärts nach *Rai Valley* an, wo eine kehrenreiche Stichstraße nach *Tennyson Inlet* und zur Meerenge **French Pass** abzweigt. Die Insel gegenüber der schmalen, meist aufgewühlten Wasserstraße trägt den Namen

Für viele Anwesen in den Marlborough Sounds ist das Postboot die Verbindung zur Außenwelt

Ungewöhnlichen Fassadenschmuck kann man am Highway 6 bei Havelock sehen

ihres europäischen Entdeckers Jules Sébastian Dumont D'Urville (1790–1842). Der ebenfalls *French Pass* genannte, winzige Weiler an der gleichnamigen Meeresstraße ist Ausgangspunkt für Abstecher nach **D'Urville Island**, einem der letzten absoluten Wildnisreservate Neuseelands und Dorado für Angler, Kajakfahrer und Taucher, Mountainbiker, Wanderer und Vogelfreunde.

Praktische Hinweise

Information

Havelock Info Centre, 56 Main Road, Havelock, Tel. 03/574 21 14, www.havelockinfocentre.co.nz

Hotels

Havelock Motel & Motor Lodge, 50 Main Road, Havelock, Tel. 03/574 29 61, www.havelockmotel.co.nz. Angenehmes Motel mit kleiner feiner Poollandschaft und schönem Garten.

Waterfall Bay Homestay, Port Ligar, Havelock, Tel. 03/576 52 38, www.waterfallbay.co.nz. Ruhige Lodge im Busch, etwas erhöht über der Bucht gelegen.

Restaurant

Slip in, Marina, Havelock, Tel. 03/574 23 45. Die Küche empfiehlt sich mit frischen Muscheln und Fischen aus den Marlborough Sounds.

The Mussel Pot, 73 Main Road, Havelock, Tel. 03/574 28 24, www.themusselpot.co.nz. Frische Muscheln aus dem Fjord.

34 Nelson

Künstler und Kunsthandwerker lieben das Ambiente der Hafenstadt.

Das gibt es in Neuseeland nur selten: wenig Regen, täglich sieben Stunden Sonnenschein und ein herrlich mildes Klima. Nelson am Südostende der **Tasman Bay** mit alten Holzhäusern, Cottages und Grünanlagen, ist eine prosperierende Stadt mit fast 50 000 Einwohnern. Konservative Bürger, alternative Künstler, Pazifisten, Traditionalisten, Holzschnitzer, Töpfer, Glasbläser und Weber leben hier in guter Nachbarschaft. Ein **Arts & Craft Trail** führt zu Ateliers und Werkstätten.

Nelson geht auf die kleine Maorisiedlung **Wakatu**, ›sicherer Ankerplatz‹, zurück. Ein Name, der sich als Irrtum entpuppte, denn 1828 zog Häuptling **Te Rauparaha** mordend durch die kleinen Fischerdörfer an der Tasman Bay. Als 1839 Arthur Wakefield und drei Jahre später die ersten Siedlerschiffe mit deutschen **Einwanderern** an Bord eintrafen, kamen sie in ein fruchtbares, fast menschenleeres Land. Die Weißen siedelten am Oberlauf des *Moutere River*. Außer dem Ortsnamen Neudorf, der die Zeiten überdauerte, findet man deutsche Namen aber fast nur noch auf den grün überwucherten Grabsteinen der Friedhöfe.

Nelson liegt in einem nach Südwesten hin offenen Tal zwischen *Richmond* und *Arthur Range*. Auf den sonnenverwöhnten Böden wachsen Obst, Weinreben, Tabak und Hopfen, und der Ort gedieh von Anfang an rasch. Queen Victoria ließ schon 1858 die Urkunde zur **Stadterhebung** übermitteln.

Bekanntester Sohn der Region ist **Ernest Rutherford**, der sein Einmaleins in der Volksschule von Havelock lernte und sich danach in Nelson die ersten Grundlagen für seine Forschungen aneignete. Der spätere Nobelpreisträger – ihm gelang die erste künstliche Kernreaktion – studierte in Christchurch und wanderte später ins englische Cambridge aus. In den Adelsstand erhoben, trug er den Titel *Lord Rutherford of Nelson*.

Weithin sichtbares Wahrzeichen der Stadt ist die aus Takaka-Marmor und Beton in Kreuzform errichtete, 1967 fertiggestellte **Christ Church Cathedral** (www.nelsoncathedral.org) auf dem zentralen *Church Hill*. Die Kirche selbst ist zwar schmucklos, doch ihr Bauplatz geschichtsträchtig: Nacheinander standen hier ein Maori-Pa, die britische Festung Fort Arthur, das Kirchenzelt Bischof Selwyns und eine frühe Holzkirche. Von der Freitreppe der Kathedrale hat man einen schönen Blick über Stadt und Meer.

Hügelabwärts gelangt man über die *Trafalgar Street* und die kreuzende *Bridge Street* zur 1889 eingerichteten **Suter Art Gallery** (208 Bridge St., Tel. 03/548 46 99, tgl. 10.30–16.30 Uhr, www.thesuter.org.nz) in die *Queens Gardens*. Als Vermächtnis von Bischof Andrew Suter präsentiert sie eine schöne Kunstsammlung mit Aquarellen aus der Kolonialzeit, James Webbers Stimmungsbild *Ship Cove* und Maoribildnissen von Gottfried Lindauer und Frances Hodgins.

Nicht weit davon zeigt an der Ecke Trafalgar Street und Hardy Street, eingetragen als Town Acre 445, das regionalgeschichtlich neu konzipierte heimatkundliche **Nelson Provincial Museum** (Mo–Fr 10–17, Sa/So 10–16.30 Uhr, www.museumnp.org.nz) Exponate von der Maori- bis zur Neuzeit.

Für einen weiteren Blick in die Vergangenheit lohnt sich ein Besuch im **Founder's Park** (tgl. 10–16.30 Uhr) am *Atawhai Drive* im Norden der Stadt. Es ist ein Freilichtmuseum mit renovierten und nachgebauten historischen Gebäuden, u.a. Lord Rutherfords Geburtshaus.

In weiten Teilen naturbelassene Wildnis hat der Nelson Lakes National Park zu bieten

Vom Meer her lässt sich der Abel Tasman National Park gut mit dem Kajak erkunden

Den Ruf Nelsons als Ferienziel rechtfertigen seine **Strände**, z. B. der 5 km entfernte **Tahunanui Beach** und der 13 km lange, waldgesäumte Sandstrand von **Rabbit Island**, das über eine Straße erreichbar in der Bucht liegt.

Ausflug

Das fruchtbare Umland von Nelson geht 120 km im Südwesten der Stadt in eine erstaunlich alpine, bis auf 2000 m ansteigende Landschaft über. Highway 63, bei Owen Junction vom SH 6 abzweigend, erreicht beim Bergdorf *St. Arnaud* den Zugang zum **Nelson Lakes National Park**. Wanderwege zu abgelegenen Hütten erschließen eine grandiose Gipfelszenerie. Seine romantische Note erhält das stille Inland der Südinsel durch die beiden lang gestreckten, buchenwaldumgebenen Seen *Rotoiti* und *Rotoroa*.

Praktische Hinweise

Information

i-SITE, 77 Trafalgar Street, Nelson, Tel. 03/548 23 04, www.nelsonnz.com

Hotels

******Rutherford Hotel**, 27 Nile St., Nelson, Tel. 03/548 22 99, www.rutherfordhotel.nz. Kosmopolitisches Haus mit heimischem Charme. Ausgezeichnete Küche.

*****Trailways Hotel**, 66 Trafalgar Street, Nelson, Tel. 03/548 70 49, www.trailwayshotel.co.nz. Angenehmes Haus mit exzellentem Restaurant jenseits des Maitai River.

Restaurant

Boat Shed Café, 350 Wakefield Quay, Nelson, Tel. 03/546 97 83. Feine Fischgerichte in einem Bootshaus über dem Wasser von Nelson Harbour.

35 Abel Tasman National Park und Kahurangi National Park

Gegensätzlich nicht nur im Landschaftsbild – Neuseelands kleinster und der zweitgrößte Nationalpark.

Der 1942 eröffnete Abel Tasman National Park erstreckt sich auf einem Landvorsprung zwischen Tasman und Golden Bay. Mit 22 350 ha ist er Neuseelands kleinster **Nationalpark**. Dafür ist er umso schöner: Das Schutzgebiet besteht aus traumhaften Sandstränden, Inseln, Lagunen, Quellflüssen, Buschwald, Tafelland und mäßig hohen, bewaldeten Bergen.

Der SH 60 führt von Nelson 52 km an der Westküste der Tasman Bay entlang nach *Motueka*. Im Norden des im Sommer sehr betriebsamen Dorfes zweigt eine enge Nebenstraße nach *Kaiteriteri* und *Marahau* am südlichen **Parkeingang** ab. Von hier aus geht es nur per Boot, auf Schusters Rappen, zu Pferd oder per Mountainbike weiter. Wer sich für Kajakfahrten von Bucht zu Bucht entlang der Küste entscheidet, findet ruhiges türkisfarbenes Meer, sichelförmige südseeähnliche Strände und Busch vor, der die Küstenfelsen wie mit grünem Samt überzieht. Mehrere Agenturen in Marahau bieten Sea Safaris und geführte Touren mit Mietkajaks an.

Zu den *Great Walks* zählt der vielbegangene **Abel Tasman National Park Coastal Track** (www.doc.govt.nz), ein vier Tage dauernder, leichter Küstenwanderweg zwischen Marahau und Totaranui im Norden des Parks, der schöne Meeresbuchten aneinanderreiht. Höhepunkt der Wanderung ist die tief eingeschnittene *Awaroa Bay*. Sie bietet weite Strände, Muschelbänke, Wattflächen und ausreichend Unterkunftsmöglichkeiten. Fast überall entlang des Tracks kann man sich von Wassertaxis abholen lassen.

Highway 60 verbindet Motueka mit Takaka. Beide Orte bieten sich als Ausgangspunkte zu den Wanderrouten im **Kahurangi National Park** an (www.doc.govt.nz). Neuseelands 1996 gegründeter, zweitgrößter Nationalpark an der Nordwestspitze der Südinsel umfasst eine Fläche von 4520 km² und zeigt sich von extremer landschaftlicher Vielfalt. Hier findet man einsame Bergregionen, Tafelland, typische Karstgebiete mit einem beeindruckenden Höhlensystem, wildrauschende Flüsse, atemberaubende Täler, Tussock-Grasareale, fast undurchdringliche Küstenwälder, von Alpenpflanzen übersäte Bergwiesen und zudem eine vielfältige, seltene Vogelwelt.

Die Ausgangspunkte der zahlreichen Tracks, die nur in der Tasman Wilderness Area in eine weglose Einsamkeit übergehen, erreicht man mit Shuttle-Bussen oder Helikoptern. Zu den *Great Walks* Neuseelands zählt der 78,4 km lange **Heaphy Track**, den geübte Wanderer in fünf Tagen bewältigen.

Weiter geht es über eine Urwaldpiste in das landschaftlich großartige **Cobb Valley**, in dem ein Stausee riesige Wassermassen hortet.

Bei Takaka sind die Strände wunderschön. Nordwestlich quillt **Pupu Springs**, eine der mächtigsten Frischwasserquellen der Erde, vehement durch Felsspalten empor. An ihr vorbei windet sich eine schmale Seitenroute ostwärts durch einen Landstrich mit erstaunlichen Karstformationen nach Tarakohe an der **Golden Bay**. Die Säule **Abel Tasman's Memorial** erinnert an das erste Einlaufen der Schiffe *Heemskerck* und *Zeehaen* unter Leitung Tasmans im Dezember 1642. Der Tag endete tragisch, denn Maori töteten vier Matrosen des Beiboots. Tasman taufte die Bucht *Murderers Bay* und segelte weiter, ohne das Land zu betreten. Ihren Namen wurde die Bucht erst wieder in den Tagen des Goldbooms los.

ℹ Praktische Hinweise

Information

i-SITE, Wallace St., Motueka, Tel. 03/528 65 43, www.motuekaisite.co.nz.

Schiff

Abel Tasman Sea Shuttle, Tel. 03/528 97 58, www.abeltasmanseashuttles.co.nz. Bootsservice zu den Buchten des Coastal Track, mehrtägige geführte Ausflüge im Küstenbereich.

Hotels

***Abel Tasman Marahau Lodge, Beach Road, Marahau, Tel. 03/527 82 50, www.abeltasmanmarahaulodge.co.nz. Komfortable Lodge am Eingang zum Nationalpark.

**Motueka Garden Motel, 71 King Edward Street, Motueka, Tel. 03/528 92 99, http://motmotel.co.nz. Moderne Units in großem Garten. Sichere Parkplätze für Abel Tasman Walkers.

Der Kaiteriteri Beach mit seinem orangefarbenen Sand gilt als Tor zum Abel Tasman National Park

36 Collingwood und Farewell Spit

Respektvoller Abstand zum Hooker's Sealion – an Neuseelands Stränden ist Platz genug dafür

36 Collingwood und Farewell Spit

Wo die befahrbare Straße endet, beginnt das Reich der Seevögel.

Das Gold im hier mündenden Aorere River gab der *Golden Bay* an der westlichen Nordküste von South Island den Namen. Der *Rush* war kurz. Nicht mehr als drei Jahre, 1857–60, stand der kleine Küstenort **Collingwood** am Ende des SH 60 im Zentrum landesweiten Interesses. Längst sind die Spuren der Goldgräber verwischt und lediglich im Friedhof als Memento sichtbar.

Wanderer stoppen in dem bescheidenen Ort meist, um sich für den **Heaphy Track** zu rüsten. Der 78 km lange Great Walk verbindet die Golden Bay durch den nördlichen Kahurangi National Park mit der West Coast. Er führt durch Tussockwiesen und Buchenwälder, über atemberaubende Hängebrücken und durch weite Nikaupalmwälder. Bei Heaphy Hut erreicht er die Küste der Tasman Sea und schlängelt sich von dort südwärts durch üppigstes Grün bis *Kohaihai Shelter* in der Nähe von Karamea. Für den Rückflug kann man dort Aerotaxis mieten.

Eine Seitenstraße führt von Collingwood über Pakawau zur ebenso schönen wie abgelegenen **Whanganui Bay**, wo die Wellen der Tasman Sea oft spektakulär aufgewühlt heranrollen.

TOP TIPP Über Pakawau erreicht man **Farewell Spit**, den nördlichsten Punkt der Südinsel. Östlich von *Cape Farewell* haben Meer und Wind die schmale, 35 km lange Nehrung aus Quarzsand geschaffen, die die Golden Bay schützend im Norden umfängt. Spaziert man die 4,2 km am Farewell Spit entlang, bietet sich eine ungewöhnlich ruhige Szenerie: nichts als Sand, Dünen, Meer und wundervolles wechselndes Licht – ein **Naturschutzgebiet** für Watt-, See- und Zugvögel und eine große Tölpelkolonie. Mit etwas Glück kann man sogar Seelöwen und vorbeiziehende Wale sehen. Alternativ fahren die Busse von Farewell Spit Eco Tours (Tel. 03/524 82 57, www.farewellspit.com) ab Collingwood entlang der Nehrung.

ℹ Praktische Hinweise

Information
Farewell Spit Visitor Information Centre, Puponga, Tel. 03/524 84 54
Department of Conservation Golden Bay Area Office, 62 Commercial Street, Takaka, Tel. 03/525 80 26, www.doc.govt.nz

Hotel
**Collingwood Beachcomber Motel, 1 Tasman Street, Collingwood, Tel. 03/524 84 99, www.collingwoodpark.co.nz. Gemütliche Zimmer zwischen Main Street und Strand.

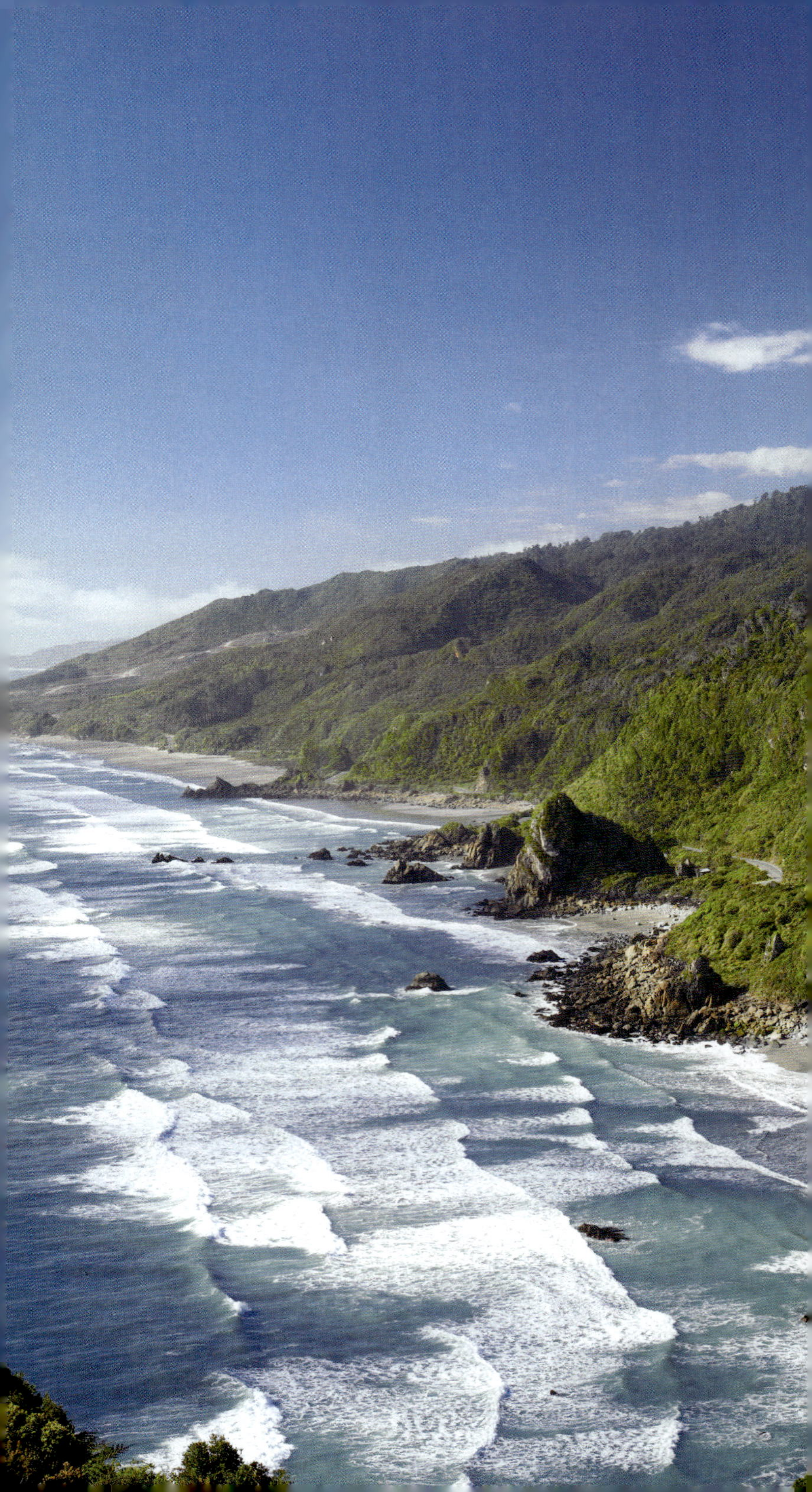

West Coast – Regenwald mit Gletschereis

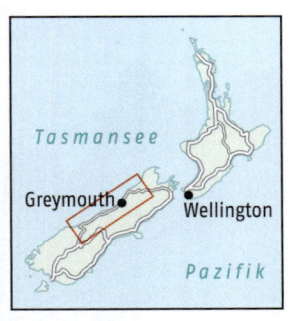

Die Westküste der Südinsel liegt zwischen den stürmischen Brandungswellen der Tasman Sea und den eisstarrenden Höhen der *Southern Alps*. Der schmale Landstrich ist wild, rau, urwüchsig und nur dünn besiedelt, jedoch eine erstaunliche Region: Pelzrobben sonnen sich am **Cape Foulwind**, zu fantastischen Formationen türmen sich die bizarren **Pancake Rocks** an der Küste des *Paparoa National Park*. Schwarze Sturmvögel nisten in den steilen Kliffen bei **Razorback Point**, Silberreiher gleiten majestätisch über das kobaltblaue Wasser der **Okarito Lagoon**, und die eisigen Gletscherzungen von **Franz Josef Glacier** und **Fox Glacier** reichen im *Westland National Park* herab bis auf 300 m Höhe in den immergrünen Regenwald.

37 Westport

Pelzrobben und ein steiler Südwest.

Die kleine Hafenstadt Westport erstreckt sich an der Mündung des *Buller River* in die südliche *Karamea Bight*. Von Nelson her kommend folgt der SH 6 in seinem letzten Abschnitt dem Fluss durch die von steilen Felswänden gesäumte **Buller Gorge**. Wildwasserfahrer und Jetboat-Enthusiasten haben die enge Schlucht in den letzten Jahren als ultimativen Abenteuerspielplatz entdeckt.

Westport, im 19. Jh. als Versorgungsstadt der landeinwärts gelegenen Goldfelder gegründet, lebt heute von Zementproduktion und Steinkohleabbau. Mit Sachkenntnis und Liebe ist das moderne **Coaltown Museum** (123 Palmerston Street, Tel. 03/789 66 58, Mai–Sept. Mo–Fr 10–16, Sa/So 9–17, sonst tgl. 9–17 Uhr) gestaltet, das in erster Linie über den hiesigen Kohlebergbau informiert. Weitere Themen sind Goldgräberei, Mineralien, Erdbeben, Pionierdasein sowie Transport zu Wasser, zu Lande und in der Luft.

Wie eine Nase ragt **Cape Foulwind** südwestlich von Westport in die Tasman Sea und schützt das Städtchen vor allzu heftigen Böen. Hier entwickelt man spätes Verständnis für James Cook: Die ›widrigen Winde‹, derentwegen er dem Kap den unfreundlichen Namen gab, wehen noch heute rund um den *Leuchtturm* auf den 70 m hohen Klippen. Von der Brücke über den Buller River in Westport führt eine ausgeschilderte Straße nahe an das Kap heran und zum Startpunkt des **Foulwind Walkway**. Oberhalb der steilen Klippen wandert man 4 km nach Süden zur *Tauranga Bay*. Dort kann man zwischen Ende November und Ende Januar von einer Aussichtsplattform aus eine *Pelzrobbenkolonie* beobachten.

Begegnungen wagen – Mensch und Seelöwe treffen sich am Strand von Cape Foulwind

Vom ›Irimahuwhero Viewpoint‹ hat man einen herrlichen Blick auf die Küste des Paparoa National Park

37 Westport

Spielerei der Natur – die Pancake Rocks erinnern an Stapel von Pfannkuchen

ℹ Praktische Hinweise

Information
i-SITE, Coaltown Museum, 123 Palmerston St., Westport, Tel. 03/789 66 58, www.buller.co.nz

Hotel
**Chelsea Gateway Motor Lodge, 330 Palmerston St., Westport, Tel. 03/789 68 35, www.chelseagateway.co.nz. Die 20 großen Studios sind sehr gut ausgestattet, verfügen über vollständig eingerichtete Küchen.

38 Paparoa National Park

Wie Pfannkuchen aufgeschichtete Felsen und ein Küstenregenwald.

Der Ort **Punakaiki**, 59 km südlich von Westport, liegt im Zentrum des 1987 gegründeten, mit 30 500 ha relativ kleinen Paparoa National Park. Nahe dem dortigen *Visitor Centre* führt der **Dolomite Point Track** in 30 Min. zu den berühmten **Pancake Rocks** an der Küste. Selten kann man so anschaulich nachvollziehen, wie die Kräfte des Meeres und der Erosion wirken. Vor rund 30 Mio. Jahren hoben tektonische Veränderungen den damaligen Meeresboden aus dem Wasser. Wind und Wetter spülten dann den wasserlöslichen Kalk aus dem Gestein und ließen widerstehende Tone als breite Bänder zurück. Übereinander sehen diese nun aus wie gestapelte *Pfannkuchen*. An der Oberfläche der Felsen schießt Meerwasser, das bei Flut und schwerer See in unterirdische Gänge gepresst wird, in sog. *Blowholes* fontänenartig heraus.

Auf der östlichen Seite des Highways erstreckt sich der Paparoa National Park weit landeinwärts. 2–3 Tage kann man auf dem **Inland Pack Track** einer alten Goldgräberroute folgen. Sie beginnt am *Fox River* nördlich von Punakaiki und endet an der Mündung des *Punakaiki River*. Zahlreiche Flussüberquerungen und das Fehlen von Hütten machen die Tour durch üppigen Tieflandregenwald anspruchsvoll. Rimu- und Miro-Bäume, Farne und Nikaupalmen, dicht mit Flechten behangene Stämme, bemooste Steine, Lianen und die unzähligen Höhlen des Karstgebiets schaffen eine beinahe unwirkliche Kulisse. Am Ende des Tracks kann man zwischen Mai und Oktober südlich des Punakaiki River in den Kliffhöhlen beim **Razorback Point** die sehr seltenen schwarzen *Westland-Sturmvögel* beobachten.

Praktische Hinweise

Information

Paparoa National Park i-SITE Visitor Information Centre, Main Road, SH6, Punakaiki, Tel. 03/731 18 95., www.doc.govt.nz. Vermittelt u. a. erfahrene Führer für den Inland Pack Track.

Hotel

***Punakaiki Resort**, Main Road/SH 6, Punakaiki, Tel. 03/731 11 68, www.punakaiki-resort.co.nz. Gut in die Umgebung eingepasstes Haus am Strand mit einem fabelhaften Ausblick auf die wilde West Coast.

39 Greymouth

Goldclaims und der liebliche Lake Brunner.

Greymouth an der Mündung des *Grey River* ist mit 10 000 Einwohnern die größte Stadt an der West Coast. Die reichen Vorkommen von Gold, Kohle und Holz zogen in mehreren Siedlungswellen Pakeha an, doch sie blieben meist nicht lang. Es regnet viel, der Wind **Barber** aus dem Tal kann eiskalt sein und ehe die Deiche am *Mawhera Quay* errichtet wurden, setzten Tasman Sea und Grey River die Stadt immer wieder unter Wasser.

Als **Ausgangspunkt** für vielfältige Ausflüge in die Umgebung erfreut sich Greymouth jedoch bei Touristen recht großer Beliebtheit. Im Nordosten der Stadt zweigt bei Stillwater vom SH 7 die Zufahrt zu dem schönen, einsamen **Lake Brunner** ab. Im größten See der Westküste wachsen *Brown trouts*, braune Forellen, zu wahren Giganten heran. Lizenz und Leihboote erhält man in der *Lake Brunner Lodge* am Seeufer, wo man seinen Fang auch zubereiten lassen kann.

Ein rührender Versuch, die turbulenten 1860er-Jahre wiederzubeleben, ist 12,5 km südlich von Greymouth das nachgebaute Goldgräberstädtchen **Shantytown** (tgl. 8.30–17 Uhr, Tel. 03/762 66 34, www.shantytown.co.nz) mit uralter Kirche, Saloon, Bank, Gefängnis und Dampflok (Dampfzugfahrten ab/bis Shantytown tgl. 9.45–16 Uhr). Hier kann man sein **Goldgräberglück** auf die Probe stellen, und wer tatsächlich Edelmetall aus dem Grus wäscht, darf es behalten.

Praktische Hinweise

Information

Greymouth i-SITE West Coast Travel Centre, The Railway Station, 164 Mackay Street, Greymouth, Tel. 03/768 70 80, www.greydistrict.co.nz

Hotels

****Lake Brunner Lodge**, Inchbonnie Road, Mitchells R.D.1, Kumara, Tel. 03/738 01 63, www.lakebrunner.co.nz. Familiäre historische Lodge (1868) direkt am See mit viel Charme und Komfort.

Goldwaschen in Shantytown – die etwas andere Art, seinen Urlaub zu finanzieren

Greymouth

***The Ashley Hotel**, 74 Tasman Street, Greymouth, Tel. 03/768 51 35, www.hotel ashley.co.nz. Kleines gepflegtes Hotel mit Hallenbad und Bramley's Brasserie im Süden der Stadt.

Restaurant
Café Collage, 115 Mackay Street, Greymouth, Tel. 03/768 54 97. Das Lokal im Art-Deco-Stil serviert im 1. Stock erfrischend naturbelassene Speisen.

40 Arthur's Pass National Park

Bahnfahren von seiner schönsten Seite.

Der südöstlich von Greymouth an der SH 73 gelegene Nationalpark ist nach *Sir Arthur Dobson* benannt, dem Landvermesser, der 1864 die Route zwischen West Coast und Christchurch quer durch die Berge der Southern Alps fand. Noch im März 1864 steckte man die Strecke ab, im Winter 1864/65 baute eine Tausendschaft von Maori und Chinesen eine **Kutschenstraße** zur Passhöhe und ab 1866 war die transalpine Verbindung für Passagiere offen. Der heutige **Highway 73** folgt dieser Route, von *Kumara Junction* über enge Serpentinen durch die *Otira Gorge* zum 924 m hoch gelegenen Dorf Arthur's Pass und weiter nach Christchurch.

Schwieriger als der Straßenbau entpuppte sich die Verlegung der **Eisenbahntrasse** über den Pass. 19 Tunnel mussten gegraben, waghalsige Viadukte und Brücken angelegt werden, ehe der erste Zug 1923 die Strecke bewältigte. Straße und Bahnlinie führen durch eine prachtvolle *Gebirgslandschaft*. Die 231 km lange Fahrt mit dem **Tranz Alpine Express** von Greymouth nach Christchurch oder zurück zählt zu den schönsten und bei Insidern beliebtesten Eisenbahnrouten der Welt.

Aus dem einstigen Arbeitercamp zwischen steilen Waldhängen in 921 m Höhe auf dem Pass entstand die kleine Feriensiedlung **Arthur's Pass**. Sie ist Tor zum **Arthur's Pass National Park**, einer faszinierend vielfältigen Berglandschaft mit nahezu 30 Gipfeln über 1800 m. Das Pflanzenspektrum reicht von küstennahem Regenwald bis zu hochalpiner Flora, die ostwärts in buchenbestandenen Hügeln und Tussockebenen ausklingt.

Praktische Hinweise

Information
Arthur's Pass National Park Visitor Centre, SH73, Arthur's Pass, Tel. 03/318 92 11, www.doc.govt.nz

Hotel
**Arthur's Chalet, 131 West Coast Road, Arthur's Pass, Tel. 03/318 92 36, www.arthurspass.co.nz. Zentrumsnahe kleine Pension im europäisch-alpinen Stil.

41 Hokitika

Bekannt für originellen Schmuck aus Greenstone und Paua-Muscheln.

›Hoki‹ nennen West Coaster den kleinen Hafenort an der Mündung des Hokitika River. Sein Zentrum bilden mehrere restaurierte Gebäude aus den 1870er-Jahren um den säulengeschmückten, weiß-beigen Uhrturm **Clock Tower** an der zentralen Straßenkreuzung. Westlich davon erstreckt sich die **Heritage Area** mit ihren historischen Bauten.

Längst sind die **Golden Days** vorbei, als Mitte des 19. Jh. die *Digger* der umliegenden Goldminen ihr Geld in Hokitikas sprichwörtlichen 100 Kneipen ausgaben und täglich neue Glücksritter an der heute schön restaurierten Wharf am *Gibson Quai* an Land gingen. Erinnerungsstücke und Dokumente aus dieser turbulenten Zeit, Maorikunst und Jadeschmuck zeigt das **Historical Museum**

Ob Schmuck oder Kunst, Hokitika ist die Hochburg der Greenstone-Schnitzereien

Andenken an die Krönung des englischen Königs Edward VII.: der Uhrturm von Hokitika

(Dez.–März tgl. 9.30–17, April–Nov. Mo–Fr 9.30–17, Sa/So 10–16 Uhr, Tel. 03/755 68 98) in der Touristeninformation Ecke Tancred und Hamilton Street. Der touristische Aufschwung gelang im 20. Jh. durch die Verarbeitung der in allen Regenbogenfarben schillernden **Paua-Muscheln** sowie durch das Schleifen von **Greenstone** (Nephrit-Jade). Auch heute noch gibt es im nahen Arahura River reiche Vorkommen von *Pounamu*, wie Maori den ihnen heiligen Greenstone nennen. In der Stadt bieten Juweliere und Souvenirshops eine Fülle von **Jadeschmuck**, aber auch Gold- und kunstgewerbliche Holzarbeiten an.

Ausflüge

30 km südlich von Hokotika liegt die Kleinstadt **Ross**. 1907 fand hier ein ›Hans im Glück‹ am Nordufer des *Jones Creek* einen über 6 Pfund schweren Klumpen reinen Goldes. Unter dem Namen *Honourable Roddy* brachte man den größten je in Neuseeland gefundenen Nugget als Krönungsgabe für George V. nach London, wo er zu königlichem Besteck verarbeitet wurde.

Nach Meinung vieler Einwohner von Ross liegt ihr Städtchen über einer noch ergiebigen **Goldader**. Vorsorglich wurden neue Claims abgesteckt, man hat altes Werkzeug bereit gemacht, und eine Mine arbeitet wieder. Besucher können in dem kleinen *Ross Goldfields Information and Heritage Centre* (4, Aylmner Street, Tel. 03/755 40 77) Werkzeug ausleihen und sich selbst auf die Suche begeben.

Praktische Hinweise

Information
i-SITE, 36 Weld Street, Hokitika, Tel. 03/755 61 66, www.hokitika.org

Hotel
***Beachfront Hotel**, 111 Revell Street, Hokitika, Tel. 03/755 83 44, www.beachfronthotel.co.nz. Komforthotel in wunderbarer Strandlage.

Restaurant
Tasman View Restaurant, 111 Revell Street (im Southland Hotel), Hokitika, Tel. 03/755 83 44. Abendrestaurant mit berühmter Aussicht.

42 Okarito

Im Frühjahr nisten seltene Silberreiher in den Bäumen der Okarito Lagoon.

Südwestlich von Whataroa zweigt die 10 km lange, beschilderte *Forks Okarito Road* vom SH 6 nach Okarito ab. In dem winzigen, den Stürmen der Tasman Sea ausgesetzten **Küstendorf** lebt die preisgekrönte neuseeländische Schriftstellerin **Keri Hulme** (*1947).

42 Okarito

Kotuku nennen Maori die schneeweißen Silberreiher von Okarito, die ihnen heilig sind

von schwarzen Schwänen, Kormorane und Königslöffler. In der benachbarten **Waitangi Roto Nature Reserve** hat sich eine Silberreiherkolonie angesiedelt, die zwischen November und Februar nistet. Diese den Maori heiligen, majestätischen *White Herons* bieten besonders in der Luft einen prachtvollen Anblick.

ℹ Praktische Hinweise

Touranbieter

Okarito Nature Tours, 1 The Strand, Okarito, Tel. 03/753 40 14, www.okarito.co.nz. Kajaktouren in der Lagune und Touren im Westland Nationalpark.

White Heron Sanctuary Tours, Whataroa, Tel. 03/753 41 20, www.whiteherontours.co.nz. Reiher-Fütterung am Okarito River.

Lohnend ist die *Wanderung* zum nahen, 170 m hohen Hügel **Okarito Trig**, wo sich an regenlosen Tagen eine grandiose Aussicht auf die schimmernden Eisgipfel der Southern Alps, auf Mount Tasman und Mount Cook, das blaue Meer und die dunkelgrün eingefasste **Okarito Lagoon** an der Küste bietet. Die 32 km² große Lagune ist das ausgedehnteste naturbelassene Feuchtgebiet Neuseelands. Begleitete *Kajaktouren* führen von Okarito bei Flut durch das Flachwasser, an dessen Rändern prachtvolle Kahikatea- und Rimu-Bäume das undurchdringliche Dickicht des *Okarito Forest* und den Lebensraum für eine Unzahl von **Vögeln** bilden. Man sieht Schwärme

43 Westland Tai Poutini National Park

> **TOP TIPP** *Gletscher, die im Regenwald enden.*

Der rund 132 000 ha große Westland Tai Poutini National Park besitzt UNESCO *World Heritage*-Status. Kontrastreicher kann ein Nationalpark nicht sein: im Westen **Flachland** an der urtümlichen Küste der Tasman Sea zwischen *Okarito* und *Gillespies Beach*, im Osten die abrupt ansteigenden, eisstarrenden Berge der **Main Divide**. Von den Höhen bewegen sich wahre Ströme von Eis 1–5 m pro Tag

Spaßmacher und Possenreißer

Die Bergpapageien der Southern Alps, die **Keas**, scheinen sich ihrer Einmaligkeit bewusst zu sein. Die grünen Vögel mit der gelbroten Flügelunterseite sind kindlich verspielt, auf lustige Art frech, penetrant neugierig und erbarmungslos zerstörerisch. Längst nutzen die Spaßmacher der Vogelwelt die Chance, durch allerlei Kapriolen das Gelächter der Touristen und auch die begehrte Nahrung zu erlangen. Füttern regt jedoch nicht ihre Dankbarkeit sondern nur ihren **zerstörerischen Spieltrieb** an. Gummidichtungen an Autofenstern, Scheibenwischer, Antennen, Taschen, Schuhe, Zelte, alles, was weich genug für ihren scharfen Schnabel ist, erweckt ihr Interesse. Wer Keas nicht füttert, trägt zum einen zu ihrer natürlichen Arterhaltung bei, zum anderen nimmt er ihnen durch den Zwang zur Nahrungssuche auch die Zeit für ihre destruktiven Spielchen.

43 Westland Tai Poutini National Park

Höhepunkt eines Helikopterrundfluges: die Landung auf dem Franz-Josef-Gletscher

talwärts in den Regenwald, daneben gibt es froststarre Seen, grandiose Schluchten und tosend schäumende Wasserfälle. Kein Wunder, denn bis zu 10 000 mm Schnee und Regen gehen pro Jahr auf den Gipfeln nieder.

Den nördlichen Parkeingang markiert *Franz Josef Village* am SH 6, der in diesem Abschnitt *Glacier Highway* getauft wurde. An klaren Tagen starten in dem turbulenten Touristendorf Helikopter zu **Gletscherrundflügen**, sogar bis zu den Eisfeldern des 3724 m hohen *Mount Cook* (www.mtcooknz.com), der einen eigenen, von Osten her erschlossenen Nationalpark bildet [Nr. 55]. Die beiden Schutzgebiete um die Gletscherberge gehören zu **Te Wahipounamu**, seit 1990 Weltnaturerbe der UNESCO.

> **TOP TIPP**

Entlang der Nordwestflanke des Mount Cook erstreckt sich der 11 km lange **Franz Josef Glacier**, der 1865 von dem deutschen Geologen *Julius Haast* (1822–1887) nach dem österreichischen Kaiser benannt wurde. Von 2400 m herab fließt der 800 m breite Gletscher über steiles Gelände und stoppt etwa in 250 m Höhe mitten im Regenwald. Spektakuläre Spalten bieten hier grandiose Anblicke.

Die 6 km lange **Glacier Access Road** verläuft von Franz Josef Village durch das Tal des Waiho River zum *Glacier Carpark*. Von Straße und Parkplatz zweigen mehrere gut ausgeschilderte Wanderwege ab. Leicht zu bewältigen ist beispielsweise der **Glacier Valley Walk**, über den man in rund einer Stunde das untere Ende der Gletscherzunge erreicht. Als gewiss attraktivste Wanderung präsentiert sich der mehrstündige **Roberts Point Track**. Er beginnt etwa auf der Hälfte der Glacier Access Road und windet sich durch bizarres Felsgewirr zum aussichtsreichen *Roberts Point* hoch über dem Gletscher.

Fox Glacier Village, 25 km weiter im Süden ebenfalls am SH 6 gelegen, ähnelt Franz Josef Glacier Village. **Fox Glacier** selbst ist flacher, aber auch 2 km länger als sein eisiger Bruder. Er wird durch die beiden Zugangsstraßen *Road to Glacier* und *Glacier View Road* rechts und links des Fox River erschlossen. Riesige Felsbrocken und moosbehangene Bäume begleiten den **Chalet Lookout Walk** vom Ende der südlichen Gletscherstraße zum Aussichtspunkt. Steil und anspruchsvoll führt der **Mount Fox Track** 4 Std. lang durch Buschland und über Alpenwiesen auf den 1340 m hohen **Mount Fox**, der die Mühen mit einer fabelhaften Gletschersicht belohnt.

Früh aufstehen sollte man für den 6 km langen Spaziergang von Fox Village zum **Lake Matheson**. Im glasklaren, waldgerahmten See spiegeln sich im ersten Tageslicht Mount Tasman und Mount Cook besonders fotogen.

ℹ Praktische Hinweise

Information
Westland Tai Poutini National Park Visitor Centre, 13 SH6, Franz Josef Glacier, Tel. 03/752 07 96, www.doc.govt.nz

Glacier Country Tourism Group, 34 Cron Street, Franz Josef Glacier, Tel. 03/7520008, www.glaciercountry.co.nz

43 Westland Tai Poutini National Park

Zu Recht ist Lake Matheson bei Fox Glacier Village auch als ›Spiegelsee‹ bekannt

Helikopter
Glacier Helicopters (Fox & Franz Josef Heli-Services), Main Road, Fox Glacier Township, Tel. 03/751 08 03; Main Road, Franz Josef Glacier Village, Tel. 03/752 07 55, www.glacierhelicopters.co.nz

Hotels
****Franz Josef Glacier Hotel, Müller Wing, Main Road, Franz Josef Village, Tel. 03/752 07 29, www.scenichotelgroup.co.nz. Offene Kamine, Jagdtrophäen an den Wänden.

***Glacier Country Hotel, 39 Main Road, Fox Glacier, Tel. 03/751 08 47, www.heartlandhotels.co.nz. Gutes, betriebsames Touristenhotel.

**Lake Matheson Motel, Ecke Cook Flat Road/Pekanga Drive, Fox Glacier, Tel. 03/751 08 30, www.lakematheson.co.nz. Die modern eingerichteten Studios sind ein guter Ausgangspunkt für den morgendlichen Fototermin am See.

44 Haast

Fischerfreuden im Frühling, wenn die Whitebaits flussaufwärts ziehen.

The Haast ist ein Zusammenschluss winziger Weiler und Siedlungen in South Westland, wo an der Küste felsige Buchten an dichten, immergrünen Regenwald stoßen. Die Gegend ist für ihren **Tierreichtum** bekannt, im Sumpfland nahe den Dünen von *Ship Creek* etwa nisten in hohlen Kahikatea-Bäumen *South Islands Kakas*, große und scheue Waldpapageien. Die fischreichen Flüsse wie Okuru oder Arawata River gelten dank Lachsen, Forellen und Whitebaits (Sprotten) das ganze Jahr über als Anglerparadiese.

Der Ort Haast umfasst nur wenige Häuser, doch ist sein supermodernes **South Westland World Heritage Visitor Centre** am SH 6 besuchenswert. Schautafeln und Filme informieren über Ursprung und Werden des 2,6 Mio. ha großen Naturschutzgebietes **South Westland**, das *Westland, Mount Cook, Mount Aspiring* und *Fiordland National Park* zusammenfasst.

Seit 1965 verbindet der SH 6 die West Coast mit dem Landesinneren. Die aussichtsreiche Straße folgt dem Haast River zum 563 m hohen **Haast Pass** an der küstennahen Grenze zur Otago-Region.

Praktische Hinweise

Information
Haast Visitor Centre, Kreuzung SH 6/Jackson Bay Road, Haast, Tel. 03/750 08 09, www.doc.govt.nz

Makarora Tourist Centre, Haast Highway, Tel. 03/443 83 72, www.makarora.co.nz

Hotel
***Haast World Heritage Hotel, SH 6, Haast, Tel. 03/750 08 28, www.heartlandhotels.co.nz. Holzbau im modernen Landhausstil. Vielseitiges Ausflugsangebot. Lachs- und Wildspezialitäten.

Southland – gewaltige Seen und einsame Fjorde

Bei Sonnenschein ist Neuseelands Südwesten einzigartig schön. Im Landesinneren ragen hohe Gipfel auf, an der Küste schneiden tiefe Fjorde ein. Steil fallen die bis zu 2000 m hohen *Eyre Mountains* in Western Otago zu den in großartiger Kulisse gelegenen, fischreichen Bergseen **Lake Wanaka** und **Lake Wakatipu** ab. An ihren Ufern sind Städte wie **Wanaka** und **Queenstown** Ausgangspunkte für Exkursionen in die spektakuläre Gebirgswelt des **Mount Aspiring National Park** in Central Otango.

Der überschaubare Ort *Te Anau* schließlich ist das Tor zu den menschenleeren Weiten des **Fiordland National Park** an der Südwestküste mit seinen langen, tiefen Meeresarmen und Hunderten von Buchten. Den stillen Schlusspunkt im Southland setzt **Stewart Island**, sozusagen die kleine Schwester der neuseeländischen Doppelinsel jenseits der *Foveaux Strait*.

45 Wanaka

45 km langer See mit unverbauten Ufern.

Nach einem Bogen entlang des benachbarten *Lake Hawea* erreicht der SH 6 vom 80 km entfernten Haast Pass kommend Wanaka an der Südspitze des 193 km² großen **Lake Wanaka**. Völlig einsam und unbebaut ist dessen lang gestrecktes, von steilen Berghängen gesäumtes Ostufer. *Wassersportler* und *Angler* haben ihre Freude an dem stillen Gewässer. Aber auch *Skifahrer* kommen in der Region auf ihre Kosten, denn im Winter finden sie am **Treble Cone** (2088 m) im Westen und in der **Cardrona Ski Area** um den 1934 m hohen Mount Cardrona im Süden ideale Bedingungen. Sog. *HeliSkier* lassen sich von Helikoptern zum Tiefschneefahren in den Harris Mountains absetzen.

Vor allem im Mai bietet Wanaka einen malerischen Anblick, wenn die zahlreichen Laubbäume satte Herbstfarben annehmen und angenehm zu den weißen kubischen Häusern und dem dunkelblauen Wasser des Sees kontrastieren. An der östlichen *Waterfront* liegt **Puzzling World** (tgl. 8.30–17.00 Uhr, www.puzzlingworld.co.nz) mit Vexier- und Denkspielen sowie dem Irrgarten *Great Maze*, in dem man für Stunden die Orientierung verlieren kann. Wer gar nicht mehr weiter weiß, findet durch vier Notausgänge ins Freie.

Wanaka bildet den Zugang zum 1964 eröffneten, 355 520 ha großen **Mount Aspiring National Park** am Ufer der Tasman Sea zwischen Haast Pass und Humboldt Mountains. Eine 59 km lange, schotterbedeckte Zufahrtstraße führt von dem kleinen Ort Glendhu Bay westlich von Wanaka durch das wunderschöne Tal des *Matukituki River*. Die Route bringt Bergsteiger näher an den 1909 erstmals bezwungenen, 3027 m hohen *Mount Aspiring* heran. Der Gipfel des oft als **neuseeländisches Matterhorn** apostrophierten Berges bleibt allerdings den besten Bergsteigern vorbehalten.

Irgendetwas stimmt hier nicht – schon die Gebäude von Puzzling World wirken schräg

Sondermodelle von Mutter Natur

Dank der abgeschiedenen Lage entwickelte sich auf Neuseeland eine in weiten Teilen einzigartige Fauna. Die bis zu 50 cm lange Brückenechse **Tuatara** beispielsweise erinnert mit ihrem gepanzerten Körper und dem Stachelkamm auf dem Rücken an Dinosaurier, ihre längst ausgestorbenen großen Verwandten.

Besonders deutlich wird Neuseelands Ausnahmestellung im Tierreich bei den oft kurios wirkenden einheimischen Vögeln. Leider sind der weißbäuchige **Taiko**, der bereits ausgestorben geglaubt grünblaue **Takahe** oder **Kakapo**, der Eulenpapagei, mittlerweile selten geworden. Selbst den charakteristischen Ruf des **Kiwi**, Neuseelands Wappentier, hört man in freier Wildbahn immer seltener. Einen ungewöhnlichen Anblick bietet der bis auf seine weißen Kehlfedern gänzlich schwarze **Tui**, der Priestervogel, dessen trillernder, glockenähnlicher Gesang oft mit dem des **Makomako** verwechselt wird, ebenfalls ein einheimischer Nektarvogel.

Stolz ist man in Neuseeland auch auf die Vielzahl der hier nistenden Pinguinarten. Den **Gelbaugenpinguin** etwa findet man nur im Süden von South Island, vor dessen Küste neben weiteren Wal- und Delfinarten auch den kleinen **Hector Dolphin**. Er steht wie **Fur Seal** (Seebär) und andere Meeres- bzw. Küstenbewohner unter Schutz.

Für den pfleglichen Umgang mit der Natur sorgt ein dichtes Netz von Büros des **Department of Conservation** (DOC). Die dortigen Mitarbeiter geben fachkundig Auskunft über Möglichkeiten zur Tierbeobachtung und über eventuelle Auflagen.

Praktische Hinweise

Information

i-SITE, 100 Ardmore Street/SH 6, Wanaka, Tel. 03/443 12 33, www.lakewanaka.co.nz

Mount Aspiring National Park Visitor Centre, 36–38 Shotover Street, Queenstown, Tel. 03/443 76 60, www.doc.govt.nz

Hotel

****Edgewater Resort**, Sargood Drive, Wanaka, Tel. 03/443 00 11, www.edgewater.co.nz. Nicht weniger als 100 Zimmer und Apartments in mehreren geschmackvollen Cottages am Ufer des Lake Wanaka.

Restaurant

Relishes, Ardmore St, Wanaka, 03/443 90 18, www.relishescafe.co.nz. Kreative und schlichte neuseeländische Küche.

46 Queenstown

Freizeit extrem, Abenteuer, Nervenkitzel – hier wird das leise Land ziemlich laut.

Stolze 75 km lang ist der vielfach gewundene, von hohen Bergketten gerahmte **Lake Wakatipu**. Etwa in seiner Mitte schmiegt sich Queenstown an eine weite Bucht des Ostufers. Die Ortsgründung geht auf die Farmer William Gilbert Rees und Nicholas von Tunzelman zurück, die 1860 die ersten großen Herden von feinwolligen **Merinoschafen** an den prachtvoll gelegenen See brachten. 1862 wurde im nahen *Shotover River* Gold gefunden. Für ein paar Jahre galt das Wildwasser in der imposanten Talschlucht als ergiebigster **Goldfluss** der Welt. Tausende Menschen aus aller Herren Länder strömten nach Central Otago, in die Städtchen Arrowtown, Cardrona, Macetown und Skippers Canyon. Auch die Idylle der vormaligen Schaffarm *The Camp* verwandelte sich zur turbulenten Versorgungsstation für die Goldfelder nebenan. Nach dem Abflauen des Booms blieb der Ort still, ehe er in den letzten Dezennien sein **touristisches Potenzial** voll entwickelte.

Im Süden durch die parkähnlich bepflanzte Landzunge der **Queenstown Gardens** ❶ vor Wind und Wasser geschützt, umfasst das Zentrum nur wenige Straßenzüge, doch hier pulsiert das Leben rund um die Uhr. Selbst verliehene Titel wie *Abenteuerspielplatz der Nation*

Gemächlich zieht der Dampfer TSS Earnslaw auf dem Lake Wakatipu seine Bahnen

oder *Bungee-Metropole der Welt* verpflichten, und so werden in dem knapp 11 000 Einwohner zählenden Städtchen extravagante **Outdoor-Aktivitäten** angeboten. Dabei ist die Palette breit gefächert. Sie reicht von beschaulichen *Seekreuzfahrten* mit der rund 100-jährigen *TSS Earnslaw* bis zum atemberaubenden *White Water Sledging* auf dem aus den Bergen herabstürzenden Karawau River, von *Sightseeing Touren* mit einem alten Londoner Doppeldeckerbus bis zum prickelnden *Rafting* durch die kantige Felsschlucht des Shotover River, von sanften *Angeltouren* bis zu *Bungeespringen* in Schluchten. Insgesamt werden mehr als 120 mögliche Aktivitäten beworben.

Auch der 292 km² große Lake Wakatipu **pulsiert** – und das macht ihn einzigartig. In Abständen von wenigen Minuten hebt und senkt sich sein Wasserspiegel um bis zu zwei Handbreit. Viele Geschichten der Maori ranken sich um den Riesen Tipua und ›sein schnell schlagendes Wasserherz‹. Die Wissenschaft erklärt das überhastete Spiel von Ebbe und Flut im Binnenland nüchtern mit erheblichen Luftdruckschwankungen.

Im Stadtzentrum laden die auf das Seeufer zulaufende Fußgängerzone **The Mall** ❷ und in ihrer Verlängerung entlang der Queenstown Bay die **Beach Street** ❸ mit Läden, Tavernen und Straßencafés zum Bummeln ein. Nördlich leitet die *Brecon Street* an der kleinen, volierenbestückten Grünanlage **Kiwi & Birdlife Park** ❹ (Juni–März tgl. 9–18, sonst tgl. 9–17 Uhr, www.kiwibird.co.nz) vorüber zur Talstation der **Skyline Gondola** ❺ (tgl. 9–21.30 Uhr, www.skyline.co.nz). Die Kabinenseilbahn fährt auf einer der steilsten Strecken der Welt zum 762 m hohen **Bob's Peak** ❻. Grandios ist oben die Aussicht auf Stadt, Lake Wakatipu und die Gipfel der gegenüberliegenden Bergkette *The Remarkables* mit dem 2343 m hohen *Double Cone*.

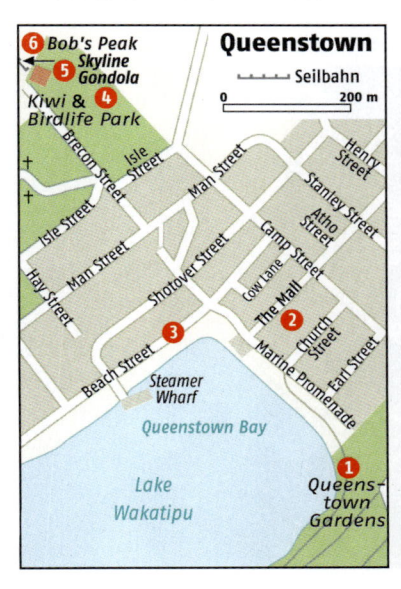

Queenstown

Doppelte Freude – Tandem-Paraglider landen auf einem Feld nahe Queenstown

Ausflüge

Ein ebenso schöner Aussichtspunkt ist der mit dem Sessellift erreichbare **Coronet Peak** (1646 m), zwischen Juli und September ein hervorragendes Skigebiet. Die Zufahrt zweigt kurz vor der restaurierten Goldgräbersiedlung **Arrowtown**, rund 15 km östlich von Queenstown, ab.

Schmal ist die Fahrstraße am Nordufer des Lake Wakatipu von Queenstown zum

Freien Fall üben unerschrockene Springer von der Kawarau Bridge bei Queenstown

47 km entfernten **Glenorchy**, dem Ausgangspunkt für Jetboat-Fahrten auf dem Dart River. Über eine Zufahrt zum Muddy Creek erreicht man den Startplatz für den **Rees Dart Track**. Die Gebirgswanderung führt in 4–6 Tagen rund um den 2816 m hohen Mount Earnslaw.

Zu den *Great Walks*, die weit im Voraus gebucht werden müssen – in diesem Fall beim DOC Queenstown – zählt der **Routeburn Track**. Der 39 km lange Wanderweg führt von *Routeburn Shelter* bei Glenorchy über den 1277 m hohen *Harris Saddle* und verbindet so Mount Aspiring und Fiordland National Park. Die grandiose Route über Hängebrücken und durch moosbewachsene Wälder, vorbei an subalpinen Blumenwiesen, Bergseen, Wasserfällen und tiefrot blühenden Rata-Bäumen endet an der *Divide*, dem Pass an der Milford Road.

In 1–2 Tagen lässt sich der **Greenstone Caples Track** bewältigen, ein schöner Rundweg, der von *Greenstone Wharf* am südlichen Wakatipu-Seeufer aus durch Farm- und Waldland dem Greenstone und Caples River folgt.

Praktische Hinweise

Information

i-SITE, Ecke Shotover/Camp Street, Clocktower Centre, Queenstown, Tel. 03/442 41 00, www.queenstown-nz.co.nz

Flughafen

International & Domestic Airport, Sir Henry Wigley Dr, Frankton, Tel. 03/450 90 31, www.queenstownairport.co.nz. Täglich Flüge zu allen größeren Städten Neuseelands und Australiens.

Sport

Dart River Safaris, 27 Shotover Street (i-Site, Queenstown, Tel. 03/442 99 92, www.dartriversafaris.co.nz. *Dart River-Jetboating* und *Funyaking* mit Gummi-Kajaks.

AJ Hackett Bungy, Kawaru River, Queenstown, Tel. 03/450 13 00, www.bungy.co.nz. *Bungeespringen* aus 43 m Höhe über dem Fluss.

Moonlight Stables, Rapid 69, Morven Ferry Rd, Queenstown, Tel. 03/442 12 29, www.moonlightcountry.co.nz. Geführte *Reittouren* durch Deer Farm und Berge.

Shotover Jet, Gorge Road, Arthur's Point, Queenstown, Tel. 03/442 85 70, www.shotoverjet.com. *Jetboat* fahren in den unteren Shotover Canyons.

Hotels
***Novotel Lakeside**, Ecke Earl Street/Marine Parade, Queenstown, Tel. 03/442 77 50, www.novotel.com. 200-Betten-Hotel mit großzügigen, modern eingerichteten Zimmern und Rosengarten am Seeufer.

****Crowne Plaza**, 93 Beach Street, Queenstown, Tel. 03/441 00 95, www.ihg.com. Die Gästezimmer bieten prächtige Ausblicke auf den See.

***The Stone House**, 47 Hallenstein Street, Queenstown, Tel. 03/442 98 12, www.historicstonehouse.co.nz. Gemütlich ausgestattetes, gediegenes Haus aus dem Jahr 1874.

Restaurants
Lone Star, 14 Breccon Street, Queenstown, 03/442 99 95, www.lonestar.co.nz. Gute neuseeländische Kette in gemütlichem Ambiente.

Gibbston Valley, Road 1, Gibbston (20 Min. von Queenstown in der Kawarau Gorge), Tel. 03/442 69 10, www.gibbstonvalley.com. Im südlichsten Weingut der Welt speist man nach einer Wine Tour durch die Kellergewölbe in einem reizenden Blumengarten.

HMS Britannia, The Mall, Queenstown, Tel. 03/442 96 00. Fischgerichte im Ambiente eines historischen Segelschiffs in der quirligen Fußgängerzone.

Vom Steg in Te Anau Downs legen die großen Ausflugsschiffe ins Fiordland ab

47 Fiordland National Park

TOP TIPP *Unberührte Wasserwelt, umgeben von urtümlichem Regenwald und Bergriesen.*

Das Städtchen Te Anau erreicht man über den vom SH6 westwärts abzweigenden Highway 94. Es liegt am Südende des 60 km langen **Lake Te Anau**, der mit drei Seitenarmen weit in das Waldland nach Westen ausgreift. Nur der See trennt den viel besuchten *Touristenort* vom Fiordland National Park, der wohl gewaltigsten Landschaft Neuseelands.

Eiszeitliche **Gletscher** prägten vor etwa 2 Mio. Jahren die menschenleere Region im Südwesten der Südinsel. Sie kerbten tiefe Täler in die gewaltigen Bergstöcke aus Gneis und Granit, und als die Eismassen schmolzen, drang die Tasman Sea weit in das Land ein. 14 große **Fjorde**, darunter so berühmte wie *Milford*, *Doubtful* und *Dusky Sound*, sowie zahllose kleinere Meeresarme und Buchten formen ein riesiges zerklüftetes, wasserdurchsetztes Bergland, das von den bis zu 2700 m hohen **Darran Mountains** im Norden begrenzt wird. Landeinwärts fassen eiszeitliche **Seen** wie Lake Te Anau, Lake Manapouri und Lake Monowai den Park im Osten ein.

Fiordland zählt seit 1990 zum *Weltnaturerbe der Menschheit* und ist mit rund 1,2 Mio. ha der größte Nationalpark Neuseelands. Dieser präsentiert sich als eine weithin unzugängliche Wildnis aus schneebedeckten Bergen, glasklaren Bergseen und jahrhundertealten Regenwäldern, die hauptsächlich aus von Moosen überzogenen Südbuchen bestehen, ihr Grün optisch nur durchbrochen von den roten Blüten der Southern Rata und vom tiefblauen Wasser der Fjorde.

47 Fiordland National Park

Nur mit guter Ausrüstung: Bei Regen ist das Begehen des Milford Track kein Zuckerschlecken

Te Anau, nach eigenem Bekunden *Walking Capital of the World*, ist Ausgangspunkt der berühmtesten Tracks durch den Nationalpark. Außerdem beginnt hier die **Milford Road** [s. S. 107], die einzige für Privatfahrzeuge zugelassene Straße durch den Park.

Zwischen November und April dürfen täglich nicht mehr als 40 Einzelwanderer von Te Anau Downs am Nordende des Sees zum weltberühmten **Milford Track** aufbrechen. Monate im Voraus muss man sich für das Unternehmen beim Fiordland National Park Visitor Centre anmelden. Beste – d. h. regenärmste – Zeit für die mindestens fünf Tage dauernde Wanderung ist Dezember bis Februar.

Die gut markierte, 54 km lange Route führt durch das Hochtal des westlichen Clinton River zum 1073 m hohen *Mackinnon Pass*, zur *Quinton Hut*, wo man einen Abstecher zu den 580 m tief stürzenden *Sutherland Falls* machen kann, und zum *Milford Sound*. Unterwegs erwarten die Wanderer Wildnis, Regenwald mit Moosen und Bartflechten an den Baumstämmen, alpine Flora, hoch aufragende Berge sowie beeindruckende Wasserfälle, allerdings auch Sandflies und viel Regen.

Am Südende des Lake Te Anau beginnt der **Kepler Track**, eine zu den *Great Walks* zählende Rundwanderung zwischen Jackson Peaks und Kepler Mountains. Neben herrlichen Ausblicken gibt es auf dieser Strecke u. a. märchenhafte Baumfarne zu sehen.

Bis zur wilden Küste der Tasman Sea dringt der von der Milford Road ausgehende, 80 km lange **Hollyford Track** vor. Von den steilen Felswänden der Darran Mountains führt er durch Buschland im Tal des Hollyford River zum Lake McKerrow und an der Nordküste des romantischen Sees entlang zu den Sanddünen von Martin's Bay.

ℹ Praktische Hinweise

Information
Fiordland National Park Visitor Centre, Lakefront Drive, Te Anau, Tel. 03/249 79 24, www.doc.govt.nz. Anmeldung für Nationalpark-Wanderungen.

Hotels
******Fiordland Lodge**, 472 Milford Highway, Te Anau, Tel. 03/249 78 32, www.fiordlandlodge.co.nz. Viel einheimisches Holz und Glas zeichnen die gelungene Lodge aus.

*****Kingsgate Hotel**, 20 Lakefront Drive, Te Anau, Tel. 03/249 74 21, www.millenniumhotels.co.nz. Angenehmes Haus am Seeufer. Bester *Crayfish* im Restaurant Bluestone.

Restaurant
La Toscana, 108 Milford Road, Te Anau, Tel. 03/249 77 56, www.latoscana.co.nz. Spaghetteria mit feinen Nudelgerichten, die wie in der Toskana schmecken.

Milford Sound

Der Mitre Peak überragt den zauberhaften Fjord – ein überwältigendes Fotomotiv.

Bei schönem Wetter ist die Szenerie nicht zu überbieten: üppige Blumenwiesen, die das tiefblaue Fjordwasser im Osten säumen, palmenähnliche Cabbage-Trees mit dicken Blätterbüscheln, die steil ansteigenden Höhenzüge der *Pembroke Wilderness Area* darüber und die formschöne Pyramide des **Mitre Peak**, 1692 m hoch aus den Fluten aufragend, prachtvoll wie auf Neuseelands Werbeplakaten.

Ein Robbenjäger taufte 1823 den 16 km langen, in der Eiszeit 265 m tief eingegrabenen Fjord nach seinem Geburtsort *Milford Haven* in Wales. Hier regnet es durchschnittlich 200 Tage im Jahr, das gesamte Fiordland zählt zu den feuchtesten Gebieten der Erde. Greenstone sammelnde Maori, Walfänger, Robbenjäger, Hummerfischer und Abenteurer waren die einzigen, die diesen weltfernen Landstrich kurz bewohnt oder durchzogen haben. Als Fiordland-Pionier gilt der Schotte **Donald Sutherland**. Nach einem beschwerlichen Soldatenleben baute er sich 1878 eine *Einsiedlerhütte* am Milford Sound. Als sein Landsmann Quintin Mackinnon Jahre später einen Landweg zum Sound ausfindig machte, eröffnete Sutherland eine spartanische Herberge für frühe Touristen, Mackinnon wurde der erste Führer auf dem Milford Track.

Seit 1954 ist der berühmte Sound auch über die 119 km lange, asphaltierte **Milford Road** (www.milfordroad.co.nz) ab Te Anau erreichbar. Bei Te Anau Downs biegt sie in das ansteigende, berggesäumte Tal des Eglington River ein, passiert kleine klare Seen, den Divide Pass, schöne Wiesen mit alpiner Flora, den steil abfallenden Homer Tunnel und üppigen Regenwald, bevor sie schließlich die Ostspitze von Milford Sound mit der kleinen gleichnamigen Hotelsiedlung erreicht.

Seit den Tagen Donald Sutherlands hat Milford Sound seine touristischen Chancen entwickelt: Heute belagern Busse die Parkplätze, Helikopter und Kleinflugzeuge kreisen, im Wasser kreuzen Schnellboote. Die atemberaubende Landschaft hat dadurch zwar nicht ihre Schönheit, jedoch ihre Ruhe eingebüßt.

Ein lohnender Abstecher führt zu den nahen **Bowen Falls**, die 160 m über bemooste Felsen hinabstürzen. Eine ganze Flotte von Ausflugsbooten steuert an den Wasserfällen vorbei die Tasman Sea an. Dort ist bei **Harrison Cove** der Besuch eines *Unterwasserobservatoriums* möglich, das durch die Schichtung von Süß- und Salzwasser schon in wenigen Metern Tiefe eine unglaubliche Artenvielfalt der Wasserfauna zeigt.

Der Milford Sound bietet eines der eindrücklichsten Panoramen Neuseelands

48 Milford Sound

ℹ Praktische Hinweise

Information
Fiordland National Park Visitor Centre, Lakefront Drive, Te Anau, Tel. 03/249 79 24, www.doc.govt.nz

Schiff
Fiordland Tours, 208 Milford Road, Te Anau, Tel. 03/249 93 68, www.fiordlandtours.co.nz. Busausflüge zum oder Kreuzfahrten auf dem Fjord mit Besuch des Unterwasserobservatoriums.

Unterkunft
***Milford Sound Lodge**, Milford Sound, Tel. 03/249 80 71, www.milfordlodge.com. Backpackerlounge, Café und komfortable Chalets in Prachtlage am Fjordende.

49 Manapouri

Makelloser See dank Unterwasserkraftwerk.

So winzig und bescheiden das Dörfchen Manapouri sich gibt, so prachtvoll ist seine Lage am 142 km² großen und bis zu 443 m tiefen, von den *Cathedral Mountains* gerahmten **Lake Manapouri** mit seinen 35 buschbewachsenen Inseln.

Dank energischer Proteste von Umweltschützern wurde in den 1970er-Jahren das **Manapouri Power Plant**, das Wasserkraftwerk im Westarm des Sees, nicht sichtbar am Ufer, sondern in einer Kaverne 213 m tief unter dem See errichtet. Besichtigungen der technisch grandiosen Anlage sind im Rahmen angemeldeter Touren möglich, wobei die Ausflugsbusse durch einen 2 km langen, spiralenförmigen Tunnel bis zur unterirdischen Turbinenhalle fahren.

Schöner Nebeneffekt des Kraftwerks: In nur neun Monaten wurde die pro Meter teuerste **Straße** Neuseelands vom Westarm des Lake Manapouri zu einem Versorgungskai am **Doubtful Sound** gebaut. Der Name des steil von Bergen eingefassten Fjords geht auf Captain Cook zurück, der 1770 das schmale Wasserband für einen unsicheren Hafen hielt, eben *doubtful*. Die Straße nutzen heute auch Touristen, wenngleich der Fjord nur im Rahmen organisierter Touren zu besichtigten ist: Per Schnellboot gelangen die Ausflügler von Manapouri zum Westarm des Sees, in Minibussen geht es über den 670 m hohen Wilmot Pass weiter zur Deep Cove am Doubtful Sound, wo sich eine Katamaranfahrt anschließt.

Die schönste Möglichkeit, das mehrarmige Wasseridyll des Doubtful Sound zu entdecken, ist eine geführte **Kajaktour**. Zwischen steilen Felswänden und unter Wasserfällen tummeln sich Delphine und Pelzrobben, im Frühsommer nisten Pinguine am Ufer, und im Seichtwasser wachsen schwarze Korallen. Alternativ kann man den nach Fahrplan verkehrenden *Katamaran* nutzen, der allerdings nur bis zum Fjordeingang an der Küste der Tasman Sea fährt.

Im Kajak kann man die Schönheiten des Doubtful Sound aus nächster Nähe erleben

Das gediegene Anderson House gab dem Park im Zentrum von Invercargill den Namen

ℹ Praktische Hinweise

Information
Fiordland National Park Visitor Centre, Lakefront Drive, Te Anau, Tel. 03/249 79 24, www.doc.govt.nz

Schiff
Go Orange, 21 Town Centre, Te Anau, Tel. 03/249 8585, Tel. 0800/246672, www.goorange.co.nz. Lake Manapouri-Touren mit Besuch des Unterwasserkraftwerks und Fahrt über den Doubtful Sound.
Fiordland Wilderness Experiences, Sandy Brown Road, Te Anau, Tel. 03/249 77 00, www.seakayakfiordland.co.nz. Kajakvermietung, auch Ein- und Mehr-Tages-Kajaktouren zu Milford Sound, Doubtful Sound und an den Lake Manapouri.

Unterkunft
***Murrell's Grand View House, 7 Murrell Ave., Manapouri, Tel. 03/249 66 42, www.murrells.co.nz. B & B in kleinem, komfortablem Landhaus von 1889 mit viktorianisch eingerichtetem Esszimmer.

50 Invercargill

In der südlichsten Stadt Neuseelands leben geradezu urzeitliche Echsen.

Invercargill liegt in der weiten Ebene beiderseits des *New River Estuary*, nahe seiner Mündung in die bewegten Wasser der Foveaux Strait. Der Ort geht auf einen Entwurf des Landvermessers John T. Thomson zurück, der 1856 mit bewundernswerter Fantasie das regelmäßig-geometrische Straßenraster für eine zu gründende Siedlung zeichnete. Schotten waren die ersten Siedler, nach schottischen Flüssen heißen heute noch Straßen im Zentrum, doch ansonsten hat Invercargill seine Anfänge als urwaldgerahmter Ankerplatz hinter sich gelassen. Nur ein winziges Stück *Native Bush* im **Anderson Park** und schöne Gärten begrünen heute die 50 000 Einwohner zählende Stadt. Einige Gebäude des späten 19. und frühen 20. Jh. blieben im Geviert zwischen Gala, Dee, Forth und Deveron Street erhalten.

Invercargill, die südlichste Stadt Neuseelands, ist ein **Fleisch-** und **Wollexportzentrum**, das oft provinziellen Charme ausstrahlt. Das Gegenteil signalisiert jedoch der futuristische Pyramidenbau des **Southland Museum & Art Gallery** (Mo-Fr 9–17, Sa/So 10–17 Uhr, www.southlandmuseum.com) am Rande des 80 ha großen Queens Park. Die Kunstgalerie unter der Glaskuppel zeigt zeitgenössische neuseeländische Kunst, das Museum informiert über die Geschichte des Südlandes sowie über Flora und Fauna von Neuseelands subantarktischen Inseln. Ein Gruß aus der Urzeit sind lebende Tuataras im angeschlossenen **Tuatara House**. Leider sind die *Brückenechsen* in freier Wildbahn fast ausgestorben, wie ihre großen Verwandten, die Dinosaurier.

Das nahe **Anderson House** (zzt. wegen Umbauarbeiten geschl., www.andersonparkgallery.co.nz), ein schmucker einsti-

Gebeugt vom ständigen Wind: Bäume auf dem Weg nach Slope Point

ger Herrensitz im Anderson Park, beherbergt eine Galerie mit neuseeländischer Kunst, darunter eindrucksvolle Maoriporträts.

Ausflüge

Am südlichsten Punkt von South Island liegt der 1824 gegründete Ort **Bluff**, bekannt wegen seines riesigen Aluminiumwerkes und beliebt wegen der *Austern*, die in der nahen Foveaux Strait geerntet werden. An der Felsküste zwischen Bluffs Ocean Beach Road und **Stirling Point** nagt der Ozean an der Südinsel, und das Meer ist übersät mit kleinen Felsen und großen Steinen.

Highway 92 trennt sich bei Invercargill vom SH 1 und führt als *Southern Scenic Route* windungsreich längs der **Catlins Coast** (www.catlins.org.nz) nach Osten. In dem menschenarmen Landstrich wechseln windgebeugte Wäldchen mit kargem Weideland, Regenwald und Sümpfen, felsige Küsten mit traumhaften Sandbuchten. Mitten im Wald fließen etwa die **Purakanui Falls** über Felsstufen, in der **Curio Bay** tauchen bei Ebbe fossile versteinerte Bäume aus dem Meer auf, und **Tautuku Bay** besitzt einen wunderschönen, einsamen Strand. Auf Wanderungen erschließt man sich etwa **Nugget Point** mit Elefantenrobben, Pinguinen, australischen Tölpeln und einem der südlichsten Leuchttürme der Welt. Ein kurzer Weg über eine Schafweide führt nach **Slope Point**, den südlichsten Punkt der neuseeländischen Südinsel. Er ist auf einer windumtosten Steilküste mit einem gelben Hinweisschild markiert, das nordwärts zum Äquator (5140 km), entgegengesetzt zum Südpol (4803 km) zeigt. Bei Balclutha mündet der 300 km lange, aus den *Southern Alps* kommende **Clutha River**. Einst war er reich an alluvialem Gold, heute ist er eher für seine zahlreichen Forellen und Lachse bekannt.

Praktische Hinweise

Information

i-SITE, 108 Gala Street (im Southland Museum & Art Gallery), Invercargill, Tel. 03/211 08 95, www.invercargillnz.com, www.southlandnz.com

Schiff

Stewart Island Experience, Stewart Island, Tel. 03/212 76 60, www.stewartislandexperience.co.nz. Fährverbindung Bluff–Stewart Island in 60 Min.

Hotel

*****Ascot Park Hotel**, Ecke Tay Street/Racecourse Road, Invercargill, Tel. 03/219 90 76, www.ascotparkhotel.co.nz. Zentrumsnahes Stadthotel mit der empfehlenswerten *Birchwoods Brasserie*.

Restaurant

HMS King's Restaurant, 80 Tay Street, Invercargill, Tel. 03/218 34 43. Bullaugen und Plankenboden – Austern, Crayfish oder Whitebait werden stilgerecht aufgetischt.

51 Stewart Island

Gebirgige Wanderinsel am ›Ende der Welt‹.

Meist geht die 32 km breite, oft stürmische Foveaux Strait nicht eben sanft mit den Passagieren um, die an Bord des Katamarans *Foveaux Express* in etwa 1 Std. von Bluff zur **Halfmoon Bay** von Stewart Island übersetzen. An 275 Tagen Regen, dazu steife Westwinde und hohe Wellen machen manche Überfahrt zum Alptraum und lassen für die Rückreise das Flugzeug attraktiver erscheinen.

Stewart Island ist rund 1700 km² groß, maßvoll gebirgig, mit einer stark zerklüfteten Küstenlinie und von einer Vielzahl kleinerer Eilande umgeben. Im Jahr 2002 wurden 85 % des Archipels zum **Rakiura National Park** erklärt.

Der Hauptort **Oban** an der Halfmoon Bay ist winzig und doch die einzige Siedlung auf der Insel. Rund 400 Einwohner leben in seiner geschützten Bucht von Fischfang, Lachsfarmen und Tourismus. Die ansonsten fast unbewohnte Insel mit 20 km Straße und 200 km *Wanderwegen* ist rau, regnerisch, dicht mit Busch und Regenwald bewachsen – und entbehrt doch nicht eines gewissen urtümlichen Charmes. Tagestouren führen von der Halfmoon Bay zu menschenleeren Buchten im Nordwestteil der Insel, auf den 980 m hohen **Mount Anglem**, in weltabgeschiedene Täler voll hoher alter Kamahi-, Rimu- und Miro-Bäume.

Bootstouren ab Oban steuern die **Mason Bay** mit der größten Kiwipopulation der Insel an, die nahen Sealkolonien von **Paterson Inlet** oder das benachbarte Vogelparadies **Ulva** mit dem *Ulva Island Bird Sanctuary* (www.ulva.co.nz).

Praktische Hinweise

Information

Oban Visitor Centre, The Red Shed, 12 Elgin Terrace, Oban, Tel. 03/219 00 56
Stewart Island Visitor Terminal, Main Wharf, Halfmoon Bay, Tel. 03/219 00 34, www.stewartisland.co.nz
Rakiura National Park Visitor Centre, Main Road, Stewart Island, Tel. 03/219 00 09, www.doc.govt.nz
Schiff **Stewart Island Experience**, Stewart Island, Tel. 03/212 76 60, www.stewartislandexperience.co.nz. Fährverbindung Bluff–Stewart Island in 60 Min.

Hotel

***Stewart Island Lodge**, 14 Nichol Road, Oban, Tel. 03/219 00 79, www.stewartislandlodge.co.nz. Luxuriös ausgestattet und ruhig gelegen. Schöne Lage, Blick auf Halfmoon Bay.

Restaurant

South Sea Hotel-Restaurant, 26 Elgin Terrace, Oban, Tel. 03/219 10 59, www.stewart-island.co.nz. Seafood-Delikatessen am Hafen von Oban.

Stewart Island verwöhnt mit märchenhaften Ausblicken entlang der einsamen Küstenlinien

Pazifikküste der Südinsel – Wale, Wildnis, Weinland

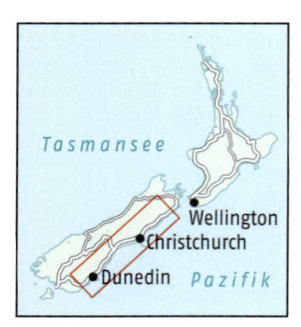

So lebendig die Kultur in den großen Städten **Christchurch** und **Dunedin** auch ist, der 800 km lange pazifische Küstenstreifen gewährt vor allem Naturerlebnisse der besonderen Art. Bei **Kaikoura** tummeln sich vor felsigen Buchten Delphine, und Wale ziehen vorbei. Vom äußersten Kap der **Otago Peninsula** starten majestätische Königsalbatrosse in den weiten hohen Himmel, und im Dämmerlicht watscheln winzige *Blue Penguins* über den Strand von **Oamaru**. Nur wenige Fahrstunden von der spektakulären Küste entfernt ragen im Landesinneren – jenseits der weiten Horizonte der *Canterbury Plains,* der Tussockgrassteppen im *Mackenzie Country* und der großen Bergseen *Lake Tekapo* und *Lake Pukaki* – die eisstarrenden Gipfel des **Mount Cook National Park** in die Wolken.

52 Dunedin

Schotten, Gold und eine Bahnhofsarchitektur wie ein Pfefferkuchen.

Dunedin, nach dem Willen aller schottischstämmigen Neuseeländer das *Edinburgh of the South*, ist eine elegante **Küstenstadt** mit viel Flair. 20 km tief dringt die fjordartige Hafenbucht im Norden der *Otago Peninsula* in das grüne Hügelland ein und wird an ihrem Scheitelpunkt von der 120 000 Einwohner zählenden Metropole der historischen Goldregion Otago umschlossen.

Geschichte Vor rund 1000 Jahren entdeckten Moa-Jäger das gebuckelte Land hinter dem schmalen Meereingang. Maori bauten im 13. Jh. auf der Otago-Halbinsel kleine Siedlungen und verarbeiteten **Greenstone**. Blutige Fehden mit feindlichen Stämmen und im 18. Jh. mit weißen Walfängern dezimierten die Pas, die befestigten Dörfer der Maori, und ihre Bevölkerung. 1844 trafen **schottische Presbyterianer** als erste weiße Siedler ein und kauften den Maori 162 000 ha Land ab.

Die **Goldfunde** von 1860/61 in *Central Otago* brachten den Aufschwung für die bis dahin kleine Siedlung Dunedin: 1869

Gediegenen Wohlstand repräsentieren die Bürgerhäuser des 19. Jh. in der Stuart Street

wurde hier die *University of Otago* als erste neuseeländische Hochschule eröffnet, 1871 richtete man die erste große industrielle Wollspinnerei ein, 1882 lief das Frachtschiff *Dunedin* mit dem ersten Gefrierfleischexport Richtung England aus. Die Stadt wuchs rasch, wurde als **Finanzzentrum** des Landes reich und selbstbewusst. Bereits 1863 installierte man hier im Süden Neuseelands die erste Straßenbeleuchtung, ab 1879 befuhren *Cable Cars* die steilen Hügel und 1903 gar eine elektrische Straßenbahn. Und selbst das Abflauen des Goldbooms zu Beginn des 20. Jh. hat die über Jahrzehnte reichste Stadt des Landes mit Haltung gemeistert.

Besichtigung Den 1989 neu gestalteten Stadtkern nennt man **The Octagon** ❶. Im Achteck verlaufende Straßen umschließen einen hübschen Park mit gepflegtem Rasen und einem *Bronzedenkmal* für den trinkfesten schottischen Poeten Robert Burns, hier sitzend und mit nachdenklicher Miene dargestellt. Sein Neffe Thomas Burns zählt zu den Gründervätern von Dunedin. Die anglikanische **St. Paul's Cathedral** ❷ (Führungen Mo–Sa 10.30, Di/Do auch 14.30 Uhr) an der Westseite des Platzes wurde 1915–19 aus hellem Oamarustein im neogotischen Stil erbaut. Ihre beiden Türme wirken seltsam klein und grazil im Vergleich zu dem mächtigen Spitzbogen der Fassade. Im *Inneren* sind kostbare Holzarbeiten und schöne Glasfenster aus dem 20. Jh. zu sehen. Das *Visitor Information Centre* residiert nebenan in den gut 100 Jahre alten **Municipal Chambers** ❸. Dieses

Repräsentativ ist das Gebäude des Visitor Information Centre am Octagon in Dunedin

durch Pilaster äußerlich stark gegliederte Rathaus ist leicht an seinem zentralen Glockenturm mit den beiden Außengalerien zu erkennen.

Wenige Schritte entfernt befindet sich die **Dunedin Public Art Gallery** ❹ (30 The Octagon, Tel. 03/474 32 40, tgl. 10–17 Uhr, http://dunedin.art.museum/) mit ihrer hervorragenden Gemäldesammlung. Erfolgreich wird hier ein Bogen von europäischen Meistern wie Claude Monet zu neuseeländischen Künstlern wie Frances Hodgins gespannt.

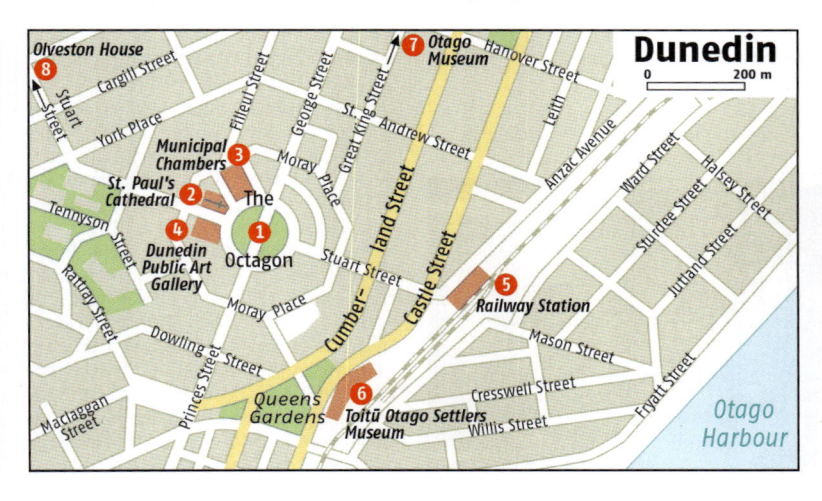

Eine Augenweide ist der 1904 im Stil der Renaissance errichtete Bahnhof von Dunedin

Nach Osten führt die Stuart Street direkt auf die **Railway Station** ❺ an der Anzac Avenue zu. Reichtum und Stolz des alten Dunedin kulminieren in dem 1904 entstandenen Bahnhofsbau. Flämischer Renaissancestil prägt die Fassade aus dunklem Basalt und cremeweißem Oamarustein. Architekt *George Troup* ließ seiner Fantasie freien Spielraum: Buntglasfenster, farbenfroh gefliese Innenwände und über 700 000 Mosaikplättchen auf dem Fußboden wären eines türkischen Serails würdig gewesen. Wegen seines überbordenden *Gingerbreadstils* bedachten die Dunediner Troup mit dem spöttischen Spitznamen ›Lebkuchen-George‹.

Anschauliche Ahnenforschung an den Wänden des Otago Settlers Museum

Vom Bahnhof startet ganzjährig der historische Zug der **Taieri Railway** (Tel. 03/477 44 49, www.taieri.co.nz) über atemberaubende Viadukte der Taierischlucht nach Westen in das urtümliche Hinterland um Pukerangi.

Im Süden, nahe dem Bahnhof, reflektiert in 31 Queens Street das **Toitū Otago Settlers Museum** ❻ (31 Queens Gardens, Tel. 03/477 50 52, tgl. 10–17 Uhr, www.toitu osm.com) die Stadtgeschichte von Moa-Jägern und Maori über Walfänger, schottische Pioniere und Goldsucher bis zu emsigen Geschäftsleuten jüngerer Tage. Es ergänzt die Ausstellungen des stadtauswärts gelegenen **Otago Museum** ❼ (419 Great King Street, Tel. 03/ 474 74 74, tgl. 10–17 Uhr, www.otagomuseum.govt.nz), das auf Archäologie, Geschichte des polynesischen Raumes und Naturgeschichte des neuseeländischen Südens spezialisiert ist.

Einblick in die Welt des Dunediner Geldadels um die Wende vom 19. zum 20. Jh. gibt **Olveston House** ❽ (42 Royal Terrace, Tel. 03/477 33 20, www.olveston. co.nz, nur mit Führung, Dauer 1 Std., tgl. 9.30, 10.45, 12, 13.30, 14.45, 16 Uhr) auf einem Hügel über der Stadt. Das 1904 erbaute Herrenhaus des Kaufmanns David Theomin ist mit allen Kostbarkeiten und Antiquitäten gefüllt, die Geld damals in England kaufen konnte, verwirrt allerdings manchmal durch diese Fülle.

Otago Peninsula

Etwa 50 km von Dunedin entfernt liegt auf der Halbinsel **Larnach Castle** (www.larnachcastle.co.nz, tgl. 9–17 Uhr, Park: zusätzl. Apr.–Sept. tgl. bis 19 Uhr), das einzige Schloss Neuseelands. Der Bankier und Politiker William Larnach hatte den kubischen, zinnengekrönten Bau in herrlicher Hügellage 1871 für seine Frau Eliza bauen lassen. Die meisten Besucher interessieren sich weniger für die Antiquitätensammlung als für die Spuk- und Skandalgeschichten des Hauses.

An der *Ortobello Bay* zeigt das **NZ Marine Studies Centre & Aquarium** (Aquarium zzt. geschl., Marine Studies Centre auf Anfrage unter Tel. 03/4795825) einen guten Querschnitt der südpazifischen Unterwasserwelt. Die große Attraktion aber ist das Naturreservat **Taiaroa Head** (Führungen des Royal Albatross Centre, Dunedin, Tel. 03/478 04 99, tgl. ab 11.30 Uhr, www.albatross.org.nz) an der Spitze der Halbinsel. Dort lebt, dicht beim Leuchtturm, eine Kolonie von *Königsalbatrossen*. Die herrlichen Tiere mit einer Flügelspannweite von bis zu 3 m teilen die Klippen mit Seehunden, Kormoranen und Gelbaugenpinguinen.

TOP TIPP

ℹ Praktische Hinweise

Information
i-SITE, 26 Princes Street, Dunedin, Tel. 03/474 33 00, www.dunedin.govt.nz

Bahn
Taieri Gorge Railway, Tel. 03/477 44 49, www.taieri.co.nz. Historischer Zug ab Dunedin durch die Taieri-Schlucht nach Pukerangi. Vierstündige Fahrt.

Hotels
****Scenic Hotel Dunedin City**, Ecke Princes/High Street (nahe Octagon), Dunedin, Tel. 03/470 14 70, www.scenichotelgroup.co.nz. Freundlich-elegantes 121-Zimmer-Haus mitten in der Stadt.

***Larnach Lodge**, Camp Road, Otago Peninsula, Tel. 03/476 16 16, www.larnachcastle.co.nz. Alle zwölf Zimmer der in unmittelbarer Nachbarschaft zum Larnach Castle gelegenen Lodge bieten einen weiten Blick übers Meer.

Restaurants
Scotia Restaurant, 199 Upper Stuart Street, Dunedin, Tel. 03/477 77 04, www.scotiadunedin.co.nz. Feine schottische

Der Bau des extravaganten Larnach Castle ruinierte im 19. Jh. den Schlossherrn völlig

Küche und gemütlich wie bei Großmuttern (So/Mo geschl.).

53 Oamaru

Neoklassizismus, Blue Penguins und sagenhafte Steinkugeln am Strand.

Das beeindruckende Zentrum der kleinen **Hafenstadt** Oamaru lohnt einen Stopp. Hier entstand im ausgehenden 19. Jh. ein erstaunliches Gebäudeensemble in neoklassizistischem Stil, als aus Europa die Schwärmerei für alles Griechische überschwappte und gleichzeitig

Das windumtoste Kap Taiaroa Head ist Heimat unzähliger Sturmvögel und Albatrosse

53 Oamaru

weißer Oamarukalkstein, *Whitestone,* zur Hand war, der im nahen Weston gebrochen wurde. Ein ausgeschilderter **Historic Walk** rückt Giebel, korinthische Säulen, zart gearbeitete Akanthusblätter auf den Kapitellen und mächtige Portiken ins Blickfeld. Sorgfältig restauriert, beeindrucken vor allem die *Forrester Gallery* von 1883 und die 1871 erbaute *National Bank,* beide bei der Thames Street Bridge, sowie das frühere *Custom's House* in der Tyne Street.

Am Südrand der Stadt kann man von Sitztribünen an der Waterfront aus **Blue Penguins** beobachten, putzige kleine Pinguine, die in der Abenddämmerung gruppenweise vom Strand zu ihren Höhlen im felsigen Ufer watscheln.

Moeraki Boulders

32 km südlich von Oamaru liegen die viel fotografierten Moeraki Boulders am Strand und im seichten Wasser. Die etwa 50 teilweise geborstenen **Steinkugeln** mit einem Einzelgewicht von mehreren Tonnen und einem maximalen Umfang von über 4 m wirken wie Murmeln eines Riesen. Maori sehen in ihnen die versteinerten Vorratskörbe eines gekenterten Ahnenkanus. Die wissenschaftliche Erklärung ist weniger romantisch: Am Meeresgrund kristallisierten vor vielen Millionen Jahren Kalksalze um feste Kerne. Als sich der Meeresboden hob, gelangten sie mit an die Oberfläche und wurden von der Brandung freigewaschen.

Praktische Hinweise

Information
i-SITE, 1 Thames Street, Oamaru, Tel. 03/434 16 56, www.visitoamaru.co.nz

Hotel
***Burnside Homestead**, 527 Burnside Road, Enfield, Oamaru, Tel. 03/432 41 94, www.burnsidehomestead.co.nz. Von weitläufigen Gärten umgebenes viktorianisches Landhaus westlich der Stadt mit Old-England-Charme.

54 Christchurch

Nach dem schweren Erdbeben ist das Leben in die am englischsten wirkende Stadt Neuseelands zurückgekehrt.

Vom Farmland der weiten Canterbury Plains bis zur Pegasus Bay, vom mündenden Waimakiri River bis zu den vulkanischen Porthills im Südosten reicht Christchurch. Nach dem verheerenden Erdbeben im Februar 2011 verließen zwar einige zehntausend Bewohner vorübergehend oder sogar dauerhaft die Stadt, mit derzeit 340 000 Einwohnern bleibt Christchurch aber größte Stadtregion der Südinsel und ist damit nun die drittgrößte Stadt Neuseelands. Das geometrische Straßenraster, nur durch den gewundenen *Avon River* unterbrochen, macht die Stadt übersichtlich.

Riesenspielzeug für Kinder: die Moeraki Boulders am Strand zwischen Dunedin und Oamaru

Re:START, das Einkaufszentrum aus Schiffscontainern, ist ein neuer Besuchermagnet

Geschichte Vor rund 150 Jahren ging **John Robert Godley**, jung, gläubig und konservativ, als Beauftragter der fundamental-christlichen *Canterbury Association* im Tiefwasserhafen Lyttelton an Land. Er brachte u. a. **Besiedlungspläne** mit, die eine Klassengesellschaft aus Großgrundbesitzern und kirchlich überwachten Arbeitern vorsahen. Die ersten vier Schiffe mit handverlesenen Siedlern landeten am 16. Dezember 1850. Godleys Ideen waren aber nur in Ansätzen zu verwirklichen und scheiterten schließlich an der Realität: Der Landkauf blieb umstritten, australische Großfarmer brachten riesige Schafherden in die Canterbury Plains, für Neusiedler gab es kein Land mehr, das Geld war bald aufgebraucht. Und nur allzu rasch kamen die frommen Arbeiter in Kontakt mit rohen australischen Squattern. Die Siedlung Christchurch, benannt nach der Kirche des britischen *Oxford College*, hatte jedoch Bestand. Doch das verheerende Erdbeben vom 22. Februar 2011 zerstörte viele der historischen Bauten, die Innenstadt war monatelang völlig gesperrt. Inzwischen aber sind die Trümmer beseitigt, kreative Provisorien und viele Neubauten entstanden. Man hat beschlossen, das historische Stadtbild nicht nur zu rekonstruieren, sondern Christchurch menschenfreundlicher, flussnäher, grüner zu gestalten. 2020 sollen die Arbeiten abgeschlossen werden.

Besichtigung In die Innenstadt, die wegen der Erdbebenschäden als ›Red Zone‹ bis 30. Juni 2013 gesperrt war, ist das Leben zurückgekehrt und die meisten Attraktionen sind wieder geöffnet. Ansonsten wird die Stadt in den kommenden Jahren die Pläne zur Neugestaltung nach und nach umsetzen.

Der weite **Cathedral Square** ❶ im Zentrum wird derzeit zur Fußgängerzone mit viel Bäumen und Grünflächen umgestaltet. Währenddessen beleben Kunstprojekte, die in Zusammenarbeit mit der Art Gallery (Nr. 7) installiert werden, den Platz. Das Herzstück und Wahrzeichen der Stadt, die anglikanische **Christchurch Cathedral** ❷ aus grauem Stein, musste wegen der starken Erdbebenschäden – u. a. stürzte der Turm in sich zusammen –, abgerissen werden. Ein spektakulärer Neubau ist an gleicher Stelle geplant.

Aber es gibt am Latimer Square bereits einen extravaganten Ersatz: die **Cardboard Cathedral** ❸ (www.cardboardcathedral.org.nz, April–Okt. 9–17, Nov.–März bis 19 Uhr, bei Gottesdiensten auch länger). Die sechs Meter hohe Konstruktion aus Polyurethan-Röhren, Holzbalken und Stahlträgern des japanischen Architekten Shigeru Ban mit ihren kaleidoskopartig bunten Fenstern ist seit ihrer Einweihung im August 2013 zum neuen Wahrzeichen im Zentrum von Christchurch avanciert.

Das Erdbeben beschädigte 22 der 23 neogotischen Gebäude (um 1900) des **Arts Centre** ❹ (auf unbestimmte Zeit geschlossen, www.artscentre.org.nz), Wiederaufbau und Restaurierung des architektonisch und historisch bedeutsamen

Das Antarctic Centre dokumentiert die Expedition des glücklosen Robert Scott

Komplexes sollen bis 2019 abgeschlossen werden. In dem ursprünglich als Universität genutzten Bauensemble arbeiteten im 20. Jh. zwei weltbekannte Geistesgrößen: Der spätere Nobelpreisträger *Sir Ernest Rutherford* machte in seinem Labor die ersten Experimente in der Kernforschung. Und *Sir Karl Popper*, Philosoph aus Wien, lehrte während des Zweiten Weltkrieges an dieser Hochschule und schrieb parallel an einem seiner Hauptwerke, *The Open Society and Its Enemies*.

Nur eine Straße weiter in der Rolleston Avenue steht das von Julius von Haast gegründete, 1870 im Gothic Revival Style erbaute naturkundliche **Canterbury Museum** ❺ (www.canterburymuseum.com, Okt.–März tgl. 9–17.30, sonst bis 17 Uhr). Besonders sehenswerte Abteilungen sind die Hall of Antarctic Discovery zur Geschichte der Antarktiserforschung, die Hall of Birds zur heimischen Vogelwelt und die Ausstellungen zur Kunst der Maori. Das früher am Eingang des Museums aufgestellte **Scott Memorial**, das die Witwe des Polarforschers Robert Falcon Scott (1868–1912), die Bildhauerin Lady Kathleen Kenneth, gemeißelt hat, ist inzwischen am Victoria Square zu sehen.

Scott war 1911 von Christchurch aus zum Südpol aufgebrochen, hatte diesen am 18. Januar 1912 auch erreicht, war aber mit seinem Team auf dem Rückweg in einem Schneesturm umgekommen. Der Expedition widmet sich das moderne, technisch bestausgestattete **Antarctic Centre** ❻ nahe dem Flughafen (38 Orchard Road, Tel. 03/357 05 19, tgl. 9–17.30 Uhr, www.iceberg.co.nz, Free Shuttle vom Stadtzentrum) mit dem Nachbau einer polaren Forschungsstation.

Die in einem beeindruckenden Glasbau befindliche **Christchurch Art Gallery** ❼ (www.christchurchartgallery.org.nz, zzt. geschl.) mit einem festen Bestand an englischen und flämischen Bildern des 17.–19. Jh. sowie Werken zeitgenössischer neuseeländischer Maler ist bis Ende 2015 geschlossen. Ausstellungen finden jedoch 209 Tuam Street und in der Art Box (Madras/St. Asaph Street) statt. Der Gallery-Shop (40 Lichfield St., Mo–Fr 10–17 Uhr) ist bereits wieder geöffnet.

Wer Ruhe sucht, findet sie in den angrenzenden, 30 ha großen **Botanic Gardens** ❽ (tgl. 7 Uhr bis 1 Std. vor Sonnenuntergang) oder auch im benachbarten *Hagley Park*. An der Cambridge Terrace direkt am Flüsschen Avon legen Christchurchs berühmte Gondeln ab und laden zu einer nostalgischen Fahrt ein.

Weiter im Stadtsüden befindet sich die schöne weiße, mit Buntglasfenstern geschmückte Kirche **St. Michael and All Angels Church** ❾ (Ecke Oxford Terrace und Lichfield Street, Mo–Sa 12–14, So bis 16 Uhr). Sie ist eine der größten Kirchen der Stadt, 1872 im Gothic Revival Style ausschließlich aus einheimischem Holz erbaut. Die Bauweise erwies sich als Segen: Die Kirche blieb vom Erdbeben völlig unbeschädigt.

Direkt neben der beschädigten City Mall, Christchurchs ehemaligem Einkaufszentrum, wurde eine witzige und überraschend lebendige Shoppingmeile improvisiert. **Re:START** ❿ (www.restart.org.nz) ist ein buntes Labyrinth aus Schiffscontainern, in denen Shops, Cafés und Restaurants untergebracht sind. Die neu konzipierte Mulitmedia-Ausstellung Quake City (tgl. 10–17 Uhr) veranschaulicht die Katastrophe der schweren Erdbeben 2010 und 2011. Hier sind auch viele Kunstwerke von und aus zerstören Gebäuden zu sehen, u.a. aus der Cathedral of the Blessed Sacrament.

Weiter im Südosten liegt die katholische **Cathedral of the Blessed Sacrament** ⓫. Die ehemals mächtige Bischofskirche entstand Anfang des 20. Jh. im Neorenaissancestil. Auch sie wurde durch das Erdbeben so schwer beschädigt, dass ein Wiederaufbau unwahrscheinlich ist. Wie mit den Ruinen verfahren wird, steht noch nicht fest.

Der **Victoria Square** ⓬ mit *Scott Memorial* ist für Fußgänger wieder offen. Die beschädigte Town Hall wird wohl wieder renoviert werden. Dass ausgerechnet das nahe **Christchurch Casino** ⓭ (Mo–Do 11–3, Fr 11–Mo 3 Uhr, www.chchcasino.co.nz) in der Victoria Street mit seinen einarmigen Banditen das Erdbeben gut überstanden hat, hätte dem frommen Stadtgründer J. R. Godley wohl nicht gefallen.

Lyttelton Harbour

Nahe Lyttelton Harbour lag das Epizentrum des Erdbebens vom Februar 2011 – die Schäden am Hafen und an den historischen Gebäuden waren entsprechend groß und sind noch nicht völlig beseitigt. Aber ein Ausflug lohnt sich, etwa zu Farmers Market und Garage Sale (Sa 10–13 Uhr, www.lytteltonharbour.info).

Der kleine Lyttelton Harbour ist von Christchurch durch eine Hügelkette getrennt. Ein Straßen- und Bahntunnel verbindet ihn mit der Stadt. Die 445 m hohen vulkanischen **Port Hills** bieten eine herrliche Aussicht.

Die **Christchurch Gondola** ab Bridle Path Road ist in Betrieb (tgl. 10 Uhr bis Sonnenuntergang). Die Gondelbahn

Kanuten und andere Freizeitkapitäne vergnügen sich in Christchurch auf dem Avon

bringt Besucher in eine Höhe von 500 m und erlaubt einen grandiosen Ausblick über die Pegasus Bay und den Pazifischen Ozean, über Lake Ellesmere, Lyttelton Harbour und die Canterbury Plains. Im Hafen gewahrt man des ›Seeteufels‹ Felix Graf Lucklers Gefängnisinsel Ripapa und erblickt Diamond Harbour in der Bucht gegenüber sowie die Pegasus Bay mit dem Panorama von Christchurch.

Banks Peninsula

Banks Peninsula kann die **vulkanische Entstehung** nicht verleugnen: steile Hügelflanken, erstarrte Lavaströme und felsige Küste, viele Buchten und kleine Sandstrände. Auf der überschaubaren Halbinsel sind um **Lake Ellesmere** und mit dem **Birdsland Sanctuary** zwei kleine Vogelschutzgebiete ausgewiesen.

Von Christchurch aus sind es 85 km auf dem Highway 75 zu dem idyllischen Ferienort **Akaroa** an der Südküste von Banks Peninsula. Franzosen hatten das einstige Fischerdorf 1840 am Ufer des schmalen *Akaroa Harbour* gegründet. Noch heute besitzt Akaroa französische Straßennamen, Charme, gut 150 Jahre alte Cottages, außerdem Hector-Delfine und Pinguine in der Bucht. Das *Langlois Eteveneaux-House* (Anfang der 1840er-Jahre) in der Rue Lavaud gilt als ältestes Siedlerhaus in der ganzen Region Canterbury. Mit den beiden später im 19 Jh. erbauten Nachbarhäusern Customs House und Court House (1878) gehört es zum **Akaroa Museum** (Mo–Fr 10.30–16 Uhr).

ℹ Praktische Hinweise

Information

i-SITE, Botanic Gardens, Rolleston Avenue, Christchurch, Tel. 03/379 96 29, www.christchurchnz.com

Schiff

Black Cat Cruises, Akaroa Main Wharf, Christchurch, Tel. 03/304 76 41, www.blackcat.co.nz. Touren zur Quail Island, zum Diamond Harbour, nach Ripapa Island, in den Akaroa Harbour; außerdem Schwimmen mit Delfinen.

Hotels

*****The George Hotel, 50 Park Terrace, Christchurch, Tel. 03/379 45 60, www.thegeorge.com. Luxuriöses Boutiquehotel am North Hagley Park mit 53 Zimmern in modernem Design.

****Chateau on the Park, 189 Deans Avenue, Christchurch-Riccarton, Tel. 03/348 80 99, www.chateau-park.co.nz. 200 Zimmer, herrliche Lage am Hagley Park. Mit Pool im großzügigen Garten und Fahrradverleih.

****Heartland Cotswold, 88–96 Papanui Road, Christchurch, Tel. 03/355 35 35, www.heartlandhotels.co.nz. Hotel im Tudor-Stil, strahlt Ruhe und Charme aus.

***Akaroa Village Inn, 81 Beach Road, Akaroa, Tel. 03/304 11 11, www.akaroavillageinn.co.nz. Direkt am Wasser gelegen und am Ausgangspunkt von Bootsexkursionen in die Hafenbucht.

Wandelnde Wolle

In einem Land mit zehnmal so vielen **Schafen** wie Menschen kommen auch Touristen nicht umhin, auf Merinos, Romneys, English Leicesters, Border Leicesters, Halfbreed Hoggets und Corriedales zu stoßen. Der Spaß an **Schafschurwettbewerben** hält sich jedoch für Nicht-Neuseeländer eher in Grenzen. Die Tiere fürchten sich, blöken, werden getrieben, gezogen, zwischen die Beine des Scherers geklemmt, mit einer elektrischen Maschine geschoren und finden sich frierend und nackt in einem Pferch wieder. Die Scherer brechen Rekorde, ein Champion braucht nicht einmal 40 Sekunden pro Schaf. Das freut den Farmer und spornt die Arbeiter an, denn sie werden nach Akkord bezahlt. Die Schafe aber müssen damit zufrieden sein, mit ihrer Wolle und ihrem Fleisch neben weiteren landwirtschaftlichen Erzeugnissen zu 48 % zum Exporterlös Neuseelands beizutragen.

Wahre Bocksprünge vollführt manches Schaf, wenn es ans Scheren geht

Weit und menschenleer: Mackenzie Country zwischen Lake Pukaki und Mount Cook

Restaurants

Curator's House Restaurant, 7 Rolleston Avenue, Botanic Gardens, Christchurch, Tel. 03/379 22 52, www.curatorshouse.co.nz. Herrlich im botanischen Garten gelegenes Restaurant in stilvollen alten Räumen. Spanisch orientierte Küche.

Fiddlesticks, 48 Worcester Boulevard, Christchurch, Tel. 03/365 05 33, www.fiddlesticksbar.co.nz. Gemütliches Ambiente, delikate Küche.

TOP TIPP **Dux Dine**, 28 Riccarton Road, Christchurch, Tel. 03/348 14 36, www.duxdine.co.nz. Das beliebte Restaurant in einer Villa wird für seine leichte Küche mit frisch zubereiteten Fisch- und Meeresfrüchten sowie kreative vegetarische Gerichten gelobt.

55 Aoraki/Mount Cook National Park

Den Nationalpark krönen die höchsten Berge der Southern Alps.

Im 70 000 ha großen Nationalpark sind 22 in Schnee und Eis erstarrte Gipfel über 3000 m hoch. *Mount Cook*, in der Sprache der Maori **Aoraki**, ›der die Wolken durchbohrt‹ überragt sie alle mit seinen 3754 m.

Eilige Besucher können das abgelegenen Nationalpark mit **Kleinflugzeugen** von den meisten Städten der Südinsel aus in einem Tagesausflug erreichen. Gemietete Leichtflugzeuge und Helikopter umkreisen die mächtigen Gipfelkönige des zentralen Höhenzuges der **Main Divide** und die West Coast Glaciers [s. S. 98]. Höhepunkte eines solchen Rundflugs sind neben Mount Cook selbst und dem nahen Murchison Glacier auch **TOP TIPP** der 29 km lange **Tasman Glacier**. Letzterer zieht mit 12 km Piste zunehmend *Skiläufer* an. Eine besondere Attraktion ist die Anreise per Helikopter.

Autofahrer bringt der SH 8 an den Rand des Naturparks. Am *Burke Pass* im Osten liegt **Mackenzie Country**, eine riesige, mit Tussockgras bestandene Hochfläche, die bei Sonnenschein golden schimmert. Das karge Land trägt den Namen des legendären schottischen Räubers James Mackenzie, der 1855 eine Herde von 1000 Schafen stahl. Er wurde zwar gefangen genommen und zu einer Haftstrafe verurteilt, doch Volkes Sympathie ist bis heute mit ihm.

Von gelblichem Tussockgras umgeben ist auch der See **Lake Tekapo**, 20 km lang, türkisfarben, von Gletscherflüssen gespeist und eiskalt. Am Seeufer nahe dem netten Städtchen Lake Tekapo legte 1935 der Duke of Gloucester den Grundstein für die kleine, vor dem Panorama der weißen Berge so überaus fotogene, steinerne *Church of the Good Shepherd*.

Beim lang gestreckten **Lake Pukaki** zweigt der Highway 80 zum Nationalpark ab. Die Straße folgt dem westlichen Seeufer, immer wieder mit Ausblicken auf das fantastische Alpenpanorama und endet im 762 m hoch gelegenen **Mount Cook Village**, dem touristischen Zentrum des Nationalparks. Vom Village aus sind zahlreiche *Walks* möglich.

55 Aoraki/Mount Cook National Park

Wale und Delfine sehen: Ngai Tahu Maori betreiben die Whale Watch Flotte in Kaikoura

Drei der schönsten Wanderungen führen zum **Hooker Lake**, zu den **Blue Lakes** mit Ausblick auf den unteren Tasman-Gletscher und zur Aussichtsplattform am **Kea Point**, die ein großartiges Gletscherpanorama eröffnet. Über die unbefestigte 10 km lange Stichstraße *Tasman Valley Road* und nach einem anschließenden kurzen Spaziergang erreicht man **Tasman Lake**, an dem Bootsfahrten zu blau schimmernden Eisbergen und gewaltigen Eisformationen beginnen. Die als Tramping Tracks und Routes qualifizierten Touren setzen, nicht zuletzt wegen des rasch wechselnden Wetters, Hochgebirgserfahrung oder die Begleitung durch einheimische Führer voraus. Immer wieder gehen in diesen majestätischen Bergen Lawinen ab. Der letzte große Bergsturz ereignete sich 1991, wobei Mount Cook einen Nebengipfel und 10 m der eigenen Gipfelhöhe einbüßte.

Praktische Hinweise

Information

Aoraki/Mount Cook National Park DOC Visitor Centre, State Highway 80, Mount Cook, Tel. 03/435 11 86, www.mount-cook.nz.com

Hotel

****The Hermitage, Mount Cook Village, Tel. 03/435 18 09, www.hermitage.co.nz. Reisegruppen buchen gern das einstige Luxushotel in alpiner Lage mit Panoramarestaurant.

56 Kaikoura

Vor der rauen Küste schwimmen Wale und tummeln sich Delfine.

Maori brachten es vor langer Zeit auf den Punkt: Kaikoura bezeichnet in ihrer Sprache eine Stelle, an der man gut ›Langusten essen‹ kann. Das gilt noch heute für den **Fischerort** zwischen der herbschönen Küste und den bis in den Sommer schneebedeckten Bergen der *Seaward* und *Inland Kaikoura Range*, wo der *Tapuae-o-Uenuku* 2885 m Höhe erreicht.

Aus der felsigen Küste der Kaikoura Peninsula feilte das Meer im Laufe von Jahrmillionen zahlreiche Felsbuchten heraus. Moa-Jäger entdeckten die grüne Halbinsel um das Jahr 1000, ihnen folgten Maori. 1842 sahen **Walfänger** in Kaikoura einen idealen Standplatz und nutzten ihn bis 1964. Ein Überbleibsel aus der Zeit des ersten großen Gemetzels ist das 1860 teils auf Walknochen gebaute **Fyffe House** (Nov.–Mai tgl. 10–18, Juni–Okt. Mo–Fr 10–16 Uhr) in 62 Avoca Street nahe der *Old Wharf* östlich des Stadtzentrums.

Wale, vor allem **Pottwale**, sind auch heute noch ausschlaggebend für eine Reise nach Kaikoura. Motorboote oder stahlverstärkte Schlauchboote laufen **TOP TIPP** fen an der South Bay zum **Whale Watching** aus, einem großen, wenn gleich nicht mehr stillen Erlebnis. Die Chancen stehen nicht schlecht, einige der gewaltigen Meeressäuger in ihrem natürlichen Lebensraum zu sehen. Hoher

Wellengang lässt aber für manche Interessierte Whale Watching vom Helikopter aus angenehmer erscheinen.

Findige Unternehmer locken in Kaikoura zum Schwimmen zwischen **Dusky Delfinen** mit Tauchanzug und Schnorchel im kühlen Wasser der *Goose Bay*. Man kann sich aber auch mit **Haien** (Nov.–Mai) treffen: Dabei sitzt der neugierige Mensch in kundiger Begleitung zwischen den Gitterstäben eines Käfigs, der Hai befindet sich in Freiheit, wird gefüttert – und darf sich wundern.

Praktische Hinweise

Information
i-SITE, West End, Kaikoura, Tel. 03/319 56 41, www.kaikoura.co.nz

Walbeobachtung
Whale Watch Kaikoura, Whaleway Road, Tel. 03/319 67 67, www.whalewatch.co.nz. Wal-Touren müssen im Voraus gebucht werden, in der Saison bis zu zehn Tage.

Hotel
****White Morph Motor Inn, 92 Esplanade, Kaikoura, Tel. 03/319 50 14, www.whitemorph.co.nz. Die schönsten Zimmer im komfortablen Küstenhotel bieten Pazifikblick.

Restaurant
***Fyffe Country Lodge, State Highway 1, 4 km südlich von Kaikoura, Tel. 03/319 68 69, www.fyffecountrylodge.com. In dem Gourmetrestaurant der Logde unbedingt *Crayfish*, Languste, probieren!

57 Blenheim

Die Sonne lacht mehr als 200 Tage im Jahr über dem Weinbaugebiet der Wairau Plains.

Die grandiose Landschaft der Marlborough Sounds im Norden [s. S. 85], von der es die Ausläufer der *Richmond Range* trennen, ergänzt das Provinzstädtchen Blenheim (25 000 Einw.) in der fruchtbaren Wairau-Ebene seit drei Jahrzehnten mit einem prosperierenden **Weinland**.

Dabei stand die *Stadtgründung* in der ersten Hälfte des 19. Jh. unter keinem guten Stern, denn Maori griffen die erste Siedlung der Weißen im Norden des heutigen Blenheim wegen eines Landbetruges der Pakeha an und töteten im Laufe der Auseinandersetzung mehrere der Siedler, darunter Arthur Wakefield, den Bruder von Edward Gibbon Wakefield, was als **Wairau Massacre** in die Geschichte einging. Daran erinnert die alte Kanone, die der Walfängerkapitän Blenkinsopp 1831 den Maori als Gegengabe für die Besitzrechte an der fruchtbaren Wairau-Ebene aufgeschwatzt hatte. Den Anspruch von Siedlertüchtigkeit entspricht die rekonstruierte Pioniersiedlung im **Marlborough Museum** (www.marlboroughmuseum.org.nz, tgl. 10–16 Uhr) im Brayshaw Park an der New Renwick Road im Süden der Stadt. Für alle Luftfahrt-Fans lohnt der Besuch des Omaka Aviation Heritage Centre (79 Aerodrom Road, Omaka, Tel. 03/579 13 05, tgl. 10–16 Uhr, www.omaka.org.nz)

Seit der **Marlborough Sauvignon Blanc** aus dem hiesigen Weingut Montana 1989 in London die *Marquis de Goulaine Trophy* für den besten Sauvignon Blanc der Welt erhielt, zieht Blenheim weininteressierte Touristen an. Ein großes Spektakel ist jährlich am zweiten Wochenende im Februar das **Marlborough Wine & Food Festival** (www.wine-marlborough-festival.co.nz).

Praktische Hinweise

Information
i-SITE, 8 Sinclair Street, Blenheim, Tel. 03/577 80 80, www.marlboroughnz.com. Hier erhält man auch Auskunft über den *Wine Trail* (28 Weingüter zwischen Blenheim und Renwick).

Hotels
***Hotel d'Urville, 52 Queen Street, Blenheim, Tel. 03/577 99 45, www.durville.com. Hinter einer nachempfundenen klassischen Tempelfassade verbergen sich elf elegante Zimmer. Die Kochschule ›Cook's Discovery‹ im Haus bildet Freizeitköche aus.

***Scenic Hotel Marlborough, 65 Alfred Street, Blenheim, Tel. 03/520 61 87, www.scenichotels.co.nz. Stilvoll modernes Hotel im Herzen des Weinlandes. Gelobte Küche im angegliederten *Semour´s Restaurant*.

Restaurant
Hans Herzog Estate, 81 Jeffries Rd., Blenheim, Tel. 03/572 87 70, www.herzog.co.nz. Stilvolles Terrassenrestaurant, gute Weine, europäische Küche.

Doppelt praktisch – einfach clever!

Mit Maxi-Faltkarte!

ADAC Reiseführer plus: BERLIN (Potsdam mit Sanssouci), AMSTERDAM, BARCELONA, LONDON, MÜNCHEN, PARIS, ROM

ADAC Reiseführer plus: ALLGÄU, ISTRIEN, KRETA, MALLORCA, RÜGEN, SARDINIEN, TOSKANA

plus praktische Maxi-Faltkarte für unterwegs!

www.adac.de/shop

Neuseeland aktuell A bis Z

■ Vor Reiseantritt

ADAC Info-Service:
Tel. 0800/510 11 12 (gebührenfrei)
Unter dieser Telefonnummer oder bei den ADAC Geschäftsstellen können ADAC Mitglieder kostenloses Informations- und Kartenmaterial anfordern.

ADAC im Internet:
www.adac.de
www.adac.de/reisefuehrer

Neuseeland im Internet:
Ausführliche Reiseinformation und Landkarten (jedoch keine telefonischen Auskünfte mehr) erhalten Sie über folgende Internetseiten:

www.newzealand.com
www.tourism.net.nz

Visa-Informationen und Anträge für Aufenthalte von mehr als 3 Monaten:

Botschaft von Neuseeland, Friedrichstr. 60, 10117 Berlin, Tel. 030/20 62 10, www.nzembassy.com

Botschaft von Neuseeland für Österreich, Mattiellistr. 2-4/3, A-1040 Wien, Tel. 01/5053021, www.nzembassy.com

Generalkonsulat von Neuseeland für die Schweiz, 2 Chemin des Fins, CH-1218 Grand Saconnex, Genf, Tel. 022/929 03 50, mission.nz@bluewin.ch

■ Allgemeine Informationen

Reisedokumente

Für einen Aufenthalt von bis zu drei Monaten genügt für Deutsche, Österreicher und Schweizer ein Reisepass oder ein Kinderreisepass, der noch mindestens drei Monate über das Rückreisedatum hinaus gültig ist. Wer länger in Neuseeland bleiben will, benötigt ein Visum.

Bei der Einreise ist eine ausgefüllte Arrival Card (erhält man vor der Landung im Flugzeug) und ein Rückflugticket vorzulegen.

Wer keine Waren am Zoll zu deklarieren hat, nimmt nach der Gepäckübernahme den grünen Ausgang. Wer dagegen Zollware oder größere Geldbeträge mit sich führt, wählt den roten Ausgang.

Kfz-Papiere

Nationale Führerscheine (Deutschland, Österreich, Schweiz) oder EU-Führerscheine werden anerkannt.

Krankenversicherung

Ärztliche Behandlung ist in Neuseeland kostenpflichtig, daher empfiehlt sich der Abschluss einer Auslandskrankenversicherung mit Rückholdienst.

Hund und Katze

Die Einfuhrbedingungen für Hunde und Katzen sind äußerst strikt und komplex. Sollte man dennoch sein Tier mitnehmen wollen, ist es ratsam, sich weit im Voraus zu erkundigen. Auskünfte unter www.mpi.govt.nz.

Zollbestimmungen

Verboten ist die Einfuhr von tierischen Produkten (einschließlich Häuten, Federn, Korallen, Muscheln etc.), von frischen Lebensmitteln wie Obst, Gemüse, Fleisch und aus Pflanzenprodukten hergestellte Artikel (z.B. Artikel aus Bast). Die Einfuhr von **Golfschlägern**, **Camping-** oder **Trekkingausrüstung** muss beim Zoll deklariert werden. Sollten die mitgeführten Gegenstände den neuseeländischen Hygienevorschriften nicht genügen, werden sie auf Kosten des Einreisenden am Zoll gereinigt. Verboten ist zudem die Einfuhr von Waffen, Narkotika jeder Art, von verschreibungspflichtigen Medikamenten (es sei denn ein ärztliches Rezept wird vorgelegt), von Raubkopien geschützter Waren und pornographischem Material.

Detaillierte Auskünfte erhält man beim neuseeländischen Zoll:
www.customs.govt.nz

Allgemeine Informationen

Zollfrei **einführen** darf man Waren im Wert von NZ $ 700. Touristen über 17 Jahre dürfen neben Gegenständen des persönlichen Bedarfs ein- oder ausführen: 50 Zigaretten oder 50 g Tabak bzw. Zigarren oder eine Mischung, die 50 g nicht übersteigt, sowie 4,5 l Wein oder Bier und max. 3 Flaschen à max. 1125 ml Likör oder Schnaps.

Die Ausfuhr von Pflanzen und Tieren ohne entsprechende Genehmigung steht unter Strafe, verboten ist auch die Ausfuhr von Antiquitäten der Maori-Kultur, unverarbeiteter Jade und Paua-Muscheln.

Geld

Die Landeswährung ist der *New Zealand Dollar* (NZ $) à 100 Cents. Es gibt Banknoten zu 5, 10, 20, 50 und 100 $, Münzen zu 10, 20 und 50 Cents und zu 1 und 2 $.

Alle Banken und Wechselstuben tauschen **Bargeld**, auf Euro, Schweizer Franken, US-Dollar oder Britische Pfund ausgestellte **Reiseschecks** sowie **Traveller Cheques** der Bank of New Zealand, die einige europäische Banken ausgeben.

Mit der **EC-Karte** kann man überall im Land Geld an Automaten mit dem Maestro oder Cirrus-Symbol abheben (Gebührenaufschlag).

Die gängigen **Kreditkarten** (VISA, Master Card, AmEx) werden fast überall im Land angenommen. Hotelzimmer bekommt man meist erst nach Vorlage einer Kreditkarte zu sehen. Mietwagenfirmen verlangen vor Übergabe eine Kaution (*Deposit*) bzw. die Vorlage einer Kreditkarte.

Tourismusämter im Land

In fast allen beschriebenen Orten gibt es als **i-SITE** bezeichnete und gekennzeichnete regionale Visitor Centres oder **Visitor Information Centres**. Hier gibt es Auskünfte und Broschüren. Nationalparks unterhalten Besucherzentren, die dem **Department of Conservation (DOC)** unterstehen.

Service und Notruf

Polizei, Feuerwehr, Krankenwagen: Tel. 111

In kleineren Orten gelten mitunter abweichende Notrufnummern, die in den öffentlichen Fernsprechzellen angeschlagen sind. Von dort aus geführte Notrufe sind kostenlos.

Straßenwacht: Tel. 0800/50 02 22

Bei *Autopannen* hilft Mitgliedern europäischer Autoclubs der Pannenhilfsdienst des neuseeländischen Partnerclubs **New Zealand Automobile Association (AA)**, Tel. 0800/50 02 22 (Pannenhilfe 24 h). Weitere Telefonnummern zu den üblichen Bürozeiten: 0800/50 04 44 (Kundendienst), 09/966 88 00 (Firmensitz in Auckland), www.aa.co.nz

ADAC Notruf aus dem Ausland: Tel. +49/89/22 22 22

ADAC Ambulanzdienst München: Tel. +49/89/76 76 76

ÖAMTC Schutzbrief Nothilfe: Tel. +43/1/251 20 00

Einsatzzentrale TCS-ETI-Schutzbrief: Tel. +41/58 827 22 20

Diplomatische Vertretungen

Embassy of the Federal Republic of Germany, 90–92 Hobson St., 6011 Wellington, Tel. 04/473 60 63, www.wellington.diplo.de

Honorary Consul of the Federal Republic of Germany, Level 13, PWC Tower, 188 Quay Street, Auckland 1010, Tel. 09/375 87 18.

Austrian Embassy, 12 Talbot Street, Canberra (Australia), Tel. +61/2/62951533, www.bmeia.gv.at/botschaft/canberra

Österreichisches Honorargeneralkonsulat, 75 Ghuznee Street, Wellington, Tel. 04/384 14 02, www.bmeia.gv.at

Embassy of Switzerland, 10 Customhouse Quay, Wellington, Tel. 04/472 15 93, www.eda.admin.ch/wellington

Gesundheit und Gefahren

Für Neuseeland sind keine *Impfungen* vorgeschrieben. Wegen der dünnen

Dieses Verkehrszeichen weist darauf hin, dass Kiwis die Straßen kreuzen könnten

Ozonschicht ist hoher **Sonnenschutz** wichtig, zumal wenn sich in den Monaten September und Oktober über dem Südpol das Ozonloch öffnet. Es gibt auf den Inseln weder Giftschlangen noch gefährliche Tiere. Aber es gibt Plagegeister, z. B. die kleinen schwarzen **Sandflies**, die im feuchten Westland und im Fiordland in Schwärmen auftreten. Ihre Stiche schmerzen und jucken stark. Hautfreundliche Mückensprays gehören ins Gepäck. **Wespen** sind in den Wäldern der nördlichen und zentralen Südinsel für alle ein großes Problem, die auf Stiche allergisch reagieren. **Giardia** ist ein Magenbeschwerden verursachender Parasit in den Flüssen und Seen des Inselinneren. Wasser nur abgekocht trinken! Für Schwimmer besteht keine Gefahr, solange kein Wasser geschluckt wird.

Die **medizinische Versorgung** ist sehr gut, auch in ländlichen Gebieten steht ärztliche Hilfe zur Verfügung, Krankenhäuser unterhalten Tag und Nacht Notdienste. **Apotheken** sind zu den allgemeinen Geschäftszeiten geöffnet. In größeren Städten sind Bereitschaftsdienste rund um die Uhr eingerichtet. **Medikamente** werden nur gegen Rezept abgegeben. Personen, die regelmäßig Medikamente einnehmen müssen, sollten den entsprechenden Vorrat für die Dauer der Reise mit sich führen.

In öffentlichen Gebäuden und Verkehrsmitteln, in Restaurants, Bars, Läden und Unterkünften ist **Rauchen** verboten.

Erdbeben sind in Neuseeland nicht ungewöhnlich. 15000 registrierte Beben ereignen sich etwa pro Jahr. Sie gehören bei den Bewohnern zum Alltag, verlaufen meist ohne Schäden und werden häufig kaum wahrgenommen. Die letzten sehr schweren Beben 2010 und 2011 in der Region von Christchurch und Littelton allerdings zerstörten tausende Gebäude; 185 Menschen starben. Ein Erdbeben der Stärke 6,2 erschütterte am 20.1.2014 die Nordinsel, die Schäden blieben jedoch gering.

Tsunamiwarnungen gab es in den letzten Jahren fünf, größere Schäden sind nicht aufgetreten.

Besondere Verkehrsbestimmungen

In Neuseeland wird **links** gefahren. Dennoch gilt, soweit nicht durch Verkehrszeichen anders geregelt, der Rechtsvorrang. Es besteht **Anschnallpflicht** auf Vorder- und Rücksitzen. Entlang einer gelben Linie ist **Parken** generell verboten. **Motorrad-** und **Fahrradfahrer** müssen einen Helm tragen.

Tempolimits: Innerhalb geschlossener Ortschaften 50 km/h, außerhalb 100 km/h. Übertretungen werden häufig von *Speed Cameras* festgehalten und mit hohen Geldbußen belegt. In einer **Limited Speed Zone** (LSZ) ist die Geschwindigkeit angemessen zu reduzieren.

Die **Promillegrenze** liegt seit 2014 bei 0,5, bei Fahrern unter 20 Jahren bei 0,0.

Elektrizität

Die Netzspannung beträgt 230/240 V. Adapter für die dreipoligen neuseeländischen Steckdosen gibt es etwa am Flughafen oder in ADAC-Geschäftsstellen.

Zeit

Neuseeland ist der MEZ während der europäischen Sommerzeit um 10 Std. voraus, während der neuseeländischen Sommerzeit (Okt.–Ende März) um 12 Std.

■ Anreise

Flugzeug

Internationale Flüge landen in **Auckland Christchurch** und (eingeschränkt wegen der schwierigen Pistenverhältnisse) in **Wellington**. Weitere internationale Flughäfen sind in **Dunedin, Hamilton, Palmerston North, Queenstown** und **Rotorua**.

Landesweite **Fluginformationen** innerhalb Neuseelands Tel. 0800/737000

■ Bank, Post, Telefon

Bank

Banken sind landesweit Mo–Fr 9–16.30 Uhr geöffnet.

Post

Postämter sind Mo–Do 9–17 und Fr 9–20 Uhr geöffnet. In kleinen Orten übernehmen oft Geschäfte, Dairies oder Kioske den Postdienst und Briefmarkenverkauf.

Telefon

Internationale Vorwahlen:
Neuseeland 0064
Deutschland 0049
Österreich 0043
Schweiz 0041

Die meisten öffentlichen **Telefonzellen** akzeptieren Telefonkarten (NZ $ 5–20, erhältlich z. B. in Hotels, Postämtern, Läden und Tankstellen), einige auch Kreditkarten.

Nummern mit den Vorwahlen 0800 und 0508 können nur innerhalb Neuseelands gewählt werden und sind **gebührenfrei**.

Selbstwählgespräche (*STD calls*) nach Europa sind überall möglich. Hilfe bei Auslandsgesprächen bieten **International Operator**, Tel. 0170, und **Auslandsauskunft**, Tel. 0172. Die **Auskunft Inland** erreicht man unter Tel. 018. Auskunft über den Preis eines Gespräches erhält man unter Tel. 0160. **R-Gespräche** nach Deutschland meldet man über die Vermittlungseinheit der Deutschen Telekom an, Tel. 000949.

Die Benutzung aktueller europäischer **Mobiltelefone** ist in Neuseeland problemlos möglich. Da die Roaminggebühren in der Regel jedoch sehr hoch sind, kauft man sich am besten eine Prepaid-Karte, die man in Neuseeland unkompliziert, etwa am Flughafen, erwerben kann.

■ Einkaufen

Die liberalisierten Ladenöffnungszeiten ermöglichen auch den Einkauf am Abend. In vielen Touristenorten und in *Dairies* (Mini-Supermärkte mit Imbiss und Kiosk) kann man auch sonntags einkaufen (wechselnde Öffnungszeiten). Beim Einkauf von Waren wird eine Umsatzsteuer (GST = *Goods & Service Tax*) von 15 % aufgeschlagen.

Souvenirs

Das Angebot ist ungemein vielfältig und reicht von Kitsch bis zu edlen kunsthandwerklichen Stücken. Wer wenig Zeit mit Shopping verbringen will, findet auf dem

Köstlichkeiten des Meeres zählen im Inselstaat Neuseeland zu den Spezialitäten

Victoria Park Market von Auckland, im *REAL Aotearoa* in Wellington (www.realaotearoa.co.nz) sowie auf dem *Boulevard Arts Market* in Christchurch viele landestypische Produkte. Beliebt sind Mitbringsel wie **Schaffelle** und Produkte aus **Merino Wolle**, etwa Kleidungsstücke oder Teppiche. Am günstigsten kauft man diese in den kleineren Städten der Südinsel. Nelson, an der Nordküste der Südinsel, wurde durch die von Sonne und Meer angelockten alternativen Kunsthandwerker zu einem Zentrum kunstvoller und teils origineller **Keramikwaren**.

Historische **Holzschnitzereien** der Maori, vor allem Skulpturen und Masken von Göttern und Ahnen, sind nicht nur rar geworden, ihre Ausfuhr ist auch verboten. Bei der Mehrzahl der Angebote handelt es sich jedoch um *Nachbildungen* alter Motive, teils von durchaus guter Qualität. Reichlich Einkaufsmöglichkeiten bieten das *Maori Arts and Crafts Institute* und die Souvenirshops von Rotorua. Maori haben auch die alte Kunst des **Bone Carving**, des Knochenschnitzens, wieder belebt, wobei Tierfiguren am besten gelingen. Zu den beliebtesten Souvenirs zählt Schmuck aus **Greenstone**, der neuseeländischen Jade, die an der Westküste der Südinsel gewonnen und am günstigsten aus dort, zwischen Greymouth und Hokitika, gekauft wird. Aus einer Fülle von kleinen Gegenständen ragt der **Heitiki**, eine kleine stilisierte Maorifigur heraus, der man spirituelle Kräfte zuspricht. Zu interessanten Schmuckstücken – zuweilen nahe am Kitsch – wird das farbschöne, irisierende Innere der **Paua-Muscheln** verarbeitet.

■ Essen und Trinken

Lange Zeit hatte Neuseelands Küche keinen allzu guten Ruf. Oft erinnerten zerkochtes Gemüse und hartgebruzzeltes Fleisch an das viel geschmähte britische Vorbild. Doch bei der Probe aufs Exempel wird man mittlerweile häufig angenehm überrascht: **Fische** und **Meeresfrüchte** zählen zu den besten der Welt, das **Fleisch** ist erstklassig, das **Gemüse** frisch, und das **Obst** schmeckt herrlich. In den Städten sorgen zahlreiche europäische und asiatische Köche für ein reichhaltiges Angebot – mit gelegentlicher Minzsauce als Zugeständnis an den neuseeländischen Geschmack.

Very british – Erbe der Kolonialzeit

Das reichhaltige neuseeländische Frühstück, **Breakfast**, erinnert noch an die Tage der britischen und australischen Pioniere und Holzfäller. Zu Kaffee oder Tee und Fruchtsaft gibt es Eier jeder Art, gebratenen Speck (*Bacon*) sowie Pfannkuchen (*Pancakes*) mit Butter und Sirup. Dazu können noch Würstchen und frittierte, geraspelte Kartoffeln (*Hash browns*), Bohnen in Tomatensauce (*Baked beans*), Porridge mit Butter und Konfitüre, eventuell auch Fisch, Steaks oder Lammkoteletts bestellt werden.

Das Mittagessen, **Lunch**, fällt üblicherweise klein aus. Dafür bieten sich verschiedenste Lokale an, von Sushi-Bars und chinesischen Selbstbedienungsrestaurants über Pubs und Takeaways bis zu Bistros, Imbissbuden und Fast Food Restaurants. Es muss durchaus nicht immer Fish & Chips oder ein Great Kiwi Burger sein. Wenn möglich nimmt man sich zur **Tea time** am frühen Nachmittag Zeit für eine Tasse Tee und Gebäck (*Scones*).

Zum Abendessen, **Dinner**, wird viel Fleisch angeboten. Die Rindersteaks sind zart und groß, die Lamb chops knusprig. Beliebt ist Huhn in vielen Variationen und natürlich immer wieder Fisch. Oft steht Venison, Wild, auf der Speisekarte. Rotwild wird gezüchtet; sein mageres Fleisch ist zart und von feinem Aroma. Als Beilagen eignen sich Spargel und Artischocken sehr gut, auch ungewöhnlichere Gemüse wie die Süßkartoffeln Kumara oder die Baumtomaten Tamarillos.

Alkohol wird nur in Bars und Lokalen ausgeschenkt, die eine spezielle Lizenz dafür haben. Ist dies nicht der Fall, fordert man die Kunden mit der Abkürzung **BYO** – **Bring your own** – auf, Wein und Bier selbst mitzubringen. Dafür bezahlt man ein Korkgeld, das in der Gebühr für das Gedeck enthalten ist. Alkoholische Getränke kauft man in *Bottle Stores*, die abends oft bis 22 Uhr geöffnet sind (Verkauf ab 18 Jahren).

Die ausgezeichneten **Weine** Neuseelands keltert man in der Umgebung von Auckland, auf Waiheke Island, im Waikato und auf der Südinsel um Blenheim. Die Spezialitäten sind Sauvignon Blanc, Chardonnay, Pinot Noir, Riesling und Cabernet. **Bier** wird in Neuseeland gerne und in großen Mengen getrunken. Boutique-Breweries sind kleine Brauereien mit eigenen Pubs.

Die empfehlenswertesten Landesspezialitäten, sieht man von Lamm und Rindersteaks ab, sind Meeresfrüchte: **Muscheln**, aus denen man cremige Suppen bereitet, in Wein gedämpfte *Greenlipped Mussels* aus den Marlborough Sounds, *Scallops*, eine Art Jakobsmuschel, die teuren *Tuatua*, die delikaten *Bluff Oysters* von den kühlen Austernbänken vor der Südinsel, die von März bis Juli Saison haben. An der Küste bekommt man **Krustentiere**, vor allem *Crayfish* (Langusten), in Hafenstädten teilweise schon zum Verzehr vorbereitet. Wer **Fisch** mag, hat die Wahl zwischen 60 Arten, darunter in Europa unbekannte wie Hapuka, Groper, Tarakihi oder Hoki. Als Spezialität gilt der kleine, durchsichtige *Whitebait* (Sprotte), der an der West Coast in großen Schwärmen auftritt. Lachse (*Salmon*) und Riesenforellen wie *Rainbow Trout* (Regenbogenforelle) und *Brown Trout* (Braune Forelle) gibt es in Flüssen und Seen im Überfluss. Man angelt die Fische selbst und bekommt sie dann im Restaurant zubereitet. In Fischgeschäften werden sie nicht verkauft. In Restaurants serviert man Fische meist filetiert.

Die Teilnahme an einem **Hangi** ist ein Ausflug in die traditionelle Maoriküche. Dabei werden Fleisch, Huhn, Fisch, Gemüse und Kumara (Süßkartoffeln) in Blätter eingewickelt, mit feuchten Tüchern abgedeckt und in einem Erdofen gegart. Die besten Gelegenheiten zur Teilnahme bieten sich in *Rotorua* und *Wharakei*.

Restaurants

Speiselokale gibt es in allen Preisklassen, teils modern gestylt, teils ungemein behaglich. Meist ist eine Voranmeldung nötig. Im Allgemeinen wartet man, bis man zu einem Tisch geleitet wird, was bei großem Andrang durchaus länger dauern kann. Die Wartezeit überbrückt man mit einem Aperitif an der Bar.

Trinkgeld

Trinkgeld (*Tip*) ist nicht allgemein üblich, hat sich jedoch mit steigenden Touris-

Essen und Trinken – Feiertage – Festivals und Events

Begehrte Trophäe – Spitzen-Schafscherer treten in Masterton um die Goldene Schere an

tenzahlen für guten Service eingebürgert. Vorsicht bei Trinkgeld an Maoris, manche fassen es als Verletzung ihres Stolzes auf.

■ Feiertage

Landesweite Feiertage sind: Neujahr (*New Year*), der Nationalfeiertag *Waitangi Day* am 6. Februar, Ostern von Karfreitag bis Ostermontag, *Anzac Day* am 25. April zur Erinnerung an alle Kriegsgefallenen, der Geburtstag der britischen Königin Elizabeth II. um den 8. Juni, *Labour Day* um den 26. Oktober und die beiden Weihnachtstage 25. und 26. Dezember (*Christmas Day* und *Boxing Day*). Jede Provinz Neuseelands begeht den Jahrestag ihrer Gründung innerhalb ihrer Grenzen als örtlichen Feiertag.

■ Festivals und Events

Über aktuelle Veranstaltungen informiert die jedes Jahr neu aufgelegte Broschüre *New Zealand Events Calendar*, die die meisten Visitor Information Centres bereithalten.

Januar
Auckland, *Auckland Regatta* (www.regatta.org.nz): Mehr als 1000 Jachten laufen zur Regatta im Waitemata Harbour aus.
Nelson, *Kites Festival* (www.kites-rainbowflight.co.nz): Drachensteigen am Strand für Amateure und Profis.

Februar
Blenheim/Marlborough, *Marlborough Wine & Food Festival* (www.wine-marlborough-festival.co.nz): Hier dreht sich alles um kulinarische Produkte der Region.

Christchurch, *Garden City Festival of Flowers* (www.festivalofflowers.co.nz): Die Stadt verwandelt sich in ein Blütenmeer und viele weitere Orte auf der Südinsel eifern ihr nach.
Napier, *Art Deco Weekend* (www.artdeconapier.com): Mit dem Festival feiert die Stadt ihre Wiederauferstehung nach dem schweren Erdbeben von 1931.

Februar/März
Central Otago, *Otago Goldfields Cavalcade* (www.cavalcade.co.nz): Ein historischer Überland-Wagenzug erinnert an die Goldrush-Tage im 18. Jh.
Verschiedene Städte, *Te Matatini* (www.tematatini.co.nz): Alle zwei Jahre (2017…) tanzen und musizieren die besten Maorigruppen des Landes.
Wellington, *New Zealand Festival* (www.festival.co.nz): Das alle zwei Jahre (2016, 2018 usw.) stattfindende Festival ist das größte Ereignis im Kunstkalender des Landes.

März
Masterton, *Golden Shears* (www.goldenshears.co.nz): Zu den Höhepunkten des Festes gehört der Wettbewerb um den schnellsten Schafscherer.

März/April
Waikato, *Balloons over Waikato*: (www.balloonsoverwaikato.co.nz): Bei dem mehrtägigen Event steigen unterschiedlich – und teilweise verrückt – gestaltete Heißluftballons in den Himmel.

April
Auckland, *Royal Easter Show* (www.royaleastershow.co.nz): Auf dem Programm der Royal Easter Show, der größten Pferdeshow des Landes, steht auch die Preisverleihung für Qualitätsprodukte in Kunst, Handwerk und Weinerzeugung.

Mai
Rotorua, *Lion Foundation Fletcher Challenge Marathon* (www.rotoruamarathon.co.nz): Die Laufveranstaltung rund um den See bietet neben der Marathonstrecke auch 5-km- und 10-km-Läufe.

Juni
Bay of Islands, *Yellowtail Tournament* (www.sportfishing.co.nz): Fest für Sportfischer.
Hamilton, *New Zealand National Fieldays* (www.fieldays.co.nz): Sehr beliebte jährliche Agrarschau.

Juli
Mount Ruapehu, *FIS Skiing Continental*

Cup: Hiesige Meisterschaften im alpinen Skilauf.

August
Auckland, *Rally of New Zealand* (www.rallynz.org.nz): Fans des Autorennsports fiebern mit bei der Rally, die Teil der Asia Pacific Rally Meisterschaft ist.

September
Hastings, *Blossom Festival* (www.visithastings.co.nz): Mit Frühlingsfest und Blumenparade.

September/Oktober
Wellington, *New Zealand Wearable Art Awards* (WOW, www.worldofwearableart.com): Innovative Modeschöpfer und Designer stellen ihre ausgefallensten Kreationen vor.

Oktober
Kaikoura, *Pacific Kaikoura Seafestival* (www.seafest.co.nz): Meeresfrüchte, frische Fische und Weine.

November
New Plymouth, *Power Co Taranaki Garden Spectacular* (www.gardenstovisit.co.nz): Zehn Tage dauerndes, grandioses Blütenfest.

Dezember
Coromandel Peninsula, *Pohutukawa Festival* (www.pohutukawafestival.co.nz): Kunstausstellungen und Konzerte, Schatzsuche und Märchenerzählen.
Te Anau Rodeo, Vorführungen außergewöhnlicher Reitkunst.

Gisborne, *Rhythm and Vines* (www.rhythmandvines.co.nz): Drei-Tage-Musikfestival zum Jahresende im Waiohika Weingut.

Klima und Reisezeit

Tiefdruckgebiete bringen oft beiden neuseeländischen Inseln extreme Winde und schwere Regenfälle. Im Allgemeinen sind aber die klimatischen Verhältnisse der *Nordinsel* ausgeglichener, die **Niederschläge** verteilen sich gleichmäßiger als auf der *Südinsel*. Dort sind im Gegensatz zum trockeneren Osten die West Coast und die Westabhänge der Southern Alps deutlich benachteiligt, denn hier regnen die Wolken ab, die sich über der Tasman Sea bilden. Bei mittleren jährlichen Niederschlagsmengen von 2850 mm im Bereich von Hokitika bis 6380 mm in der Gegend des Milford Sound ist so manche Unternehmung nur mit guter Regenkleidung durchzuführen.

Die Nord-Süd-Ausdehnung über 1600 Kilometer bringt vom subtropischen Norden bis zur gebirgigen Südwestspitze der Südinsel klimatische Abwechslung:

Klimadaten Auckland

Monat	Luft (°C) min./max.	Wasser (°C)	Sonnenstd./Tag	Regentage
Januar	16/24	20	8	8
Februar	17/24	20	7	6
März	16/23	20	6	8
April	13/20	19	5	10
Mai	11/18	18	5	12
Juni	9/15	17	4	14
Juli	8/15	15	5	14
August	9/15	14	5	13
September	10/16	13	5	13
Oktober	11/18	15	6	11
November	13/20	17	7	9
Dezember	15/22	19	8	9

Klimadaten Christchurch

Monat	Luft (°C) min./max.	Wasser (°C)	Sonnenstd./Tag	Regentage
Januar	12/22	16	8	6
Februar	12/22	16	7	6
März	11/20	16	6	6
April	8/18	14	6	6
Mai	5/14	13	5	8
Juni	2/12	12	4	8
Juli	2/11	11	4	9
August	3/12	11	5	8
September	5/15	11	6	6
Oktober	7/17	13	7	8
November	9/19	13	7	6
Dezember	11/21	16	7	7

Die neuseeländischen **Jahreszeiten** sind den europäischen entgegengesetzt. Im **Frühling** (Sept., Okt., Nov.) blühen Blumen und Bäume üppig – eine gute Jahreszeit für Stadtbesuche und Wanderungen. Der **Sommer** (Dez., Jan., Febr.) ist warm und sonnig. Im nördlichen Teil der Nordinsel steigt das Thermometer regelmäßig auf über 22 °C. Am kühlsten bleibt mit durchschnittlich 19 °C der Westen und Süden der Südinsel. Der Sommer ist die Hauptreisezeit der ›Kiwis‹. Viele Hotels sind ausgebucht, Strände und Routen überfüllt. Im **Herbst** (März, April, Mai) färben sich die Bäume, die Temperaturen sinken, und im Mai nimmt die Zahl der Regentage wieder zu. März und April eignen sich noch gut für Rundreisen und Wanderungen. Im **Winter** (Juni, Juli, Aug.)

Klima und Reisezeit – Nachtleben – Nationalparks – Sport

schneit es im Hochgebirge, und die Temperaturen können nachts auf der Süd- und südlichen Nordinsel bis zur Frostgrenze absinken. Die Tagestemperaturen sind angenehm mild. In den neuseeländischen Alpen ist von Juli bis August Skisaison. Winterbeginn ist der 21. Juni.

■ Nachtleben

Wellington und vor allem Auckland verfügen über eine lebendige Clubszene, die bezüglich der Abend- und Nachtgestaltung kaum Wünsche offen lässt. In **Wellington** trifft man sich rund um den *Courtenay Place*, in **Auckland** liegen die angesagtesten Bars und Diskotheken entlang der *Queen* und *Quay Street*, im Bereich der *Britomart-Zone* und im *Viaduct Hafenviertel*. **Nelson** lockt mit vielen Pubs und Musikkneipen zwischen *Trafalgar* und *Bridge Street*.

■ Nationalparks

14 **National Parks** und fünf **Maritime Parks** kann Neuseeland aufweisen, sechs wurden von der UNESCO zum World Heritage, zum Erbe der Menschheit ernannt. Überdies gibt es 19 *Forest Parks*, die sich zumeist gut für Wanderungen eignen. Die Parks werden vom **Department of Conservation** (**DOC**) verwaltet [s. *Praktische Hinweise*].

■ Sport

Neuseeländer fühlen sich als die **Freizeitnation** der Welt. ›Kiwis‹ treiben mit Leidenschaft jeden Wassersport, Trekking ist selbstverständlich, **Rugby** fast ein Glaubensbekenntnis – vor allem bei der Nationalmannschaft **All Blacks** – und im Erfinden immer abenteuerlicherer Sportarten sind sie Weltmeister. **Bungee Jumping** z. B. wurde in Queenstown erdacht, und beim **Zorbing** rollen Menschen in aufblasbaren Kugeln Berghänge hinab. Auf den Flüssen bei Queenstown und Rotorua wird **White Water Sledging** mit Gummireifen betrieben.

Angeln

Forellen kann man das ganze Jahr über angeln: Okt.–April in den Seen (z. B. Lake Rotorua, Lake Taupo, Lake Kanaka oder Lake Tarawera), Mai–Okt. im Tongariro River und seinen Nebenflüssen. Jan.–März sind die besten Monate, um in den zur Ostküste verlaufenden Flüssen der Südinsel (Rakaia, Rangitata, Waimakariri) **Lachse** zu fangen. Eine **Angelerlaubnis** bekommt man in Sportgeschäften.

Baden

Neuseelands wundervolle Strände tragen **Farben**: weiß ist der Sand im subtropischen Norden, rosarot schimmert er auf der Coromandel Peninsula, goldfarben am südlichen Saum der Cook Strait und schwarz an der Westküste. Die **Wassertemperaturen** liegen im Südsommer zwischen 18 und 20 °C.

Beliebte **Strände** der Nordinsel sind der oft weithin einsame *Ninety Mile Beach* an der Nordwestspitze und die Strände an der Ostküste der Coromandel Peninsula, in der Umgebung von Auckland und Wellington sowie bei Havelock North. Unter den Badeplätzen der Südinsel ragen die Nordstrände an der *Tasman Bay* und *Golden Bay*, an der Ostküste bei Christchurch und Dunedin heraus.

Vielbesuchte Strände werden von **Lifeguards**, Rettungsschwimmern, überwacht. Bei Neuseelands langer Küstenlinie gibt es jedoch viele einsame Strände, an denen man auf sich allein gestellt ist. Eine Gefahr bedeuten **Unterwasserströmungen**, die vorwiegend an Küstenabschnitten auftreten, die völlig offen zum Meer liegen. **Haie** gibt es zweifelsohne an Neuseelands Küsten, auch wenn in den letzten Jahren keine Angriffe auf Badende bekannt wurden. Über einsame, unbewachte Strände ziehe man dennoch vorher Erkundigungen ein.

Golf

Grünsamtene Wiesen und über 400 Golfplätze warten in der Hochsaison Mai–Okt. auf Golfer. Die originellsten Plätze befinden sich im vulkanischen Umland von Rotorua, wo blubbernde Schlammquellen und heiße Tümpel die Greens auflockern. In den meisten Clubs sind Besucher willkommen.

Hochseefischen

Big Game Enthusiasten reisen Jan.–Mai an die Nordostküste von North Island. Die wichtigsten Fanggründe sind Bay of Islands, Tutukaka, Whangaroa, Whitianga,

Mayor Island und Whakatane. Voll ausgerüstete Boote mit Skipper kann man, meist gruppenweise, mieten. Noch immer ist der **Black Marlin** die beliebteste Trophäe, gefolgt von riesigen **Schwertfischen** und **Haien**.

Jetboat

Die Flüsse bei Queenstown und Christchurch bieten reichlich Gelegenheit zu rasanten Touren. Auf dem Rangitikei River der Nordinsel geht die Fahrt durch Schluchten und über einen Wasserfall.

Kajak

Kajaktouren auf den klaren Seen, in den Marlborough Sounds, im Abel Tasman National Park oder im Milford und Doubtful Sound des Fiordland gehören zu den ganz großen Erlebnissen einer Neuseelandreise. Für Flussfahrten eignet sich gut der Whanganui River.

Segeln

Saison ist Nov.–Mai. In vielen Hafenorten kann man Segelboote mieten, ohne Vorbestellung jedoch meist nur ohne Skipper. Jachten mit Besatzung muss man bei Veranstaltern buchen. Die schönsten Segelreviere sind Bay of Islands, Hauraki Gulf und Marlborough Sounds.

Landsegeln (Blokart) ist auf einer eigens angelegten Piste in Papamoa möglich.

Rafting

Die besten Wildwasserrouten bieten Shotover River bei Queenstown und Wairoa River bei Tauranga.

Reiten

Neuseeland ist ein Reiterland, fast überall kann man Pferde mieten. Geführte Ausritte mit kleinen Gruppen sind z. B. von Wanaka und Queenstown aus in die Berge der Südinsel möglich.

Surfen

Gute Surfreviere sind Mangawai im Northland, die Mission Bay bei Auckland und Taranaki an der Westküste der Nordinsel mit meterhohen Wellen.

Tauchen

Die langen Küsten und das klare Wasser locken Taucher aus aller Welt. Berühmt für ihre Tauchreviere sind Poor Knights Islands, Bay of Islands, Marlborough Sounds, Fiordland und Stewart Island.

Trekking

Für ausdauernde Tourengänger, erfahrene Wanderer und Bergsteiger mit guter Kondition bietet Neuseeland wunderbare Möglichkeiten. Das Department of Conservation (DOC) mit Dienststellen in allen wichtigen Ausgangsorten (s. *Praktische Hinweise*) verwaltet die **Wandergebiete** und gibt über die Hüttenbelegung und eventuelle Gefahren Auskunft. Stets sollten Trekker bei ihren Unternehmungen **Wetterstürze** im alpinen Gelände einkalkulieren. Sanfte Bäche können in Windeseile zu tosenden Wildbächen werden, Lawinen und Murenabgänge Wege verlegen und Brücken wegreißen.

Die Wanderwege sind klassifiziert: Als **Walks** (mit W ausgeschildert) werden meist kurze Wanderwege im Umkreis der Städte bezeichnet. **Walkways** sind längere Routen auf guten Wegen, die man zu mehrtägigen Touren miteinander verknüpfen kann. **Tramping Tracks** führen zumeist in stille, einsame Wandergebiete. Geschlafen wird in Hütten oder im Zelt. Bergerfahrung, beste Ausrüstung, Ausdauer und Unempfindlichkeit gegen Wind und Wetter sind notwendig. Unter der Bezeichnung **Great Walks** sind die berühmtesten Wanderwege Neuseelands zusammengefasst. Sie alle dauern mehrere Tage, man übernachtet in Hütten. Erforderliche kostenpflichtige Great Walk **Hüttenpässe** gibt es bei DOC-Büros. Für Milford Track, Routeburn Track und Tuatapere Hump Ridge Track muss man sich lange im Voraus unter greatwalks booking@doc.govt.nz anmelden.

Wintersport

Juli–Sept. kann man auf der Nordinsel in schneesicheren Gebieten um den Vulkan Mount Ruapehu, auf der Südinsel in den Bergen bei Queenstown und Wanaka Ski fahren. Dort bringen Helikopter Gäste zu traumhaften Pulverschneehängen, mit Kleinflugzeugen gelangt man in die Gletscherregion des Mount Cook und auf den Tasman Glacier.

■ Statistik

Lage: Neuseeland, New Zealand, mit einer Fläche von 268 680 km² erstreckt sich 1770 km weit vom 35. bis zum 47. Grad südlicher Breite. Das Kerngebiet des Staates – ohne die neuseeländisch polynesischen Inselgruppen und die Ross Dependency in der Antarktis – besteht aus der 114729 km² großen Nordinsel, der 152356 km² großen Südinsel und der mit 1746 km² kleinen Stewart-Insel. Ein Drittel der Fläche steht unter Landschaftsschutz.

Die stark vulkanisch geprägte Northern Island mit tätigen Vulkanen auf White Island und im Tongariro National Park unterscheidet sich deutlich vom Landschaftsbild der Southern Island, das durch die hohen Berge der vergletscherten Südalpen geprägt wird, die im Mount Cook 3764 m hoch ansteigen.

Bevölkerung: Die Zusammensetzung rund 4,5 Mio Menschen umfassenden, rasch wachsenden Bevölkerung ist je nach Region sehr unterschiedlich. Insgesamt haben ca. 68 % der Neuseeländer europäische Wurzeln, 14 % sind Maori 7 % Pacific Islander, 10 % Asiaten, den Rest stellen andere Ethnien.

Amtssprachen sind Englisch und Maori. Obwohl die Mehrheit der Neuseeländer sich zum Christentum (Anglikaner, Presbyterianer, Katholiken) bekennt, sind 32 % konfessionslos. Mit durchschnittlich 14 Einwohnern pro km² ist das Land, vor allem die Südinsel, mit Ausnahme des Bezirks Canterbury, sehr dünn besiedelt.

Verwaltung: Das in 16 Regionen und drei Außengebiete eingeteilte Land ist eine parlamentarische Demokratie und gleichzeitig eine konstitutionelle Monarchie innerhalb des Commonwealth of Nations. Formelles Staatsoberhaupt ist die britische Königin, vertreten durch einen Generalgouverneur.

Wirtschaft: Ursprünglich ein reiner Agrarstaat, begann Neuseeland nach dem Zweiten Weltkrieg mit einer weitgehenden Industrialisierung. Protektionismus, großzügige Subventionen und ein allgegenwärtiger Staat führten das einstige Wohlfahrtsland an den Rand des Bankrotts. Seit Mitte der 1980er-Jahre erfolgt eine Reformpolitik mit starker Liberalisierung im Rahmen der Wirtschaftspolitik, des Außenhandels, der Finanzpolitik und auf dem Bankensektor. Durch Einführung der Mehrwertsteuer, Kommerzialisierung öffentlicher Dienste, Privatisierung staatlicher Beteiligungen, durch Deregulierungen auf dem Arbeitsmarkt und eine streng kontrollierte Budgetpolitik gelang eine gewisse Konsolidierung der Staatsfinanzen, die jedoch sehr rezessionsanfällig sind. 2013 konnte Neuseeland trotz weltweiter Finanzkrise ein wirtschaftliches Wachstum von fast 3 % verzeichnen. Die Arbeitslosenquote liegt unter 5 % und die Inflationsrate beträgt 4 %. 48 % der Exporteinnahmen werden noch immer aus dem Verkauf von Fleisch-, Milch- und Fischereiprodukten, Früchten und Wolle erzielt, 41 % durch Industriewaren. Dem Tourismus kommt eine zunehmend wichtige Rolle in der Wirtschaft Neuseelands zu.

Unterkunft

Eine vielfältige Hotellerie lässt in großen Städten und den wichtigsten Touristengebieten keine Wünsche offen.

Backpacker Lodges

Mit dem Rucksack kommt man gut durch ganz Neuseeland. Vor allem junge Reisende stellen sich darauf ein. **Budget Backpacker Hostels** nennt in seiner Liste über 260 preiswerte Hostels. Anfragen über www.backpack.co.nz.

Bed & Breakfast

Homestay in Privathäusern und Farmstay, eine Art Urlaub auf dem Bauernhof, bringen Besucher am direktesten in Kontakt mit neuseeländischer Lebensart, Gemütlichkeit und Gastfreundschaft. So manches alte viktorianische Haus ist zwecks Zimmervermietung hübsch und komfortabel umgebaut worden.

Camping Grounds

Neuseeland überzieht ein dichtes Netz von oft sehr schön gelegenen Campingplätzen, die auch als *Holiday Parks* mit Tourist Cabins ausgewiesen sein können. Wer mit dem **Campmobil** unterwegs ist, findet auch an abgelegenen Plätzen gute Einrichtungen vor.

Hotels

Die in diesem Reiseführer klassifizierten Unterkünfte verfügen über Restaurants und Schanklizenz. Sie entsprechen der neuseeländischen Einteilung, von der teuersten Kategorie A oder ***** bis zur preisgünstigsten D oder *. Häuser internationaler Ketten gibt es in Auckland, Wellington, Rotorua und Christchurch. Sie bieten hohen Standard und verlangen entsprechende Preise. Einige **Lodges** in besonders schönen Gegenden stehen den teuren Hotels weder an Luxus noch in der Höhe der Preise nach. In ländlichen Gegenden spielen **Country Hotels** mit oft nur wenigen Zimmern über Gaststätten und Pubs eine Rolle.

Motels

Im ganzen Land, auch in den Städten und keineswegs nur an Überlandstraßen, findet man gute, saubere Motels, die **Units**, Einheiten für Familien, anbieten und für Selbstversorger eingerichtet sind. In Touristenorten empfehlen sich für längere Aufenthalte Units mit gut ausgestatteten Küchen.

Motor Inns

Angenehm und günstig wohnt man meist in Mittelklasse-Hotels der oberen Preiskategorie, den Motor Inns bzw. Motor Lodges. Sie sind in der Regel gut eingerichtet und teils in Marketing Groups wie Budget, Flag, Southern Pacific oder Quality Hotels zusammengeschlossen.

Verkehrsmittel im Land

Bahn

Auf beiden Inseln betreibt die neuseeländische staatliche Eisenbahn KiwiRail Nord-Süd-Verbindungen. Die Zuglinien der Scenic Journeys haben seit 2011 spezielle Panoramawägen, die einen guten Ausblick auf die Landschaft gewähren. Folgende Strecken sind im Angebot: *Northern Explorer* (Auckland–Wellington), *Coastal Pacific* (Picton–Christchurch) und *TranzAlpine* (Christchurch–Greymouth). Infos unter Tel. 04/495 07 75, www.kiwirailscenic.co.nz.

Bus

Die preiswerteste Reisemöglichkeit bieten die Überlandbusse der Gesellschaften *Inter City*, *Newmans*, *Johnston's* sowie innerhalb der Inseln *Mount Cook Line*. Verschiedene Busunternehmer bieten Pauschalreisen über die Nord- und Südinsel an. An den Zielpunkten ist für Unterkunft und Verpflegung gesorgt. Es werden vielerlei Ermäßigungen und Travel Passes angeboten. Vorab Auskunft erteilt: Inter City, Tel. 09/583 57 80, www.intercity.co.nz.

Flugzeug

Auf Inlandsflügen werden die Flughäfen in allen größeren Städten des Landes angeflogen. Air New Zealand fliegt mit

Das Chateau Tongariro ist die große alte Dame der neuseeländischen Hotels

Qantas New Zealand und kleineren Tochterunternehmen 27 Destinationen im Land an. In Auckland, Wellington und Christchurch gibt es Selbstbedienungsterminals mit Automaten für Check-in und Selbstaufgabemöglichkeiten für Gepäck. Origin Pacific verbinden die wichtigsten neuseeländischen Städte miteinander. Air Chathams fliegt von Wellington und Napier zu den Chatham Islands. Auf der Südinsel werden viele Gletscher- und Helikopterflüge angeboten.

Mietwagen

Überall im Land kann man Autos oder Geländewagen, Wohnmobile oder Motorräder mieten, wenn man mindestens 21 Jahre alt ist und einen nationalen Führerschein vorweist. Für Mitglieder bietet die ADAC Autovermietung günstige Konditionen an. Buchungen über www.adac.de/autovermietung, die ADAC Geschäftsstellen oder unter Tel. 089/7676 20 99. Setzt man zwischen der Nord- und der Südinsel mit der Fähre über, darf man Mietwagen nach Vereinbarung am Abfahrtshafen zurückgeben und erhält nach Ankunft auf der anderen Insel ein neues Fahrzeug.

Schiff

Zwischen Wellington auf der Nord- (Waterloo Quay) und Picton/Marlborough Sounds auf der Südinsel verkehren mehrmals täglich **Auto-** und **Eisenbahnfähren** der Fährlinien **Interislander** (www.interislander.co.nz) und **Bluebridge** (www.bluebridge.co.nz). Wenn es das Wetter erlaubt, fährt auch der schnellere Katamaran Lynx (Interislander). Der **Stewart Island Experience** (www.stewartislandexperience.co.nz) verbindet Bluff an der Südspitze von South Island mit Oban auf Stewart Island.

Sprachführer
Englisch für die Reise

■ Das Wichtigste in Kürze

Ja/Nein	Yes/No
Bitte/Danke	Please/Thank you
In Ordnung/Einverstanden.	All right/Agreed.
Entschuldigung!	Excuse me!
Wie bitte?	Pardon?
Ich verstehe Sie nicht.	I don't understand you.
Ich spreche nur wenig Englisch.	I only speak a little English.
Können Sie mir bitte helfen?	Can you help me, please?
Das gefällt mir/ Das gefällt mir nicht.	I like that/ I don't like that.
Ich möchte ...	I would like ...
Haben Sie ...?	Do you have ...?
Gibt es ...?	Is there ...?
Wie viel kostet das?/ Wie teuer ist ...?	How much is that?
Kann ich mit Kreditkarte bezahlen?	Can I pay by credit card?
Wie viel Uhr ist es?	What time is it?
Guten Morgen!	Good morning!
Guten Tag!	Good morning!/ Good afternoon!
Guten Abend!	Good evening!
Gute Nacht!	Good night!
Hallo! Grüß Dich!	Hello!/Hi!
Wie ist Ihr Name, bitte?	What's your name, please?
Mein Name ist ...	My name is ...
Ich bin Deutsche(r).	I am German.
Ich bin aus Deutschland.	I come form Germany.
Wie geht es Ihnen?	How are you?
Auf Wiedersehen!	Good bye!
Tschüs!	See you!
gestern/heute/ morgen	yesterday/today/ tomorrow
am Vormittag/ am Nachmittag	in the morning/ in the afternoon
am Abend/ in der Nacht	in the evening/ at night
um 1 Uhr/ 2 Uhr ...	at one o'clock/ at two o'clock ...
um Viertel vor (nach) ...	at a quarter to (past) ...
um ... Uhr 30	at ... thirty
Minuten/Stunden	minutes/hours
Tage/Wochen	days/weeks
Monate/Jahre	months/years

■ Wochentage

Montag	Monday
Dienstag	Tuesday
Mittwoch	Wednesday
Donnerstag	Thursday
Freitag	Friday
Samstag	Saturday
Sonntag	Sunday

■ Zahlen

0	zero	20	twenty
1	one	21	twenty-one
2	two	22	twenty-two
3	three	30	thirty
4	four	40	forty
5	five	50	fifty
6	six	60	sixty
7	seven	70	seventy
8	eight	80	eighty
9	nine	90	ninety
10	ten	100	a (one) hundred
11	eleven		
12	twelve	200	two hundred
13	thirteen	1000	a (one) thousand
14	fourteen		
15	fifteen	2000	two thousand
16	sixteen	10 000	ten thousand
17	seventeen	1 000 000	a million
18	eighteen	½	a (one) half
19	nineteen	¼	a (one) quarter

■ Monate

Januar	January
Februar	February
März	March
April	April
Mai	May
Juni	June
Juli	July
August	August
September	September
Oktober	October
November	November
Dezember	December

■ Maße

Kilometer	kilometre
Meter	metre
Zentimeter	centimetre
Kilogramm	kilogramme
Gramm	gramme
Liter	litre

Unterwegs

Nord/Süd/West/Ost	north/south/west/east
geöffnet/geschlossen	open/closed
geradeaus/links/rechts/zurück	straight on/left/right/back
nah/weit	near/far
Wie weit ist es?	How far is it?
Wo sind die Toiletten?	Where are the toilets?
Wo ist die (der) nächste ...	Where is the nearest ...
Telefonzelle/	telephone-box/
Bank/Post/	bank/post office/
Polizeistation/	police station/
Geldautomat?	automatic teller?
Wo ist ...	Where is the ...
der Hauptbahnhof/	main train station/
die Bushaltestelle/	bus stop/
der Flughafen?	airport, please?
Wo finde ich ein(e, en)?	Where can I find a ...
Apotheke/	pharmacy/
Bäckerei/	bakery/
Lebensmittelgeschäft/	food store/
Markt?	market?
Ist das der Weg/ die Straße nach ...?	Is this the way/ the road to ...?
Gibt es einen anderen Weg?	Is there another way?
Ich möchte mit ... dem (der)	I would like to go to ... by ...
Zug/Schiff/	train/ship/
Fähre/Flugzeug	ferry/airplane.
nach ... fahren.	
Gilt dieser Preis für Hin- und Rückfahrt?	Is this the round trip fare?
Wie lange gilt das Ticket?	How long will the ticket be valid?
Wo ist ...	Where is ...
das Tourismusbüro/	the tourist office/
ein Reisebüro?	a travel agency?
Ich benötige eine Hotelunterkunft.	I need hotel accommodation.
Wo kann ich mein Gepäck lassen?	Where can I leave my luggage?

Zoll und Polizei

Ich habe etwas/nichts zu verzollen.	I have something/nothing to declare.
Ich habe nur persönliche Dinge.	I have only personal belongings.
Hier ist die Kaufbescheinigung.	Here is the receipt.
Hier ist mein(e) ...	Here is my ...
Geld/Pass/	money/passport/
Personalausweis/	ID card/
Kfz-Schein/	certificate of registration/
Versicherungskarte.	car insurance card.
Ich fahre nach ... und bleibe ... Tage/Wochen.	I'm going to ... to stay there for ... days/weeks.
Ich möchte eine Anzeige erstatten.	I would like to report an incident.
Man hat mein(e, en) ...	They stole my ...
Geld/Tasche/	money/bag/
Papiere/Schlüssel/	papers/keys/
Fotoapparat/Koffer/	camera/suitcase/
Fahrrad gestohlen.	bicycle.
Verständigen Sie bitte das/die Deutsche Konsulat/Botschaft	Please contact the the German consulate/embassy.

Freizeit

Ich möchte ein ...	I would like to rent a ...
Fahrrad/	bicycle/
Mountainbike/	mountain bike/
Motorrad/	motorcycle/
Surfbrett/	surf board/
Boot mieten.	boat.
Gibt es ...	Is there a ...
einen Strand/	beach/
einen Freizeitpark/	theme park/
ein Freibad/	outdoor swimming pool/
einen Golfplatz/	golf course/
eine Reitschule	riding stable
in der Nähe?	in the area?
Wann hat ... geöffnet?	What are the opening hours of ...?

Bank, Post, Telefon

Ich möchte Geld wechseln.	I would like to change money.
Brauchen Sie meinen Ausweis/Pass?	Do you need my ID card/passport?
Wo soll ich unterschreiben?	Where should I sign?
Wie lautet die Vorwahl für ...?	What is the area code for ...?
Wo gibt es ...	Where can I get ...
Telefonkarten/	phone cards/
Briefmarken?	stamps?

Wichtige Begriffe in Maori

Willkommen!	Haere mai!
Hallo!	Kia ora!
Berg	Maunga
Fisch	Ika
Fluss/Tal	Awa
groß	Nui
Haus	Whare
Hügel	Puke
Insel	Motu
klein	Iti
See	Roto/Moana
Wasser	Wai

Tankstelle

Wo ist die nächste Tankstelle?	Where is the nearest petrol station?
Ich möchte ... Liter ... Super/Diesel/ bleifrei.	I would like ... litres of star/diesel/ unleaded.
Volltanken, bitte.	Fill it up, please.
Bitte, prüfen Sie ... den Reifendruck/ den Ölstand/ den Wasserstand/ das Wasser für die Scheibenwischanlage/ die Batterie.	Please check the ... tire pressure/ oil level/ water level/ water in the windscreen wiper system/ battery.
Würden Sie bitte ... den Ölwechsel/ den Radwechsel vornehmen/ die Sicherung austauschen/ die Zündkerzen erneuern/ die Zündung nachstellen?	Would you please ... change the oil/ change the tires/ change the fuse/ replace the spark plugs/ adjust the ignition?

Mietwagen

Ich möchte ein Auto mieten.	I would like to rent a car.
Was kostet die Miete ... pro Tag/ pro Woche/ mit unbegrenzter km-Zahl/ mit Kaskoversicherung/ mit Kaution?	How much is the rent ... per day/ per week/ including unlimited kilometres/ including comprehensive insurance/ with deposit?
Wo kann ich den Wagen zurückgeben?	Where can I return the car?

Unfall

Hilfe!	Help!
Achtung!/Vorsicht!	Attention!/Caution!
Rufen Sie bitte schnell ... einen Krankenwagen/ die Polizei/ die Feuerwehr.	This is an emergency, please call ... an ambulance/ the police/ the fire department.
Es war (nicht) meine Schuld.	It was (not) my fault.
Geben Sie mir bitte Ihren Namen und Ihre Adresse.	Please give me your name and address.
Ich brauche die Angaben zu Ihrer Autoversicherung.	I need the details of your car insurance.

Panne

Ich habe eine Panne.	My car's broken down.
Der Motor startet nicht.	The engine won't start.
Ich habe die Schlüssel im Wagen gelassen.	I left the keys in the car.
Ich habe kein Benzin/ Diesel.	I've run out of petrol/ diesel.
Gibt es hier in der Nähe eine Werkstatt?	Is there a garage nearby?
Können Sie mir einen Abschleppwagen schicken?	Could you send a tow truck?
Können Sie den Wagen reparieren?	Could you repair my car?
Bis wann?	By when?

Krankheit

Können Sie mir einen guten Deutsch sprechenden Arzt/ Zahnarzt empfehlen?	Can you recommend a good German-speaking doctor/ dentist?
Wann hat er Sprechstunde?	What are his office hours?
Wo ist die nächste Apotheke?	Where is the nearest pharmacy?
Ich brauche ein Mittel gegen ... Durchfall/ Halsschmerzen/ Fieber/ Insektenstiche/ Verstopfung/ Zahnschmerzen.	I need medication for ... diarrhea/ a sore throat/ fever/ insect bites/ constipation/ toothache.

Hotel

Können Sie mir bitte ein Hotel/eine Pension empfehlen?	Could you please recommend a hotel/ Bed & Breakfast?
Ich habe bei Ihnen ein Zimmer reserviert.	I booked a room with you.
Haben Sie ein ... Einzel-/Doppelzimmer ... mit Dusche/ Bad/WC? für eine Nacht/ für eine Woche?	Have you got a ... single/double room ... with shower/ bath/bathroom? for a night/ for a week?
Was kostet das Zimmer mit Frühstück?	How much is the room with breakfast?
Wie lange gibt es Frühstück?	How long will breakfast be served?
Ich möchte um ... geweckt werden.	Please wake me up at ...
Haben Sie Internetzugang/ einen Hotelsafe?	Have you got internet access/ a hotel safe?

Ich reise heute abend/ morgen früh ab.	I will depart tonight/ tomorrow morning.	Fisch	fish
Kann ich mit Kreditkarte bezahlen?	Can I pay by credit card?	Fleisch	meat
		Fleischsoße	gravy
		Flunder	flounder
		Frühstück	breakfast
		Gans	goose
		Garnele	prawn

Restaurant

		Gebäck	pastries
Wo gibt es ein gutes/ günstiges Restaurant?	Where is a good/ inexpensive restaurant?	Geflügel	poultry
		Gemüse	vegetable
		Gurke	cucumber
Die Speisekarte/ Getränkekarte, bitte.	The menu/ the wine list, please.	Hähnchen	chicken
		Hammelfleisch	mutton
		Honig	honey
		Jakobsmuscheln	scallops
Ich möchte nur eine Kleinigkeit essen.	I only want a snack.	Kabeljau	cod
		Kaffee	coffee
Ich möchte das Tagesgericht/ Menü (zu …)	I like the dish of the day (at …).	Kalbfleisch	veal
		Kartoffeln	potatoes
		Käse	cheese
Welches Gericht können Sie besonders empfehlen?	Which of the dishes can you recommend?	Kohl	cabbage
		Kuchen	cake
		Lachs	salmon
Haben Sie typische Gerichte der Region?	Do you have local dishes?	Lamm	lamb
		Langusten	crayfish
Gibt es vegetarische Gerichte?	Are there vegetarian dishes?	Maiskolben	corn-on-the-cob
		Marmelade	jam/marmalade
Haben Sie offenen Wein?	Do you serve wine by the glass?	Miesmuscheln	mussels
		Mittagessen	lunch
Welche alkoholfreien Getränke haben Sie?	What kind of soft drinks do you have?	Meeresfrüchte	seafood
		Milch	milk
		Mineralwasser	mineral water
Haben Sie Mineralwasser mit/ ohne Kohlensäure?	Do you have sparkling water/ noncarbonated water?	Nieren	kidneys
		Obst	fruit
		Öl	oil
		Petersfisch	John dory
Das Steak bitte … englisch/medium/ durchgebraten.	The steak … rare/medium/ well-done, please.	Pfannkuchen	pancakes
		Pfeffer	pepper
		Pfirsiche	peaches
Das Essen war sehr gut.	The food was excellent.	Pilze	mushrooms
Die Rechnung, bitte.	The bill, please.	Pommes frites	french fries
		Reis	rice
		Reh/Hirsch	venison
		Rindfleisch	beef

Essen und Trinken

		Rühreier	scrambled eggs
		Sahne	cream
Aal	eel	Salat	salad
Abendessen	dinner	Salz	salt
Ananas	pineapple	Schaf (einjährig)	hogget
Auster	oyster	Schinken	ham
Barsch	perch	Scholle	plaice
Baumtomaten	tamarillos	Schweinefleisch	pork
Beilagen	side orders	Sekt	sparkling wine
Bier	beer	Suppe	soup
Birnen	pears	Thunfisch	tuna
Bratkartoffeln	fried potatoes	Tintenfisch	squid/octopus
Brot/Brötchen	bread/rolls	Truthahn	turkey
Butter	butter	Vorspeisen	hors d'œuvres
Eier mit Speck	bacon and eggs	Wein (Weiß/Rot/Rosé)	wine (white/red/rosé)
Eiscreme	ice-cream	Würstchen	sausages
Ente	duckling	Zucker	sugar
Erbsen	peas	Zwiebeln	onions
Erdbeeren	strawberries		
Essig	vinegar		

QUALITÄT ZUM KLEINEN PREIS!

Unschlagbar gut – unschlagbar günstig!

www.adac.de/shop

Register

A

Abel Tasman National Park 85, 89–90, 130, 133
Abel Tasman National Park Coastal Track 90
Algies Bay 33, 34, 35, 36
Alpine Fault 69, 73, 76, 79, 80
America's Cup 21, 24, 29
Aoraki 121–123
Aotearoa 6, 7, 8, 9
Aranui Cave 70
Arapawa Island 85
Arrowtown 102, 104
Arthur's Pass National Park 93, 94, 95, 96, 98
Athfield, Jan 78
Auckland 7, 18–29, 30, 43, 45, 50, 55, 63, 78, 127, 130, 132, 134
  Acacia Cottage 26
  Albert Park 23
  Antarctic Encounter 25
  Aotea Centre 23
  Auckland Art Gallery 23
  Auckland Domain 23
  Auckland Museum 24
  Auckland Zoo 24
  Civic Theatre 22
  Cornwall Park 26
  Devonport 27
  Ewelme Cottage 25
  Ferry Building 21
  Grafton Road 23
  Harrah's Sky City 22
  Karangahape Road 23
  Karekare Beach 27
  Kinder House 25
  Mission Bay 27
  Mount Eden 26
  Museum of Transport, Technology 24
  One Tree Hill 26
  Parnell Road 24
  Parnell Village 24
  Pro-Cathedral Church of St. Mary's 25
  Queen Street 21, 22
  Sky Tower 22
  Stanley Street 23
  St. Patrick's Cathedral 21
  Tamaki Drive 25
  The New Gallery 23
  Town Hall 22
  University of Auckland 23
  Viaduct Harbour 21
  Voyager New Zealand Maritime Museum 21
  Vulcan Lane 21
  Wellesley Street West 22
  Wyndham Street 21

B

Banks Peninsula 116
Bay of Islands 7, 33, 35–38, 40, 130, 132, 133
Bay of Plenty 7, 43, 48
Blenheim 123, 129
Blue Lakes 122
Bluff 110, 111, 135
Bowen Falls 107
Boyd Massacre 39
Brown, William 19
Buller Gorge 93
Buller River 93
Busby, James 38

C

Campbell, Sir John Logan 19, 26
Cape Brett 36
Cape Foulwind 93
Cape Foulwind Walkway 93
Cape Kidnappers 67
Cape Maria van Diemen 42
Cape Reinga 33, 41–42
Cardrona 101, 102
Cathedral Cove 46
Catlins Coast 110
Cavalli Islands 39
Central Otago 112
Champagne Pool 61
Christchurch 8, 112, 116–121, 127, 130, 131, 132
Church of the Good Shepherd 121
Cobb Valley 90
Collingwood 91
Conservation Island 29
Cook, James 30, 40, 43, 45, 46, 52, 72, 80, 85
Cooks Beach 46
Cook Strait 6, 69, 76, 81, 85
Coromandel 43, 44–45
Coromandel Peninsula 43
Coromandel Range 45
Coromandel Walkway 45
Coronet Peak 104

D

Dolomite Point Track 94
Doubtful Sound 9, 105, 108, 133
Dunedin 8, 112–115, 132, 135
D'Urville Island 85, 87
Dusky Sound 105

E

East Cape 43, 50–52
Eden, George, Earl of Auckland 19
Egmont National Park 72

F

Farewell Spit 85, 91
Fiordland National Park 9, 100, 101, 104, 105–107
Foveaux Strait 6, 101, 109, 110, 111
Fox Glacier 9, 93, 99
Fox Glacier Village 99
Franz Josef Glacier 9, 93, 99
Franz Josef Village 99
French Pass 86, 87
Frying Pan Lake 60

G

Gisborne 43, 52–53
Glenorchy 104
Godley, John Robert 116, 117, 119
Golden Bay 89, 90, 91, 132
Great Barrier Island 29, 31, 32
Great Barrier Island Track 31
Great Walks 9, 63, 66, 90, 104, 106, 133
Greenstone Caples Track 104
Greymouth 95–96, 135

H

Haast 100
Haast, Julius 99
Hahei Beach 46
Haka 42
Halfmoon Bay 111
Hamilton 69–70, 127, 130, 135
Hastings 55, 67, 131, 135
Hauraki Gulf 7, 18, 19, 22, 29–31, 43, 45, 133
Havelock 85, 86–87, 132
Hawaiki 42, 49, 51
Hawke Bay 55, 65, 66, 67
Hay, Louis 66
Heaphy Hut 91
Heaphy Track 91
Hobson, William 19, 38
Hodgins, Frances 88, 113
Hokitika 96–97, 128, 131
Hollyford Track 106
Home Bay 30
Hongi Hika 37
Hooker Lake 122
Hot Water Beach 46
Huka Falls 62
Hukatere Hill 41
Hulme, Keri 98
Hundertwasser, Friedensreich 36

I

Invercargill 109–111, 135

J

James Cook Observatorium 52

K

Kahurangi National Park 90
Kaikoura 112, 122–123
Kaitaia 40–41
Kaiti Hill 52
Kauaeranga Valley 43
Kawau Island 33–34
Kea 98
Kemp House 37
Kenneth, Kathleen 117
Kepler Track 106
Kerikeri 37
Kiwi (Frucht) 48
Kiwi (Vogel) 102, 103, 111
Kororipo Pa 37

L

Lake Brunner 95
Lake Ellesmere 120
Lake Manapouri 9, 105
Lake Matheson 99
Lake Pukaki 112, 121
Lake Rotomahana 55, 60
Lake Rotorua 55, 132

Lake Tarawera 59, 132
Lake Taupo 61, 63, 69, 132
Lake Te Anau 9
Lake Tekapo 112, 121
Lake Waikaremoana 66
Lake Waikaremoana Track 66
Lake Wakatipu 101
Lake Wanaka 101
Larnach Castle 115
Lindauer, Gottfried 23
Lyttelton Harbour 119

M

Mackenzie Country 112, 121
Mahurangi Peninsula 33
Manapouri 108–109
Mangapu 71
Maori 19, 20, 23, 24, 30
Marlborough Sounds 8, 85, 123, 128, 133
Marsden, Samuel 19
Massey, William Ferguson 81
Matauri Bay 39
Maui 42
McCahon, Colin 23
Medlands Beach 30
Mercep, Ivan 78
Mercury Bay 45, 46
Milford Sound 9, 105, 106, 107–108, 131, 133
Milford Track 106, 107, 133
Miramar 78, 81
Mission Bay 25
Mitre Peak 107
Moa 71
Moa-Jäger 112, 114, 122
Moeraki Boulders 116
Mokoia Island 56
Motuara Island 85
Motueka 89
Motutapere Island 39
Motutapu Island 29, 30
Mount Albert 18
Mount Aspiring 100
Mount Cook 9, 98, 99, 100, 135
Mount Cook National Park 121–123
Mount Eden 18, 26
Mount Fox 99
Mount Gisborne 49
Mount Hikurangi 51
Mount Maunganui 47
Mount Moehau 45
Mount Motutapu 30
Mount Ngauruhoe 60, 63
Mount Ruapehu 63, 64
Mount Taranaki 69, 71, 72–73
Mount Tarawera 59, 60
Mount Tasman 99
Mount Tongariro 63
MTG Hawke's Bay 65

N

Napier 55, 65–66, 135
Nelson 85, 87–89
Nelson Lakes National Park 89
New Plymouth 69, 71–72, 131
New Zealand Company 77
New Zealand Fielddays 70, 130
New Zealand Maori Arts & Crafts Institute 57
Ngaruawahia 69, 130
Ngatokimatawhaorua 39
Ngongotaha 57

Ninety Mile Beach 7, 33, 40–41, 132
North Cape 42
Northland 42
Nugget Point 110

O

Oakland 130
Oamaru 112, 115–116
Oban 111, 135
Okarito 97–98, 98
Okarito Lagoon 98
Opotiki 50–52
Oriental Bay 69, 78
Otago 101, 102, 112
Otago Peninsula 112, 115
Otehei Bay 36
Oturere Valley 63

P

Pakiri 34
Palmerston North 74–76, 127, 135
Pancake Rocks 9, 93, 94
Paparoa National Park 93, 94–95
Pauanui 43
Pearse, Richard 24
Picton 85–86
Pipiriki 74
Pohutakawa Coast 43, 44
Poor Knights Islands 35
Popper, Sir Karl 119
Port Fitzroy 31
Poverty Bay 52
Pupu Springs 90
Purakanui Falls 110

Q

Queen Charlotte Sound 85, 86
Queenstown 101, 102–105, 132, 133, 135

R

Rainbow Warrior 39
Rakiura 9
Rangitane 85
Rangitoto Island 25, 27, 29, 32
Rangitoto, Vulkan 19, 21, 29
Raukumara Forest Park 51
Razorback Point 93, 95
Recreation Islands 29
Red Island 31
Rees Dart Track 104
Rewa's Village 37
Rotorua 7, 55–59, 60, 62, 129, 130, 131, 132, 135
Routeburn Track 104, 133
Ruakuri Cave 71
Ruapehu, Vulkan 55
Ruatoria 51
Rugby 75, 132
Russell 37
Rutherford, Ernest 88

S

Sagen 73
Sandspit Wharf 33
Scott, George Gilbert 117
Scott, Robert Falcon 25, 117
Shantytown 95
Southern Alps 8, 93, 98, 131
Stewart Island 101, 111, 133, 135

Stirling Point 110
Sutherland, Donald 107

T

Tahunanui Beach 88
Taiaroa Head 115
Tane Mahuta 40
Taranaki 72, 73
Taranaki Pioneer Village 73
Tasman, Abel Janszoon 72, 90
Tasman Bay 85, 87, 89, 132
Tasman Glacier 121, 122, 133
Tasman Lake 122
Tasman Sea 7, 18, 27, 40, 42, 69, 71, 73, 91, 98, 101, 105, 106, 107, 109, 131
Taupo 7, 55, 60, 61–62
Tauranga 43, 47–48, 133
Tautuku Bay 110
Te Heu Heu Tukino IV., Häuptling 63
Te Kanawa, Dame Kiri 53
Te Mahuta Ngahere 40
Te Poho-O-Rawiri-Marae 52
Te Puke 48
Te Rauparaha, Häuptling 75, 77, 87
Te Urewera National Park 66
Te Wairoa 59–60
Thames 43–44
Thomson, John T. 109
Three Kings Islands 42
Tirohanga Beach 50
Tongario Northern Circuit 63
Tongariro National Park 63–65, 134
Tongariro, Vulkan 55
Tranz Alpine Express 96, 135
Treaty House 38
Treaty of Waitangi 38, 81
Troup, George 114
Tuatara-Echsen 24, 102, 110
Turangi 63
Turoa 64
Tutukaka Coast 35

V

Valley of the Tormented Earth 58
Vivian Bay 34

W

Waiheke Island 29, 32, 129
Waikato 69, 70
Waikato River 69
Waimangu Volcanic Valley 60
Waiotahe Beach 50
Waiotapu 55, 60–61
Waipapakauri Ramp 41
Waipoua Kauri Forest 33, 40
Wairakei Geothermal Power Station 62
Wairau 123
Wairau Massacre 123
Waitakere Range 18, 27
Waitangi 33
Waitangi National Reserve 38–39
Waitangi Roto Nature Reserve 98
Waitomo Caves 69, 70–71
Wakefield, Arthur 87, 123
Wakefield, Edward Gibbon 123
Wanaka 101–102
Warkworth 33–34
Wellington 8, 20, 29, 69, 76–83, 127, 130, 132, 134
 Beehive 80

Bolton Street Memorial Park 80
Botanic Gardens 80
Cable Car 80
Cable Street 78
Central Library 78
City Gallery 78
City-to-Sea Bridge 79
Civic Centre 78, 79
Clyde Quay Wharf 81
Katherine Mansfield Birthplace 81
Kelburn Heights 80
Lambton Quay 79, 80
Lyall Bay 81
Marine Drive 81
Massey Memorial 81
Michael Fowler Centre 78
Mount Victoria 81
Museum of Wellington City & Sea 79
National Archives 81
National Library 80, 81
Old Government Buildings 80
Old St. Paul's Church 81
Parliament House 80
Queens Wharf 79
Red Rocks 81
Te Papa Tongarewa Museum 69
Town Hall 78
Wharf Retail and Leisure Complex 79
West Coast 8, 100, 129, 131
Westland Tai Poutini National Park 9, 93, 98–100
Westport 93–94
Whakapapa Ski Area 63
Whakarewarewa 55, 56
Whakatane 48–50, 132
Whanganui 69, 73–74
Whanganui Bay 91
Whanganui Island 44
Whanganui National Park 69, 74
Whanganui Regional Museum 73, 74
Whanganui River 73
Whangaparapara 30
Whangapoua Beach 30
Whangarei 34–35
Whangarei Heads 35
Whangaroa Harbour 33, 39–40
Whare Runanga 38
White Island 7, 49, 134
Whitianga 43, 45–47, 132
Whiting Cliff 80

Y

Young Nick's Head 52

Impressum

Herausgeber: TRAVEL HOUSE MEDIA GmbH, München
Programmleitung: Dr. Michael Kleinjohann
Verlagsleitung: Ulrich Safferling
Redaktionsleitung: Jens van Rooij
Autor: Dr. Gerda Rob
Autor Tipps Seite 12–15: Wolfgang Rössig
Redaktion: txt redaktion & agentur, Dortmund
Bildredaktion: txt redaktion & agentur
Satz: txt redaktion & agentur
Umschlaggestaltung: independent Medien-Design, München
Karten (Umschlag): ADAC e.V., München
Karten (Innenteil): Mohrbach Kreative Kartographie, München
Herstellung: Katrin Uplegger
Druck: Rasch Druckerei und Verlag
Printed in Germany

Ansprechpartner für den Anzeigenverkauf:
KV Kommunalverlag GmbH & Co. KG,
MediaCenter München, Tel. 089/92 80 96 44

ISBN 978-3-95689-162-5

Neu bearbeitete Auflage 2015
© 2015 TRAVEL HOUSE MEDIA GmbH, München
ADAC Reiseführer Markenlizenz der ADAC Verlag GmbH & Co. KG, München

Das Werk einschließlich aller seiner Teile ist urheberrechtlich geschützt. Jede Verwendung ohne Zustimmung von Travel House Media ist unzulässig und strafbar. Das gilt insbesondere für Vervielfältigungen, Übersetzungen, Mikroverfilmungen und die Verarbeitung in elektronischen Systemen. Die Daten und Fakten für dieses Werk wurden mit äußerster Sorgfalt recherchiert und geprüft. Wir weisen jedoch darauf hin, dass diese Angaben häufig Veränderungen unterworfen sind und inhaltliche Fehler oder Auslassungen nicht völlig auszuschließen sind. Für eventuelle Fehler oder Auslassungen können Travel House Media, der ADAC Verlag sowie deren Mitarbeiter und die Autoren keinerlei Verpflichtung und Haftung übernehmen.

Bei Interesse an maßgeschneiderten Verlagsprodukten:
veronica.reisenegger@travel-house-media.de
Tel. 089/450 00 99 12

Bildnachweis

Titel: Die Marlborough Sounds aus der Vogelperspektive; Foto: **Getty Images** (Mathias Ortmann)

Rücktitel: links: **Fotolia** (trashthelens); rechts: **Fotolia** (Fyle)

Titel Faltkarte: Moeraki Boulders südlich von Oamaru/Südinsel; Foto: **Shutterstock** (Fakrul Jamil)

awl Images: 12.1, 13.2 (Doug Pearson), 14.1, 92 (Danita Delimont Stock) – **Corbis:** 3.3 (Wh.), 66 (Blaine Harrington III), 9.2 (Douglas Peebles), 15.1 (Tim Clayton) – **dpa Picture-Alliance:** 5.1 (Wh.), 28.2 (Chad Ehlers) – **Fotolia:** 64.1 (Fyle), 107 (Dmitry Pichugin) – **Getty Images:** 3.1 (Wh.), 99 (Danita Delimont), 4.3 (Wh.), 36 (Flip Nicklin) – **Glow Images:** 11.1 (David Lambroughton), 84 (Rolf Hicker) – **IFA:** 48 (Renz), 5.2 (Wh.), 74 (Siebig), 98.2 (Fritz Pölking), 116 (Rölle) – **Image Source/vario images:** 37 – **Interfoto:** 12.3 (Danita Delimont/Bill Bachmann), 76/77 (Stuart Black), 117 (David Wall) – **Ladislav Janicek:** 58.2, 60, 88, 105 – **laif:** 38 (David Lefranc/Allpix) – **Holger Leue:** 4.1 (Wh.), 4.2 (Wh.), 11.2, 23, 24, 25.1, 25.2, 27, 29, 30, 33, 34, 35, 39, 44, 45.2, 46, 51, 52, 56.2, 62, 65.1, 67, 71, 72, 78, 86, 93, 97, 98.1, 104.2, 106, 112, 119, 120, 121, 128, 135 – **Look:** 2.3 (Wh.), 68 (Rainer Mirau), 10.2, 32 (age fotostock), 40 (Jan Greune), 49, 79.1, 100 (Heeb), 41.1, 57.2, 122 (Karl Johaenntges) – **mauritius images:** 13.4 (Westend61), 15.2, 102 (Alamy) – **N.N.:** 4.4 (Wh.), 95 – **Elisabeth Schnurrer:** 31, 50.1, 50.2, 58.1, 61.2, 65.2, 80, 81, 91, 94, 101, 113, 114.1, 115.2 – **Shutterstock:** 2.1 (Wh.), 8/9 (Shaun Robinson), 2.2 (Wh.), 16/17 (Fakrul Jamil), 3.2 (Ruth Blake), 5.4 (Stock Foto), 2.4 (Wh.), 6.2 (HTU), 6, 6/7 (Pichugin Dmitry), 7 (Shay Yacobinski), 8, 103 (ChameleonsEye), 9.1 (Shaun Jeffers), 12.2 (Stephan Raats), 13.1, 96 (Lakeview Images), 13.3 (cynoclub), 14.2 (Eric Isselee), 14.3 (Kuttelvaserova Stuchelova), 15.3 (mrmichaelangelo), 15.4 (Shchipkova Elena), 18/19 (Nigel-Spiers), 26.1 (patrimonio designs ltd), 26.2 (Sam DCruz), 5.3 (Wh.), 47 (Steve Heap), 54 (Natalia Pushchina), 57.1 (Troy Wegman), 70 (Dmitri Ogleznev), 90 (Tupungato), 110 (Venca11), 111 (R. Vickers), 126 (Tomas Pavelka) – **Martin Thomas:** 3.4 (Wh.), 10.1, 28.1, 41.2, 45.1, 53, 56.1, 59, 61.1, 63, 64.2, 73, 75.1, 75.2, 79.2, 87, 89, 104.1, 108, 109, 114.2, 115.1, 118, 130 – **Ullstein:** 42

TRAVEL HOUSE MEDIA

Ein Unternehmen der
GANSKE VERLAGSGRUPPE

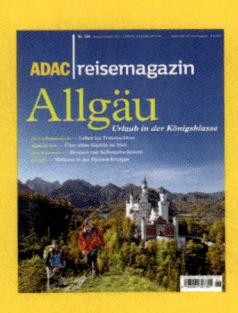

Das Magazin mit den schönsten Seiten der Welt.

Alle zwei Monate neu.

www.adac.de/shop